中文社会科学引文索引（CSSCI）来源集刊

制度经济学研究

总第六十八辑（2020 年第 2 期）

黄少安　主编

中国财经出版传媒集团
经济科学出版社
Economic Science Press

图书在版编目（CIP）数据

制度经济学研究.2020年.第2期：总第六十八辑/黄少安主编.—北京：经济科学出版社，2020.6
ISBN 978-7-5218-1657-0

Ⅰ.①制⋯　Ⅱ.①黄⋯　Ⅲ.①制度经济学-文集
Ⅳ.①F091.349-53

中国版本图书馆 CIP 数据核字（2020）第 109693 号

责任编辑：于海汛　陈　晨
责任校对：齐　杰
责任印制：李　鹏　范　艳

制度经济学研究

总第六十八辑（2020年第2期）
黄少安　主编
经济科学出版社出版、发行　新华书店经销
社址：北京市海淀区阜成路甲 28 号　邮编：100142
总编部电话：010-88191217　发行部电话：010-88191522
网址：www.esp.com.cn
电子邮箱：esp@esp.com.cn
天猫网店：经济科学出版社旗舰店
网址：http://jjkxcbs.tmall.com
北京季蜂印刷有限公司印装
787×1092　16 开　18.5 印张　350000 字
2020 年 6 月第 1 版　2020 年 6 月第 1 次印刷
ISBN 978-7-5218-1657-0　定价：66.00 元
（图书出现印装问题，本社负责调换。电话：010-88191510）
（版权所有　侵权必究　打击盗版　举报热线：010-88191661
QQ：2242791300　营销中心电话：010-88191537
电子邮箱：dbts@esp.com.cn）

制度经济学研究

Research of Institutional Economics

主　　编　　黄少安
学术委员会　（以汉语拼音为序）
　　黄少安　　山东大学经济研究院
　　林毅夫　　北京大学国家发展研究院
　　茅于轼　　中国社会科学院
　　盛　洪　　独立学者
　　史晋川　　浙江大学经济学院
　　杨瑞龙　　中国人民大学经济学院
　　张曙光　　中国社会科学院
　　张宇燕　　中国社会科学院
　　张维迎　　北京大学光华管理学院
　　张　军　　复旦大学经济学院
　　邹恒甫　　中央财经大学
编辑部主任　李增刚
主办单位　　山东大学经济研究院

目　录

土地流转市场发育对农户非农就业的影响
　　——基于村庄土地流转"成本—规模"视角的
　　考察 ……………………… 张苇锟　何一鸣　罗必良（1）

寻租、生产专用性投资与企业经营
　　效率 …………………… 黄晓光　李胜兰　黎天元（23）

专用性投资、照付不议合同的适应性调整：液化天然气市场的
　　经验证据 ……………… 肖建忠　李佳锶　肖雨彤（41）

"谁有资格生产"的制度逻辑
　　——一个提升国家治理绩效的理论视角 ……… 冯国强　陈志杰（61）

社会资本、企业家精神与中国经济
　　增长 ……………………… 张为杰　窦程强　何曲琼（80）

司法行政化与经济增长：基于市场分割的
　　视角 …………… 於勇成　司海平　魏　建　咸　劲（99）

同业业务扩张提升了商业银行风险承担吗？
　　——基于资产与负债的双重视角 …………… 顾海峰　马　聪（123）

产品异质性、生产率与企业出口二元边际 ………… 邢　洁　刘国亮（151）

人情消费与政府信任 …………… 李新荣　刘奕汝　左志辉（166）

农村五保老人分散供养综合型保障体系构建研究
　　——基于山东欠发达县市区的调查研究 ……… 齐　鹏　李学迎（193）

应对气候变化立法模式的经济分析 …………… 李晓安　张文斐（213）

语言扶贫与农村劳动力转移
　　——来自中国推广普通话的
　　　证据 ………………… 王麓淙　刘金林　马　静　戴静超（230）

语言多样性、语言距离与经济发展研究述略 …………… 崔　萌（254）

多重视角推动中国制度经济学研究深化与发展
　　——第二届（2019年度）中国制度经济学论坛会议
　　　综述 ……………………………………………… 李增刚（267）

后记 ………………………………………………………………（285）

CONTENTS

The Effect of Development of Land Circulation Market on Peasants'
　Off-farm Employments in Rural China
　　—An Empirical Analysis from Perspective of Farmland Circulation
　"Cost – Scale" in Villages
　　·························· **ZHANG Weikun　HE Yiming　LUO Biliang** (22)

Rent Seeking, Production Specific Investment and the Efficiency of
　Enterprises ········· **HUANG Xiaoguang　LI Shenglan　LI Tianyuan** (40)

Adaptability Adjustment of Specific Investment and Take or Pay
　Contract: Empirical Evidence of
　LNG Market ················ **XIAO Jianzhong　LI Jiasi　XIAO Yutong** (60)

The Distribution Logic of Market Control Rights: China's
　Market-oriented Reform from the Perspective of
　State Governance ····················· **FENG Guoqiang　CHEN Zhijie** (79)

Social Capital, Entrepreneurship and China's Economic
　Growth ········· **ZHANG Weijie　DOU Chengqiang　HE Quqiong** (98)

Judicial Administrativization and Economic Growth:
　a Perspective Based on Market
　Segmentation ······ **YU Yongcheng　SI Haiping　WEI Jian　XIAN Jin** (121)

Does the Expansion of Interbank Business Increase Commercial
　Bank Risk-taking?
　　—Based on Double Perspectives of Assets and Liabilities
　　·· **GU Haifeng　MA Cong** (150)

Product Heterogeneity, Productivity and the Two Margins of
　　Firm Export ·················· **XING Jie　LIU Guoliang**（165）

Gift Spending and Government
　　Trust ·················· **LI Xinrong　LIU Yiru　ZUO Zhihui**（192）

On the Difficulties and Countermeasures of Providing for the Aged with
　　Five Guarantees in Rural Areas
　　——On the Basis of Investigating the Underdeveloped Counties and Urban
　　Areas in Shandong Province
　　　　·················· **QI Peng　LI Xueying**（212）

Economic Analysis of Climate Change Legislative
　　Model ·················· **LI Xiaoan　ZHANG Wenfei**（229）

Language Poverty Alleviation and Rural Labor Transfer
　　——Evidence from China to Promote Putonghua
　　　　·········· **WANG Lucong　LIU Jinlin　MA Jing　DAI Jingchao**（253）

An Overview for the Research on Linguistic Diversity, Linguistic
　　Distance and Economic Development ·················· **CUI Meng**（266）

土地流转市场发育对农户非农就业的影响*

——基于村庄土地流转"成本—规模"视角的考察

张苇锟 何一鸣 罗必良**

【摘　要】 通过建立家庭农户农地要素配置模型并结合推论，采用广东和江西两省 2 796 户农户微观数据，从村庄土地流转"成本—规模"视角实证考究土地流转市场发育对农户非农就业的影响。研究表明，从土地流转市场发育来看，村庄土地流转规模，有利于促进农户非农就业，而村庄土地流转成本则会抑制农户非农就业。土地流转市场发育的边际影响在户主有着务工经历的家庭存在明显的差异，表现为户主外出务工经历会削弱村庄土地流转规模的边际正影响和土地流转成本的边际负影响。进一步考究发现，村庄土地流转规模的促进作用，主要源于高于意愿的流转租金获取和粮食作物种植。同时，村庄土地流转规模有利于增加农户地租收入和增强土地交易的稳定性，但此不会影响到农户非农就业。因此，通过推进农地制度创新、破除农民工市民化制度壁垒、加快"产城人"融合等路径，让位于土地流转市场发育和稳定农户非农就业。

【关键词】"成本—规模"　土地流转市场发育　非农就业　土地流转规模

中图分类号：**F323.6　F321.1**　文献标识码：**A**

---

* 基金项目：国家自然科学基金政策研究重点支持项目"农地确权的现实背景、政策目标及效果评价"（项目编号：71742003）；国家特支"万人计划"青年拔尖人才项目"农业管制放松研究"（项目编号：W02070352）。

** 张苇锟，华南农业大学经济管理学院博士研究生；E‑mail：mercyzwk@163.com；地址：(510642) 广东广州天河区五山路 483 号华南农业大学六一区研究生公寓。何一鸣（通讯作者），博士，华南农业大学国家农业制度与发展研究院教授，博士生导师。罗必良，博士，华南农业大学国家农业制度与发展研究院、经济管理学院教授，博士生导师。

一、引　　言

　　自改革开放以来，农村劳动力流动管制自 1992 年后开始出现放松。此外，非农部门边际生产效率的不断提高，有力地拉动了农村劳动力从农业部门向非农部门转移，极大地推动了经济的增长（蔡昉，2018）。由于城乡二元体制，城镇农民工的"生活身份"（工资福利待遇及生活社会福利）与城镇居民的经济条件存着巨大差异，但限于非农收入远高于农业收入，这不仅引起农村土地权属的松动（刘晓光等，2015），而且导致大规模的农村劳动力非农就业。据 2018 年农民工监测调查报告披露，2018 年外出务工的农民工数量达到 1.7266 亿人次，比上年增加了 81 万人次，其中有 49.1% 从事第二产业，有 50.5% 从事第三产业，仅 0.4% 从事第一产业。

　　随着非农行业的发展，在当前农业比较效益低下的情形下，非农收入已成为增加农村家庭收入的主要途径（陆文聪等，2011）。吴伟伟和刘耀彬（2017）发现这种收入比例达到农村家庭收入的 80% 左右。诚然，农户是否非农就业，取决于就业的成本与获得的收益，当后者大于前者时，非农就业仍将持续。此外，我国农村人多地少，人均耕地面积仅有 1.38 亩，是世界平均水平的 40%（韩俊，2009）。这使得农户在家庭联产承包责任制和户籍制度情况下的务农收入远远低于非农就业的收入，造成大量青壮年农户向非农部门流动（钟甫宁等，2013）。

　　土地产权是解决土地要素分离的源头和总根源（齐蘅和吴玲，2017），有效的农地产权有利于促进农户非农就业，实现城乡二元结构转型。明晰农地产权能保障农民权益，降低农地被侵占的风险，进而增加了农户非农就业供给（Mullan et al.，2011）。杨金阳等（2016）测度农地产权强度与农户非农就业的关系，发觉当农地产权强度趋于 1 时，农户非农就业比例高达 70%。稳定农地产权，增强农地融资变现能力，进而刺激着农村劳动力非农就业（Rupelle et al.，2009）。许庆等（2017）认为强化农地确权显著促进农村劳动力外出就业。但是，黄季焜等（2012）认为农地确权稳定农户农业未来收入预期，提高了农地投资，增加了农户非农就业的机会成本，进而抑制农村劳动力非农就业供给。仇童伟和罗必良（2017）发现，对于以农业为主的家庭而言，农地产权的强化，将进一步导致非农转移强度的下降；然而，在非农就业较为频繁的村庄的土地流转发展程度也相对较高（Sikor et al.，2009）。赵丹丹和周宏（2018）发现非农收入较高的农户流出土地的概率也会增加。而土地流转市场的高效顺畅运作，源于农地确权与农地产权的明晰完备（程令国等，2016；冀县卿等，2018）。

事实上，农地转出或转入的比例与农村家庭非农就业的比例自 2010～2015 年呈现相似性变化趋势，如图 1 所示，而且，村庄农地转出户数自 2000～2015 年也在逐步增加，非农就业比例也基本与之呈现上升趋势，呈现时间上的同步性，这可能与土地流转市场的逐步发育①是密切相关的。已有研究相继指出，土地流转市场发育，有利于增加土地的流动性进而提高农业技术的生产效率（王晓兵等，2011），也有被认为会带动农户非农就业（田传浩等，2014；郑冰岛等，2019）。党的十九大报告指出"实现小农户和现代农业发展有机衔接"，发展现代农业，就要促进农地流转，加快村庄农地流转市场发育。而"稳就业"是国家"六稳"政策的首位。在农村市场，通过村庄土地市场发育作用于农村劳动力市场，为农业适度规模经营创造客观性的良好条件，进而推动农村农业的高质量发展。在中国农村这样一个背景下，对于当前人地矛盾尖锐的广大农村地区，土地流转市场发育较高的村庄的非农就业率业相对较高（张明辉和蔡银莺，2017）。换言之，土地流转市场发育是促进农户非农就业的重要条件。随着农地产权在法律意义上被不断强化和土地流转市场发育的推进，这会增强农户对自身承包地处置权，也会提高土地交易价值，使得家庭重新配置劳动力、资金和土地等生产要素。其中，农户非农就业实质则是此配置选择的一种路径。

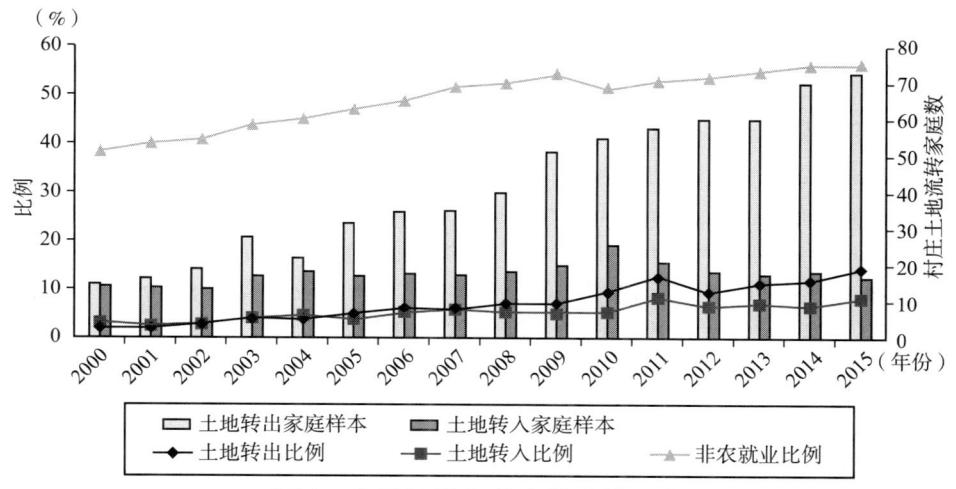

图 1　农地流转与非农转移的示意

资料来源：《全国农村固定观察点调查数据汇编（2000－2009）》，中国农业出版社 2010 年版，第 26～27、40～41、54～55、68～69、85～86、102～103、119～120、136～137、153～154、170～171 页。《全国农村固定观察点调查数据汇编（2010－2015）》，中国农业出版社 2016 年版，第 21～21、37～38、54～55、71～72、88～89、105～106 页。

---

① 自 2003 年国家以正式制度安排规范土地流转以来，土地流转进程逐渐加快，土地流转工作程序化和规范化，尤其是 2005 年农业部出台《农村土地承包经营权流转管理办法》后，全国各省各地区逐步建立起以稳定流转合同制为重心的流转制度及章程。

已有研究指出农户非农就业有利于农地流转运转（Sikor et al.，2009；黄枫等，2015；赵丹丹等，2018），也有指出土地流转市场发育有利于农业生产率的提高（王晓兵等，2011）和非农就业（田传浩等，2014）。但已有文献对土地流转市场的测量，是从地权稳定、流转契约稳定（田传浩等，2014）和农户农地的出租行为（郑冰岛等，2019）等角度进行度量，鲜有考虑到村庄土地流转成本及规模。但是，已有关于土地流转市场发育对农户转移就业的影响机制的研究乏善可陈。实质上，土地流转市场发育对农户非农就业的作用主要是村庄土地使用权市场"成本—规模"的作用。此外，已有研究也鲜有及对户主务工经历的情景考虑。因此，我们通过建立家庭农户农地要素配置模型，采用广东和江西两省 2 796 户农户数据，结合模型推论，从村庄土地流转"成本—规模"视角实证检验土地流转市场发育对农户非农就业的影响。

二、理 论 逻 辑

这里，给定农村家庭经营满足"理性小农"假设。农村要素市场遵循瓦尔拉条件，满足"城镇非农就业工资大于农业部门工资"的条件。同时，本文假设农村家庭劳动力市场在农业部门和非农部门是完全出清的。如果务农供给与非农就业选择有着不同含义，主要是由农户家庭内部资源禀赋所决定[①]，这又影响着家庭农业的生产、农地的流转配置及劳动力供应。

如果农业经营出现兼业现象，家庭可能会通过雇工来解决因非农工作而导致家庭务农短缺的问题（Inderjit Singh et al.，1988）。随着农户非农就业机会的增加，在均衡状态下，农业雇工工资与非农就业工资会相等。实际上非农就业工资自 2000 年后快速上涨，也相对推高了农业帮工的价格（Zhang et al.，2011），其非农就业的收入用于支付雇佣帮工的工资实际上是入不敷出的。农村"雇工难""帮工难"时有发生，偶尔旺季农忙会雇佣帮工，但主要是邻里之间的互帮互助，通常表现为"零工资"。因此，本文不考虑农业帮工的情况，只是假定家庭经营处于不需要雇佣的最佳状态。随着城乡二元结构的转型，户籍之间的差异已经不是影响农户非农就业的主要因素（蔡昉，2018）。此外，农村家庭要素流动的制度壁垒也在不断地消除。给定农户在农村和城镇的配置满足托达罗（Todaro，1969）的不存在"隐蔽失业"假设，农户流动的制度成本和寻找工作的搜寻费用则可忽略。

[①] 约翰和卡特（John & Card，1987）在分离财产性的劳动力市场，发现控制了外部市场给定的刚性工资后，农村家庭非农劳动力供给还是没有少，与家庭构成有关；而且，在极端情况下，如果没有劳动力市场，农村农业生产劳动力供给投入是由家庭组成所驱动的。

借鉴戴宁格尔（Deininger et al.，2005）的基本模型，假定家庭在务农和非农的劳动力配置分别为 l_a 和 l_n，总劳动力禀赋为 $l(l=l_a+l_n)$，其中农户非农就业的工资为 w；农村家庭的土地禀赋为 $\bar{A}$，实际生产耕作土地面积为 A。在农村要素市场中，农户可在土地市场上自由转出或转入土地。如果 $A-\bar{A}<0$，说明家庭转出土地，否则为家庭转入土地。无论是土地转出或转入，租金均假设为 r。给定农业相对价格为 1，令农业生产带来的收入为 $f(l_a, A)$，满足严格递增的拟凹性。那么，关于 l_a 和 A 的最大化条件则有：$f'(\cdot)>0$，$f''_{11}(\cdot)<0$，$f''_{22}(\cdot)<0$，$f''_{12}(\cdot)=f''_{21}(\cdot)>0$，$f''_{11}f''_{22}-f''_{12}f''_{21}>0$。在不同村庄的土地流转市场中，土地流转的交易成本是不同的。交易成本存在于不完善的土地流转市场，但在完善的流转市场中则可忽略。

（一）完善的土地流转市场

在完善的土地流转市场中，家庭流转土地不存在交易成本，最大化的收入函数为：

$$\max_{l_a,l_n,A} Y = f(l_a, A) + wl_n - (A-\bar{A})r \quad (1)$$

$$s.t. \quad l_a + l_n \leq l \quad (2)$$

由一阶条件可得：

$$f_1(\cdot) = w \quad (3)$$

$$f_2(\cdot) = r \quad (4)$$

由式（3）和式（4）可知，在均衡状态下，农户外出务工的工资等于留在本地务农的边际产出，而土地流转的租金等于土地要素投入的边际产出。

（二）不完善的土地流转市场

实际上，土地流转存在诸多阻碍，在流转过程中难免遇到一些搜寻成本、制度成本和行政审批等等。此时，土地流转的交易成本不为 0。在不完善的土地流转市场中，给定农户流转土地的成本为 T。如果家庭不参与流转土地，在均衡状态下，则满足：

$$r - T \leq f_2(\cdot) \leq r + T \quad (5)$$

农户是否参与土地流转，取决于劳动投入边际产出的多寡。如果家庭劳动产出主要是依靠非农就业带来的，家庭可能会转出土地；如果主要依赖农业劳动产出，家庭则可能会增加土地转入，用于扩大农业生产。对于转出户而言，转出租金的函数则满足：

$$f_2(\cdot) = r - T \quad (6)$$

由式（3）和式（6）可以组成海塞矩阵，通过克莱姆法可得：

$$\frac{\partial l_n}{\partial T} = \frac{f_{12}(\cdot)}{[f_{12}(\cdot)]^2 - f_{11}(\cdot)f_{22}(\cdot)} < 0 \tag{7}$$

土地流转成本的增加，会拉升农户农业务农投入，减少农户非农劳动供给。随着土地流转市场发育，农户会越来越趋向于增加非农就业供给。对于转入土地的农户而言，土地转入的租值函数为：

$$f_2(\cdot) = r + T \tag{8}$$

依据上述的求导法则，由式（3）和式（8），同理可得：

$$\frac{\partial l_n}{\partial T} > 0 \quad \frac{\partial l_a}{\partial T} < 0 \tag{9}$$

土地流转成本的过高减少农户农业劳动投入，增加农户非农劳动供给。土地流转成本的存在，一定程度上扭曲了转出户和转入户的劳动力配置。

（三）土地流转规模的扩大

村庄土地流转规模的扩大，减少了土地流转成本，使得农户获得的租值趋向于 r。其中，r 随着土地流转规模 b 的扩大逐步地升高。结合式（3）和式（4），分别对关于 b 建立海塞矩阵，依据克莱姆法则进行求解可得：

$$\frac{\partial l_n}{\partial b} = \frac{-f_{12}r'}{(f_{21})^2 - f_{11}f_{22}} > 0 \tag{10}$$

村庄土地流转规模的扩大会推进农户非农就业。随着村庄土地流转规模的上升，农户倾向于将就业时间分配到非农行业；而村庄流转成本的上升，则容易扭曲农村劳动力配置，也会抑制农户非农就业分配。

三、数据来源与变量选取

（一）数据来源

课题组在 2016 年围绕"农地产权制度与农村要素培育"在广东和江西两省展开的大型分层抽样直接入户调查。广东和江西两省 2016 年的市场化指数在全国排名分别是第二位和第十五位，而产品要素发育程度在全国排名分别是第二位和第四位，可见广东和江西的产品要素发育在全国来说还是比较高的（王小鲁等，2017）。课题组的调查主要依据人均生产总值、耕地面积占国土面积的比例、农村常住人口占农村总人口和农业增加值占地区生产增加值的比例等四个指标为聚类特征对广东和江西两省各县（区）进行分层聚类的抽样调查，共选取 43 个县（广东 18 个，江西 25 个），在每个县选取 10 个乡镇，再在每个乡镇选取 1 个行政村，后从每个行政村选取 2 个自然村。其中广东和江西的每个自然村按家庭户均收入从大到小分别随机抽取 5 个农户进行直接入户调查，依据村庄户主男性在前、女性在后、年长在前、年幼在后的顺序，依次选择农村家庭的受访者，主要采集农村家庭劳动力特征、农村土地要素配置、农业生产率、农村家庭经济情况和村庄条件等信息。剔除农户不愿回答、不愿配合的样本，共获得有效问卷 3 060 份，删除缺失的样本，符合本次研究的样本 2 796 份。

本次研究受访样本基本特征为如下：受访者中有 63.3% 为男性，39.8% 是小学学历，36.8% 为初中文化程度，13.8% 为高中以上文化程度。

（二）研究方法

综上所述，我们得知村庄土地流转规模可以推动农户非农就业，而非农就业的供给又会受到村庄流转成本的约束。其实，土地流转市场发育是村庄土地流转规模和村庄土地流转成本共同作用的结合。毫无疑问，土地流转市场发育会对农户非农就业产生重要的影响。其中，这两者的关系初步估计如式（11）所示，有待实证识别的进一步考究。在实证识别中，我们建立如式（12）检验土地流转市场发育与农户非农就业的关系。其中，被解释变量为家庭农户非农就业的比例；样本数据取值服从 [0，1] 的连续分布，属于受限因变量。本文的非农就业的样本中，存在一些农户不参与非农活动。本文将其视为 0，而这种大量 0 值存在的因变量，在模型估计中的概率分布则成了离散点与连续分布结合的混合分布。采用 Tobit 将 0 左归并估计此模型能很好解决这种混合分布的问题，但由于被解释变量取值为连续型，另以 OLS 估计作为对照比较。

$$l_n = (\underset{+}{b}, \underset{i}{T} \mid w^*, A^*) \tag{11}$$

$$Y_i = \beta_{0i} + \beta_{1i}X_i + \sum_{i=1} \beta_2 C.V_i + \mu_i + v_i + \varepsilon_i \tag{12}$$

其中，$Y_i = \begin{cases} 0 & Y_i = 0 \\ Y_i & 0 < Y_i < 1 \\ 1 & Y_i = 1 \end{cases}$

在本文实证估计中，主解释变量 X_i 为村庄土地流转规模和村庄土地流转成本指数，此外，本文的估计中也控制了县域特征和土地的地形特征［如式（12）中的 μ_i 和 v_i］，而 $C.V_i$ 为本文估计的控制变量，ε_i 为随机误差项。

（三）变量选择

为检验如上的理论逻辑，探索土地流转市场发育与农户非农就业的关系，选取如下的被解释变量、主解释变量和控制变量。

被解释变量：农户非农就业。在被解释变量选取中，本文研究的侧重点是家庭农户非农就业，以家庭农户非农就业的人数占家庭劳动力的比例度量。

主解释变量：村庄土地流转规模和村庄土地流转成本。本文主要是考究土地流转市场发育的作用，而市场发育主要源于市场规模和市场成本。从土地流转市场发育程度来看，可分为土地流转规模和土地流转成本（陈媛媛和傅伟，2017）。一般村庄土地流转规模越大，或村庄土地流转成本越低，土地流转市场发育程度就越高。从村庄土地流转"成本—规模"的视角，参照陈媛媛等（2017）和史常亮（2018）对流转市场的刻画，本文以村庄土地流转规模和村庄土地流转成本等指标度量土地流转市场发育，分别以"村庄参与土地流转的家庭占样本村庄家庭的比例"和"有意愿流转土地但却没有流转土地的家庭占村落没有流转土地的样本家庭之比"衡量。

控制变量。家庭农户非农就业的决定是依据家庭构成做出的行为判断，而土地是农户的命根子，那么农户一系列劳动供给安排围绕着土地来进行配置。所以，本文把家庭经营过程中的承包地产权情景、承包地地力、家庭成员在村中社会资本，以及进城政策的认同等作为控制变量。其中，在承包地地权方面，以土地是否确权和土地调整情况（0. 没有；1. 小调整；2. 大调整）度量；在承包地地力方面，以每块土地的经营面积、土壤肥力和灌溉条件①度量；在家庭成员在村中社会资本方面，以家里面是否有村干部与家里面亲朋好友多寡（0. 没有；1. 一般；2. 很多）度量；在进城政策的认同方面，以对进城政策的认知满意度（按五特量表设置 1~5，表示从很不满意到非常满意）度量。

四、结果与分析

（一）基准回归

基于式（12）的模型进行实证估计，控制了样本的土地地形特征（如丘陵、山区或平原等）和县域特征，结果见表1所示。村庄土地流转规模与农户非农就业在 Tobit 和 OLS 的估计系数均显著为正的（见模型2和模型3），而村庄土地流转成本与之的估计系数仅在 Tobit 显著为负（见模型4和模型5）。这在一定程度上说明了，村庄土地流转规模的增加，或村庄土地流转成

---

① 土壤肥力和灌溉条件按从很差到较好的 1~5 的五特量表设置。即：1. 很差；2. 较差；3. 一般；4. 较好；5. 很好。

本的减少，有利于促进农户非农就业供给。土地流转市场发育越高，越有利于减少被束缚在土地上的劳动力，减少农户务农分配，增强农户外出务工的流动性，带动了农户非农就业比例的提升，与上述模型推论一致。然而，村庄土地流转成本的增大，造成农户流转土地的租值耗散，不能释放附载于承包地上的农村农户，不利于农户非农就业的供给。无疑地，土地流转市场发育，有利于增加农户非农供给。在本文研究样本中，有27.4%的家庭是农地转出的，有20.23%的家庭是农地转入，仅有1.89%的家庭农地是土地转出又转入的。所以，土地流转市场发育越高，越能增强土地的流动性，带来了土地的集中，缓解了土地细碎化矛盾，提高农业比较收益，促进农户非农就业。

表1　　　　　　　　　　　　　基准回归

变量	模型1（Tobit）	模型2（OLS）	模型3（Tobit）	模型4（OLS）
土地流转规模	0.107 *** (0.036)	0.059 *** (0.018)		
土地流转成本			-0.116 *** (0.036)	-0.063 *** (0.018)
土地确权	0.066 *** (0.023)	0.031 *** (0.011)	0.067 *** (0.023)	0.031 *** (0.011)
土地调整	0.007 (0.013)	-0.000 (0.006)	0.006 (0.013)	-0.000 (0.006)
承包地面积	-0.001 (0.001)	-0.001 ** (0.000)	-0.001 (0.001)	-0.001 ** (0.000)
土壤肥力	-0.015 (0.012)	-0.007 (0.006)	-0.015 (0.012)	-0.007 (0.006)
灌溉条件	0.022 ** (0.010)	0.012 ** (0.005)	0.022 ** (0.010)	0.012 ** (0.005)
家庭村干部	-0.030 (0.022)	-0.010 (0.011)	-0.030 (0.022)	-0.010 (0.011)
亲朋好友多寡	0.023 * (0.013)	0.007 (0.006)	0.023 * (0.013)	0.007 (0.006)
进城满意度	0.007 (0.011)	0.004 (0.005)	0.007 (0.011)	0.004 (0.005)
地形特征	控制	控制	控制	控制
县域特征	控制	控制	控制	控制

续表

变量	模型 1 (Tobit)	模型 2 (OLS)	模型 3 (Tobit)	模型 4 (OLS)
Pseudo R²/R²	0.1380	0.1300	0.1375	0.1295
Log Likelihood	-1 365.40		-1 363.31	
观测值	2 777	2 777	2 772	2 772

注：***、**和*分别代表在1%、5%和10%的显著性水平，括号内为聚类到村庄的稳健标准误。

在控制变量方面，无论是 Tobit 估计还是 OLS 估计，土地确权和灌溉条件与农户非农就业的系数显著为正。这表明了，农地确权和灌溉条件是有利于促进农户非农就业。承包地面积仅在 OLS 估计下对农户非农就业的系数显著为负，但影响作用相对较弱，不到 0.01。这表明了，拥有较大规模土地的农户，会减少非农就业供给程度。亲朋好友多寡仅在 Tobit 估计中于 10% 水平上与农户非农就业的估计显著为正，可能是因为 Tobit 和 OLS 估计满足前提假设的分布的不同所造成估计的异质，也在一定程度上说明了，与亲朋好友较少的家庭相比，亲朋好友较多，使得农户在非农就业市场上相对容易找到工作，促进了农户非农就业。

（二）流转市场与非农就业的情景考虑：户主外出务工经历

村庄土地流转规模和村庄土地流转成本分别与农户非农就业呈正相关和负相关。在我们的研究样本中，有 56.80% 的家庭农户的户主有外出务工经历。在农村家庭，户主是农村家庭的主要决策人。若家庭户主有外出务工的经历，家庭成员的非农就业配置可能会受到家庭户主的影响，这就使得流转市场发育对非农就业影响存在异质性。本文考虑了户主外出务工经历的情景，若家庭户主有外出务工经历，则为 1，否则为 0，详细的估计结果如表 2 所示。

表 2 土地流转市场发育与农户非农就业的情景估计：户主外出务工经历

变量	模型 1 (Tobit)	模型 2 (OLS)	模型 3 (Tobit)	模型 4 (OLS)
Panel A：考虑户主务工经历				
土地流转规模	0.110*** (0.036)	0.060*** (0.018)		
土地流转成本			-0.119*** (0.036)	-0.064*** (0.018)

续表

变量	模型1（Tobit）	模型2（OLS）	模型3（Tobit）	模型4（OLS）
Panel A：考虑户主务工经历				
户主务工经历	0.337** (0.016)	0.011 (0.008)	0.034** (0.016)	0.011 (0.008)
控制变量	控制	控制	控制	控制
地形特征	控制	控制	控制	控制
县域特征	控制	控制	控制	控制
观测值	2 777	2 777	2 772	2 772
Panel B：考虑户主务工经历与流转市场的交互				
土地流转规模	0.165*** (0.049)	0.086*** (0.024)		
土地流转成本			-0.178*** (0.049)	-0.092*** (0.024)
户主务工经历	0.082** (0.033)	0.034** (0.015)	-0.025 (0.036)	-0.018 (0.018)
务工×流转规模	-0.104* (0.061)	-0.05* (0.029)		
务工×流转成本			0.109* (0.061)	0.053* (0.029)
控制变量	控制	控制	控制	控制
地形特征	控制	控制	控制	控制
县域特征	控制	控制	控制	控制
观测值	2 777	2 777	2 772	2 772

注：***、**和*分别代表在1%、5%和10%的显著性水平，括号内为聚类到村庄的稳健标准误。

考虑了户主外出务工经历的因素后，村庄土地流转规模仍促进农户非农就业。若村庄土地流转成本过高，农户非农就业就会受到抑制。土地流转市场发育，是一种土地使用权的更替和交易，产生于外部市场的"内部化"动力（赵晓秋和李后建，2009），会通过自由化的转让过程最大化自身效应，进而增加了非农就业供给。在土地流转市场发育的情形下，农户出于投资理性的考虑会通过土地要素交易来获取一定程度的家庭收益，转而向劳动生产率且收益率较高的非农部门转移。

户主外出务工经历仅在Tobit估计中会对农户非农就业产生显著正向影响，但当考虑了户主务工经历与村庄土地流转规模的交互后，无论是Tobit估计还是OLS估计，与农户非农就业的估计系数均显著为正。这是因为，若家庭户主有外出务工经历，家庭对城镇的就业情况、失业情况、生活租房交通、公共服务及非农领域的生产操作与人脉等方面相较其他人有着丰富的经验，在城镇非农领域务工的交易成本相对较小，对家庭成员非农就业配置有着重要的正向影响，进而增加了家庭非农就业的供给如表 3 所示。

表 3　　　　　　　户主外出务工经历对农地调整的影响

变量	农地调整 (oprobit)	小调整 (logit)	大调整 (logit)	部分调整 (ols)	全部调整 (ols)
户主务工经历	0.323*** (0.092)	−0.355 (0.261)	0.719 (0.189)	−0.012 (0.018)	0.064*** (0.017)
农地确权	0.607*** (0.093)	1.172*** (0.296)	1.064*** (0.198)	0.072*** (0.022)	0.088*** (0.020)
控制变量	控制	控制	控制	控制	控制
地形特征	控制	控制	控制	控制	控制
县域特征	控制	控制	控制	控制	控制
观测值	2 777	1 563	1 458	2 777	2 777

注：*** 代表在 1% 的显著性水平，括号内为聚类到村庄的稳健标准误。

考虑了户主务工经历与土地流转市场发育的交互作用，户主务工经历与村庄土地流转规模的交互系数显著为负，与村庄土地流转成本的交互系数显著为正。这说明了，户主务工经历负向调节村庄土地流转规模对非农就业的拉动作用，正向调节村庄土地流转成本对非农就业的牵制作用，这可能是因为家庭户主务工经历可能会造成家庭承包地地权不安全。借鉴鲁佩尔等 (Rupelle et al., 2009) 的研究，以土地调整作为地权不安全的代理变量。经我们采用户主务工经历对土地调整、小调整、大调整、部分调整和全部调整进行估计，发现户主务工经历显著提高土地调整的可能性，如表 3 所示，尤其是会增加土地全部调整的次数，即使考虑了土地确权的因素仍为如此。这表明，户主外出经历的家庭更有可能面临承包地因土地频繁调整而造成地权不安全的风险。对于户主务工经历的家庭，农户更有可能稳固土地，减少外出就业的供给，为应对土地重新调整的风险，同时也减少土地供给，因为转出土地可能会让村集体视为一种无法耕种而将土地收回 (Yang, 2004)，这在一定程度上削弱了村庄土地流转市场发育的边际影响。

(三) 稳健性检验

1. 替换变量

如果家庭较多农户非农就业，那么该家庭的非农收入也会相对增加，且有可能在家庭收入中的占比会相对较高。既然土地流转市场发育会影响到农户非农就业，自然也会影响到家庭的非农收入。于是，我们将家庭非农收入的占比替换农户非农就业比例，并相继对村庄土地流转规模和村庄土地流转成本进行回归，结果如表4所示。村庄土地流转规模与打工收入的估计系数显著为正的，而村庄土地流转成本与之显著为负的。所以，土地流转规模是有利于提高农户家庭打工收入，而村庄土地流转成本的增加却不利于家庭打工收入。可能是，如果非农就业的机会成本远高于非农的获益，当村庄土地流转成本过高时，农户就会减少非农就业的分配，从而获得的打工收入也会减少。这在一定程度上说明，上述结果是稳健的。

表4　　　　土地流转市场发育对农户非农就业的估计：
以非农收入占比替换非农就业比例

变量	模型1（Tobit）	模型2（OLS）	模型3（Tobit）	模型4（OLS）
土地流转规模	0.070* (0.04)	0.066** (0.033)		
土地流转成本			-0.081** (0.040)	-0.076** (0.034)
控制变量	控制	控制	控制	控制
地形特征	控制	控制	控制	控制
县域特征	控制	控制	控制	控制
Pseudo R^2/R^2	0.1198	0.2036	0.1204	0.2043
Log Likelihood	-1 850.94		-1 846.58	
观测值	2 763	2 763	2 758	2 758

注：**、*分别代表在5%、10%的显著性水平，括号内为聚类到村庄的稳健标准误。

2. 内生性检验

有研究表明，农户通过自身特征、农业生产依赖的传导，影响到农户就业、收入和农地流转的供给与需求，进而影响到农地流转市场发育（赵修妍等，2018）。农户非农就业弱化土地的保障功能，带来农地的流转集中，促进农地转出（赵丹丹等，2018）。农户非农就业一定程度上会增加农地流转需求，主要是增加了以农地转出为表征的土地供给（Che，2016）。所以，农地流转市场发育与农户非农就业存在互为因果的联立偏误。同时，也存在一些不可观测的因素影响到土地流转市场发育进而影响到农户劳动配置，如农户劳动机会成本、家庭农作物耕种负担、创业精神和行动偏好等。鉴于此，农地流转市场发育与农户非农就业存在内生性。在样本估计中，若忽略了模型的内生性问题，可能使得上述回归是"伪"回归，那么估计结果变得不可置信了。

土地流转市场发育,与村庄的稳定程度是紧密相关的。如果村庄大姓与小姓的人口数量相差较大,村庄的公共事务决策容易产生矛盾,这不利于村庄政策的执行;如果两者差距很少,村庄的公共决策越趋于统一,这有利于村庄良好稳定的秩序的形成。村庄土地流转市场能否发育完善,与村庄的公共事务决策是密切相关的。姓氏人口比例之差会影响村落公共决策,自然也会影响到土地流转市场的发育,但与非农就业并不是密切相关的。于是,我们将姓氏人口作为工具变量,分别采用 IV-Tobit 和 2SLS 估计土地流转市场对非农就业的影响,结果如表5所示。

表5 土地流转市场发育与农户非农就业的估计:工具变量法

变量	流转规模		流转成本	
	IV-Tobit	2SLS	IV-Tobit	2SLS
流转市场	0.484 ** (0.197)	0.257 *** (0.094)	-0.529 ** (0.216)	-0.282 *** (0.104)
控制变量	控制	控制	控制	控制
地形特征	控制	控制	控制	控制
县域特征	控制	控制	控制	控制
第一阶段:流转市场规模和流转成本				
村庄姓氏	0.214 *** (0.022)	0.214 *** (0.030)	-0.196 *** (0.022)	-0.196 *** (0.03)
控制变量	控制	控制	控制	控制
地形特征	控制	控制	控制	控制
县域特征	控制	控制	控制	控制
内生性检验	3.97 **	4.69 **	3.95 **	4.72 **
CLR 检验	6.05 **		5.99 **	
F 统计量		18.79 ***		18.78 ***
观测值	2 777	2 777	2 772	2 772

注:***、** 表示在1%、5%水平上显著,括号内为聚类到村庄的稳健标准误。

由表5可得,IV-Tobit 和 2SLS 估计中的内生性检验和弱工具变量检验(CLR 检验和 F 统计量)均拒绝了原假设,原模型中存在内生性,所选取的工具变量不存在弱工具变量。由表5的第一阶段估计可知,村庄姓氏比例相差越大,越有利于提高村庄土地流转规模和降低村庄土地流转成本。村庄姓氏比例相差越大,村庄的决策主体间的博弈尤其是重复博弈就会相对减少,使得村庄事务决策趋向一致,有利于土地流转市场发育。控制了内生性问题后,村庄土地流转规模和村庄土地流转成本与农户非农就业的关系显著为正和负。这说明考虑了内生性问题后,村庄土地流转规模的扩大,会促进农户非农就业;村庄土地流转成本的增加,相对增加了农户非农就业的机会成本,从而对农户非农就业的供给产生负向影响。至此,这也证实了,上述结果是稳健的。

(四) 流转规模的影响机制

村庄土地流转规模的增加,无疑会降低土地流转成本,如图2所示,增强土地流动性,进而带动农户非农就业,有利于农业适度规模经营的形成。除此,村庄土地流转规模还会怎样影响非农就业。本文如下主要探究村庄土地流转规模对农户非农就业的影响机制。

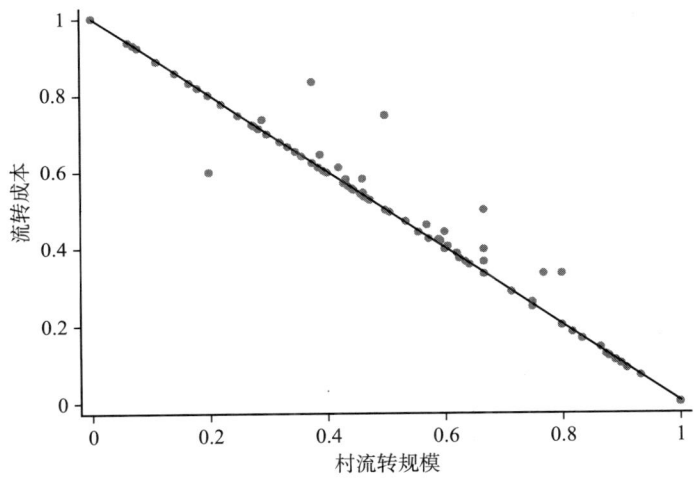

图2 流转规模与流转成本的关系

1. 流转规模的影响机制Ⅰ:地租收入和土地交易的稳定

如果村庄土地流转规模的增加,可以有效降低土地流转成本,促进土地流转市场发育,进而提高土地流转的速率,诚然也会影响到农户地租收入和土地交易的稳定性。至此,我们将农户家庭的土地租值占比衡量地租收入,以流转土地过程中没有发生争吵与发生过的家庭比例之差度量土地交易的稳定性,结果如表6所示。

表6　土地流转规模的影响机制Ⅰ：地租收入和土地交易稳定

变量	地租收入		非农就业		土地交易稳定		非农就业	
	FLR	OLS	IV-Tobit	2SLS	FLR	OLS	IV-Tobit	2SLS
流转规模	1.334 (0.984)	0.014*** (0.005)	0.378** (0.183)	0.210** (0.086)	0.637*** (0.218)	0.13*** (0.034)	0.609** (0.257)	0.324*** (0.119)
地租收入			-0.181 (0.135)	-0.062 (0.051)				
土地交易稳定							-0.036 (0.048)	-0.018 (0.022)
控制变量	控制	控制	控制	控制	控制	控制	控制	控制
地形特征	控制	控制	控制	控制	控制	控制	控制	控制
县域特征	控制	控制	控制	控制	控制	控制	控制	控制
观测值	2 649	2 747	2 747	2 747	2 619	2 619	2 619	2 619

注：***、**表示在1%、5%水平上显著，括号内为聚类到村庄的稳健标准误。

由于地租收入和土地交易的度量指标均是分数，本文先后采取 Fractional Logit Regression（FLR）和 OLS 估计村庄土地流转规模对其的影响。由于村庄土地流转规模与农户非农就业存在内生性，分别采取 IV-Tobit 和 2SLS 估计控制地租收入或土地交易稳定等变量后的村庄土地流转规模对农户非农就业的影响。在 FLR 估计中，村庄土地流转规模和地租收入不存在显著影响，但在 OLS 估计中显著为正。村庄土地流转规模，虽在一定程度上可以增加地租收入，但这种影响程度是不确定。在对土地交易稳定性的估计，两者的影响系数均显著为正的。这说明了，村庄土地流转规模的扩大，有利于提高土地交易的稳定性。但是，在 IV-Tobit 和 2SLS 的估计后，地租收入或土地交易稳定对农户非农就业的影响就不显著了。这说明了，村庄土地流转规模不是通过增加地租收入或促进土地交易稳定进而推动农户非农就业，可能存在其他的因素。

2. 流转规模的影响机制Ⅱ：流转租金获取和粮食作物种植

随着土地流转市场发育，虽然农户可通过土地流转获得一定租金，如果实际上获得租金较少，他们有可能会减少非农就业，也有可能稳固耕种土地而不将其流转。农户在流转土地事先有个租金意愿，如果实际获取的流转租金低于意愿的，农户可能会减少非农就业。这种"意愿—实际"偏离可能使得农户劳动配置决策发生偏离，人地要素分离可能仍不彻底。农作物的生产严格依赖于土地，而土地流转市场发育俨然会改变农户的种植结构。至此，我们将"实际获取流转租金是否高于意愿流转租金，如果高于为1，否则为0"和"是否种植粮食作物"相继作为"意愿—实际"偏离租金获取和粮食种植等度量变量。详细估计结果如表7所示。

表7　土地流转规模的影响机制Ⅱ：实际流转租金获取和粮食作物种植

变量	租金获取	非农就业		粮食作物	非农就业		经济作物
	Logit	IV–Tobit	2SLS	Logit	IV–Tobit	2SLS	Logit
流转规模	0.487* (0.284)	0.565*** (0.192)	0.303*** (0.09)	0.157*** (0.04)	0.45** (0.204)	0.242** (0.095)	−0.176 (0.214)
租金获取		0.03 (0.019)	0.017* (0.010)				
粮食种植					0.06*** (0.02)	0.036*** (0.01)	
控制变量	控制	控制	控制	控制	控制	控制	控制
地形特征	控制	控制	控制	控制	控制	控制	控制
县域特征	控制	控制	控制	控制	控制	控制	控制
Sobel		0.002* (0.001)			0.005*** (0.002)		
观测值	2 473	2 777	2 777	2 648	2 774	2 774	2 672

注：***、**和*表示在1%、5%和10%水平上显著，括号内为聚类到村庄的稳健标准误。

村庄土地流转规模，有利于增加农户获取高于意愿流转租金的概率和提高粮食作物种植的可能性，对经济作物种植不存在显著影响。流转租金获取仅是在2SLS估计中才会对农户非农就业有着显著正向影响，仅在10%水平上显著，同时也在10%水平上通过Sobel检验。这在一定程度上说明，村庄土地流转规模是通过增加农户获取高于意愿的流转租金的可能性进而促进农户非农就业。但是，如果实际获取的流转租金低于意愿的，农户仍会减少非农就业分配，这使得土地流转市场发育与农户非农就业的关系存在"期望—行为"偏离。此外，粮食作物种植对农户非农就业的影响无论是在IV–Tobit和2SLS估计上均显著为正，在1%水平上通过Sobel检验。这说明了，村庄土地流转规模使得农户倾向种植人工付出较少的粮食作物，而不种植经济作物，转移到非农领域就业。对于非农就业的家庭而言，种植结构"趋粮化"仍是一个趋势。

五、结论和建议

自党的十九大到乡村振兴战略（2018~2020），再到2020年的中央一号文件，相继强调要完善农地"三权分置"制度改革，建立农地产权交易平台，加快农地经营权流转，拓展农村劳动力非农就业空间。农地流转市场化对拓展农户非农就业、实现更高质量的非农就业、稳定农户就业乃至实现农业规模经营等具有重要的意义。本文建立家庭农户农地要素配置行为决策模型，采用广东和江西两省2 796户农户样本的微观调查数据，结合模型推论，从村庄土流转"成本—规模"视角，实证考察了土地流转市场发育对农户非农就业的影响。

本文研究发现，村庄土地流转规模，可以降低村庄土地流转成本，促进农户非农就业，倘若家庭户主有外出务工经历，村庄土地流转规模的促进作用会被削弱；对农户非农就业的正向作用主要依赖于增加获取高于意愿的流转租金与粮食作物种植的可能性等两种机制的。细致地看，主要可分为如下三方面的发现：一是从土地流转市场发育来看，村庄土地流转规模显著促进农户非农就业，而村庄土地流转成本的增加则会牵制劳动力非农就业，经以打工收入占比进行因变量替换和以工具变量法控制内生性问题等稳健性检验后仍是显著稳健的；二是土地流转市场发育对农户非农就业的影响在户主有着外出务工经历的家庭存在迥异，表现为户主外出务工经历会减少村庄土地流转规模对非农就业的正向作用，削弱村庄土地流转成本对非农就业供给的边际负向作用，可能是因为户主外出务工经历会造成土地地权不安全进而削弱土地流转市场发育的边际影响；三是村庄土地流转规模，提高农户地租收入和土地交易的稳定性，但不会通过影响农户非农就业；主要通过增加高于意愿流转租金的获取的概率和提高粮食作物种植的可能性，进而促进农户非农就业。

本文的政策含义在于：一是完善农地制度"三权分置"改革，推进农地确权登记颁证，推进农地产权制度创新，促进农地要素有效配置，让其各要素能最大限度发挥作用，以强化地权为重点推进农地产权精细化管理，解决土地四至信息模糊、边界不清晰的痼疾顽症，加快农地流转，推进一村一户向农场化、规模化方向发展。二是彻底破除困扰农民工市民化的各种制度壁垒，建立和完善促进转移人口市民化的协调发展体制机制，彻底解决农业转移人口市民化的"隐形门"和"玻璃门"问题，增强各级政府吸纳农业转移人口落户和为新市民提供基本公共服务的意愿和能量，消除有意愿进城入户农业转移人口的顾虑。三是发展乡镇经济，壮大县域经济，乘着粤港澳大湾区建设之契机,加快以"产城人"融合为主线的特色小镇发展战略,以新理念、新机制、新载体推进人口和产业集聚、产业升级与三个产业融合发展强化特色小镇建设,吸引农村劳动力就近就业,拓展其就业发展空间,实现农村劳动力高质量就业。四是加快以"一镇一业、一村一品"为重点的产业融合创新发展战略,加快推进农地流转规模化集中化,驱使农地经营集约化、专业化、组织化和社会化,积极开展创建休闲农业与乡村旅游示范镇、涉农电子商务镇、特色水果镇和农产品科技强镇等农业专业镇建设,让农业成为既有赚头又有奔头产业,实现农业经济高质量发展。

参考文献

1. 蔡昉:《农业劳动力转移潜力耗尽了吗》,载于《中国农村经济》2018年第9期。
2. 陈媛媛、傅伟:《土地承包经营权流转、劳动力流动与农业生产》,载于《管理世界》2017年第11期。
3. 韩俊:《中国城乡关系演变60年:回顾与展望》,载于《改革》2009年第11期。
4. 黄季焜、冀县卿:《农地使用权确权与农户对农地的长期投资》,载于《管理世界》2012年第9期。
5. 冀县卿、钱忠好:《如何有针对性地促进农地经营权流转?——基于苏、桂、鄂、黑四省(区)99村、896户农户调查数据的实证分析》,载于《管理世界》2018年第3期。
6. 刘晓光、张勋、方文全:《基础设施的城乡收入分配效应:基于劳动力转移的视角》,载于《世界经济》2015年第3期。
7. 陆文聪、李元龙、祁慧博:《全球化背景下中国粮食供求区域均衡:对国家粮食安全的启示》,载于《农业经济问题》2011年第4期。
8. 齐蘅、吴玲:《中国农村土地制度变迁的历史溯源与现实观照》,载于《吉首大学学报(社会科学版)》2017年第3期。
9. 仇童伟、罗必良:《农地调整会抑制农村劳动力非农转移吗?》,载于《中国农村观察》2017年第4期。
10. 史常亮:《土地流转对农户资源配置及收入的影响研究》,中国农业大学出版社2018年版。
11. 田传浩、李明坤:《土地市场发育对劳动力非农就业的影响:基于浙、鄂、陕的经验》,载于《农业技术经济》2014年第8期。
12. 王晓兵、侯麟科、张砚杰、孙剑林:《中国农村土地流转市场发育及其对农业生产的影响》,载于《农业技术经济》2011年第10期。
13. 王小鲁、樊纲、余静文:《中国分省份市场化指数报告(2016)》,社会科学文献出版社 2017 年版。

14. 吴伟伟、刘耀彬：《非农收入对农业要素投入结构的影响研究》，载于《中国人口科学》2017 年第 2 期。

15. 许庆、刘进、钱有飞：《劳动力流动、农地确权与农地流转》，载于《农业技术经济》2017 年第 5 期。

16. 杨金阳、周应恒、黄昊舒：《农地产权、劳动力转移和城乡收入差距》，载于《财贸研究》2016 年第 6 期。

17. 张明辉、蔡银莺：《功能区定位约束下农户参与农地流转决策的关键因素——以湖北省武汉、孝感的 832 个农户为例》，载于《地域研究与开发》2017 年第 6 期。

18. 赵丹丹、周宏：《农户分化背景下种植结构变动研究——来自全国 31 省农村固定观察点的证据》，载于《资源科学》2018 年第 1 期。

19. 赵晓秋、李后建：《西部地区农民土地转出意愿影响因素的实证分析》，载于《中国农村经济》2009 年第 8 期。

20. 赵修研、谭艳美、樊鹏飞、梁流涛：《农地流转市场发育的微观机制——来自中国家庭追踪调查的证据》，载于《地域研究与开发》2018 年第 4 期。

21. 钟甫宁、向晶：《我国农村人口年龄结构的地区比较及政策涵义——基于江苏、安徽、河南、湖南和四川的调查》，载于《现代经济探讨》2013 年第 3 期。

22. 郑冰岛、朱汉斌：《农地产权、流转市场与农村劳动力配置》，载于《人文杂志》2019 年第 6 期。

23. Che, Yi, 2016, "Off-farm employments and land rental behavior: evidence from rural China", *China Agricultural Economic Review*, Vol. 8, No. 1, April, pp. 37 – 54.

24. Deininger K., S. Jin., 2005, "The potential of land rental markets in the process of economic development: Evidence from China", *Journal of Development Economics*, Vol. 78, No. 1, March, pp. 241 – 270.

25. Maëlys De La Rupelle et al., 2009, "Land rights insecurity and temporary migration in rural China", *Social Science Electronic Publishing*.

26. Mullan K., Grosjean P., Kontoleon A., 2011, "Land tenure arrangements and rural-urban migration in China", *World Development*, Vol. 39, No. 1, February, pp. 123 – 133.

27. Sikor T., Müller D., Stahl J., 2009, "Land fragmentation and cropland abandonment in Albania: Implications for the roles of state and community in post-socialist land consolidation", *World Development*, Vol. 37, No. 8, Septem-

ber, pp. 1411 – 1423.

28. Yang D. T., 1997, "China's land arrangements and rural labor mobility", *China Economic Review*, Vol. 8, No. 2, July, pp. 101 – 115.

29. Zhang Y. J. et al., 2011, "The impact of land reallocation on technical efficiency: evidence from China", *Agricultural Economics*, Vol. 42, No. 4, September, pp. 495 – 507.

The Effect of Development of Land Circulation Market on Peasants' Off-farm Employments in Rural China
—An Empirical Analysis from Perspective of Farmland Circulation "Cost – Scale" in Villages

ZHANG Weikun　HE Yiming　LUO Biliang

(College of Economics and Management, National School of Agricultural Institution and Development, South China Agriculture University, 510642)

[**Abstract**] With the established model of farmland factor allocation for household farmers, this paper estimates the impact of the development of land circulation market on peasants' off-farm employments using the survey data for the 2796 rural households' samples in Guangdong and Jiangxi based on the perspective of farmland circulation "cost-scale" in villages. The results show that the land circulation scales in villages is conductive to promoting the peasants' off-farm employment, while the land circulation cost in villages is not benefit for that. The marginal effect of the development of land circulation market is obviously different in the families with the working experience of the head of household, which shows that the experience of the head of household will weaken the marginal positive effect of the scale of land circulation and the negative effect of the cost of land circulation. We further find that the promoting effect of the scales of land circulation in villages is mainly rooted in the higher-than-expected circulation rental value and grain cultivation. Meanwhile, it has a positive effect on land rent and the stability of land transaction, but which does not affect off-farm employment. Therefore, the land circulation market can be developed and peasants' off-farm employment stabilized through the promotion for the innovation of land system, the abolishment the institutional barriers of migrant workers' citizenization and the acceleration the integration of industry, city and people.

[**Key Words**] "Cost – Scale"　Development of Land Circulation Market　Off-farm　Employment Land Circulation Scale

JEl Classifications: Q15　R14

寻租、生产专用性投资与企业经营效率

黄晓光　李胜兰　黎天元**

【摘　要】本文探讨了政府行政权力引致的管制与寻租对企业经营效率的影响。基于科斯定理和不完全契约理论,本文将传统的寻租理论扩展到了更一般的情形,不仅同时涵盖了传统的"有害论"和"有益论"观点,而且指明了两种观点之间相互转变的局限条件。本文研究发现:第一,在完全契约条件下,无论是企业通过改善生产经营效率获得市场上的租金,还是政府通过行政保护帮助企业获取租金并向企业寻租,结果是一样的,因为以租金最大化为目标的政府,在寻租过程中会向企业提出"寻租"条款,而这些条款,必然恰好就是企业在竞争条件下为获得最大市场收益所需满足的条款;第二,在不完全契约条件下,寻租则会导致较低的生产专用性投资,因成本降低而导致的产出增加量也会随之减少。因此,政府管制和寻租对市场是有消极作用还是积极作用,取决于政府是否难以掌握相关生产经营技术细节,以及行政权力是否导致了企业生产专用性投资的过度减少。基于这一研究发现,本文对中国当前"法治政府"建设和政府职能改革,提出了相关的政策建议。

【关键词】不完全契约　资产专用性　寻租理论

中图分类号：**F810.2**　　文献标识码：A

---

* 本文受国家社会科学基金一般项目"环境政策工具对我国制造业绿色转型效率影响研究"（批准号：19BJY088）的资助。

** 黄晓光,中山大学岭南学院经济学系博士后,E-mail：huangxg3@mail2.sysu.edu.cn；李胜兰（通讯作者）,中山大学岭南学院经济学系教授,博士生导师,E-mail：lnslsl@mail.sysu.edu.cn；黎天元,中山大学岭南学院经济学系,博士研究生,E-mail：1423372646@qq.com。地址：（510275）广东省广州市海珠区新港西路135号中山大学岭南学院。

一、引　言

政府与市场的关系、政府在市场中应发挥的功能，是经济学中的永恒话题；处理好政府与市场之间的关系，也是当前中国建设"法治政府"、构建良好营商环境、激发社会主义市场经济活力的迫切需要。党的十九届四中全会明确指出，必须"厘清政府和市场、政府和社会关系"，而要贯彻落实这一精神，必须首先在理论层面透彻分析政府与市场的关系，深入探究政府在市场中的定位与功能；而这正是本文研究的根本目的。

具体来说，本文实际上探讨了三个问题：行政权力的寻租是否必然同市场利益相冲突？政府职能的最优边界在哪里？怎样通过制度设计使政府与市场的利益相一致？关于政府管制以及权力寻租对经济的影响，目前在制度经济学领域尚存在较大的争议："有害论"的观点认为，由于政府本身是理性的经济人，行政权力干预引起的管制与租金，会导致资源从生产性部门流向非生产性部门，从而减少对生产专用性投资的激励，最终导致企业经营效率恶化以及经济增长的放缓（Tullock，1967；Krueger，1974；Iqbal & Daly，2014）；相反，"有益论"的观点则认为，在经济发展的起步阶段，由于社会制度框架难以在短期内改变，政府向市场收取的租金不仅能有利于企业等生产经营主体规避低效率的管制，而且能够对政府改善制度和政策提供有效的激励；甚至在政府能够清楚了解核心技术信息和经营方式的条件下，行政管制和寻租本身就是一种有效的生产经营手段，是提升企业生产经营效率、推动产业结构转型升级，最终实现经济增长的重要力量（McChesney，1987；青木昌彦等，1998；黄少安和赵建，2009；张璇等，2016；杨德明等，2017）。这两种理论观点，目前仍处于激烈的争论中，且不同的观点都有相当的案例和数据作为支撑。这一研究现状，不论对理论研究的推进还是对政策制订的实践，都造成了巨大的困扰和阻碍。

针对当前研究的现状及存在问题，本文运用科斯定理（Coase，1960）和不完全契约理论（Hart，1995），将传统的寻租理论（Tullock，1967；Krueger，1974；McChesney，1987）扩展到更一般的情形，以同时涵盖"有害论"和"有益论"两种观点，并通过严格的理论和数理模型，阐明两者之间发生转变的局限条件。本文论证了以下的两个核心命题：第一，在交易费用为零的完全契约条件下，无论是企业通过改善生产经营效率获得市场上的租金，还是政府通过行政保护帮助企业获取租金并向企业寻租，结果是一样的，原因在于以租金最大化为目标的政府，在寻租过程中会向企业提出"寻租"条款，而这些条款，必然恰好就是企业在竞争条件下为获得最大市场收益所需满足的条款；第二，在交易费用非零的不完全契约条件下，若存在无法合约化的生产专用性投资，那么相比完全契约的状况，寻租会导致较低的生产专用性投资，因成本降低而导致的产出增加量也会随之减少。这意味着，政府管制和寻租对市场是有消极作用还是积极作用，取决于政府是否难以掌握相关生产技术与经营方法细节，以及行政权力是否会导致企业方面生产专用性投资的过度减少。

本文的边际贡献主要在理论层面：第一，扩展了传统的管制与寻租理论。通过运用科斯定理（Coase，1960）和不完全契约理论（Hart，1995），本文将传统的寻租理论（Tullock，1967；Krueger，1974；McChesney，1987）扩展到了更一般的情形，同时涵盖了"有害论"和"有益论"两种传统观点，并明确指出了两者间发生转变的局限条件，丰富了当前理论关于"政府—市场"关系以及政府功能的认识，也补充了"最优政府边界"相关理论研究（Hart，1999）。第二，为中国当前厘清政府与市场关系、建设"法治政府"以及良好营商环境、激发市场活力、实现经济高质量发展，提供理论上的支撑。

本文剩下的内容主要分为三个部分：第一部分是核心概念与文献综述，第二部分是理论分析以及数理模型构建，最后是结论及政策建议。

二、核心概念与文献综述

（一）核心概念

租金。租金指一种商品的最优用途和次优用途之间的价差，更直观地说，是指扣除后并不会使该商品改变当前用途的那部分价值。从交易费用理论的角度说，租金是交易费用大于零时，由"不完全契约"（Hart，1995）或"不完全产权界定"（Barzel，1997）引发的结果，其实质是无法清晰写进合约（或无法建立排他性产权）的那部分价值，反映的是商品中无法清楚衡量其价值的那些可调整的边际量。扣除商品中的这部分价值，并不会使"合约内"得到清晰界定的那些商品用途发生改变，但会引起无法清楚写进合约的边际量发生调整。这是不完全契约下专用性投资激励理论（Hart，1995）的基石。

狭义与广义的寻租。租金的存在会诱使个人投入资源去竞争获取，这就是所谓的"寻租"（rent-seeking）行为。由于获取租金需要投入经济资源，因此租金不能够被全部获得，这称为"租金消散"（rent dissipation）现象。

寻租的概念有广义和狭义两种形式。广义的寻租即上述的寻租概念，是指所有投入资源去获取租金的行为，无论是改善生产经营效率还是获取政府行政保护等。狭义的寻租是指塔洛克定义的寻租概念（Tullock，1967），指投入资源去最大化自身所获租金，但所获租金无法抵偿社会总损失的行为。本文使用的是广义寻租的概念，因为通过后续的研究可发现，寻租的狭义和广义概念之间并没有实质性的区别，狭义的寻租只是交易费用约束下广义寻租的一个特例。因此，如无额外说明，本文所使用的"寻租"的概念，是指广义上的寻租。

专用性投资与生产专用性投资。专用性投资是指在生产经营过程中进行的专用性资产投入，而专用性资产则是这样的一种资产：唯有在某种特定用途、特定场合之下或在某项特殊交易之中，资产才具有经济价值；一旦离开了这些特定的条件，资产将不具有任何的经济价值（Hart，1995；威廉姆森，2002）。生产专用性投资则是指企业在生产经营过程中，专用于增加产出的专用性投资；相对地，非生产专用性投资则是指企业在生产经营过程中用于非生产行为的专用性投资，例如针对管制部门的各种寻租和游说支出等。

（二）相关研究文献

关于政府管制与寻租对企业经营和经济增长的影响，已有的研究观点主要分为"有害论"和"有益论"两种，而两种观点在特定条件下都有其合理之处，但已有研究尚未能将两者纳入统一的分析框架内，也未指出两者间发生转变的局限条件。本节将概述这两方面的相关研究。

"有害论"的观点认为，由于政府是理性经济人而非"仁慈的上帝"，行政权力引起的管制和租金，会导致经济中的资源从生产性部门流向非生产性部门，投入于寻租的过程中，从而引发租金消散与生产专用性投资激励的降低，最终导致企业经营效率下降与经济增长的放缓。企业因生产经营效率的提高或企业家发现市场机会而产生的租金，反映了经济中总价值的增益；但企业在行政庇护下获得的租金，却只反映了既定总价值下的转移支付。对前一种租金的竞争获取，会导致社会利益的增进；相反，对后一种利益的竞争，则导致非生产性支出的增加以及租金耗散，从而导致社会利益的减少。这一基准理论框架由塔洛克（Tullock，1967）和克鲁格（Krueger，1974）构建。

而在现实中，寻租导致的租金消散在不同领域有不同的具体表现形式，国内外在这方面都已有大量的研究。首先，从国际上的一般经验来看，管制租金的形成及其导致的寻租行为，总体上会降低企业经营效率和社会的经济增长能力。伊克巴尔和戴利（Iqbal & Daly，2014）以发展中国家或转轨国家的数据研究发现，对寻租行为的控制以及企业对政府部门寻租行为的规避水平，对经济增长有显著的正向影响。施瓦布和沃克（Schwab & Werker，2018）对多国的制造业数据研究发现，产业中的租金会弱化制度的功能，从而对该产业的平均劳动生产率增长产生显著的负向影响。陈等（Chen et al.，2011）以中国为对象的研究也发现，在政府拥有较大行政自由裁量权的地区，企业会投入更多的资源去建立与政府的关系，从而导致资源向非生产性用途转移。康妮和陈林（2017）以中国1998~2007年中等规模以上工业企业为对象，研究发现政府的行政垄断保护会显著提高企业的生存风险，且该效应是通过降低企业生产经营效率和创新能力产生的。

"有益论"的观点包括两类。第一类观点认为，政府寻租实质上意味着行政权力作为"商品"被置于市场上交易，当总体制度框架难以在短期内改善时，受管制的市场主体通过支付"买路钱"可规避低效的管制。只要规避管制产生的总剩余足以弥补向政府支付的"买路钱"，且不会引起生产专用性投资激励的大幅降低，那么寻租只会导致租金向政府转移，而不会降低市场总体的效率。这通常出现在市场经济转轨初期的发展中国家。但随着经济从粗放式的资源投入型增长转向依赖创新活动的集约型增长，专用性资产对于增长的重要性不断提高，"买路钱"式寻租带来的收益会急剧下降。麦克切斯尼（McChesney，1987）最早在理论上提出了这一观点，随后的大量实证研究也证明了上述现象的存在。例如，在较新近的文献中，黄少安和赵建（2009）研究发现，在短期内，寻租行为和生产行为之间具有一定的互补性，因此政府与企业分享租金能够促进经济的增长；但在长期中，由于租金消散挤出了资本的积累，导致经济体系在长期中无法实现稳态的均衡增长。张璇等（2016）研究发现，企业寻租有利于缓解过重的税负对企业成长造成的负面影响，但这种行政庇护的"润滑剂"作用主要表现在低成长度的企业，对于高成长度的企业并不明显。实际上，从基本的理论框架来看，"有益论"的第一种观点与"有害论"是一致的，都强调寻租会引起租金消散与专用性投资激励的下降，但前者更进一步地注意到"寻租是相互的"这个事实，指出了通过寻租规避管制从而导致有效率结果的可能性。在这种状况下，政府的寻租相当于允许市场通过向政府支付在增长过程中获得的租金，促使政府执行"强化市场"（market-augmenting）的政策措施。

"有益论"的第二类观点更彻底地认为，在一定条件下，政府最大化租金收入的目标与社会总产出最大化的目标在很大程度上是一致的。这意味着在某些情况下，一个拥有巨大行政权力的政府，只要能够比社会和消费者以更低成本识别有效率的企业"资质"及生产经营方式、并协调企业组织间的决策，那么管制和寻租反而可能是提升企业生产经营效率、推动产业结构转型和经济增长的重要力量。这种观点尤其体现在以20世纪"东亚经济奇迹"和中国改革开放为对象的大量研究中。在这方面的代表性理论是青木昌彦等

（1998）提出的"市场增进论"。该理论区分了租金的两种形式，分别是"政策性租金"和"相机性租金"，前者指"在市场过程中政府干预所形成的"租金，后者则指其最终实现视表现或结果而定的租金。政府能够通过积极设置相机性租金，引导企业的分散决策和无序竞争行为，为市场机制运行提供有效而稳固的制度框架①。金滢基和马骏（1998）以东亚的石化工业发展为研究对象，对"市场增进论"提供了有力支持。作者研究发现，在东亚新兴经济体中，政府创造的租金并未像经济学家普遍认为的那样导致了大量的非生产性资源浪费，原因在于虽然政府创造了租金，但政府也能够积极限制租金向非生产性用途转移，从而创造更大的价值。该研究的一般结论表明，在技术引进的发展起始阶段，由于部分产业具有巨大的固定成本投入和规模经济，且政府对于产业的需求前景和成本、技术要求的信息相对较清楚，那么政府以管制创造市场租金的行为就能够有效克服市场失灵，通过设置各种进入市场的技术条款，引导非生产性的寻租投入转变为生产性的"寻租"投入，从而提升企业绩效和促进经济增长。

（三）文献评述

关于行政权力寻租的经济影响，目前尚未有一致的理论框架来解释"有害论"和"有益论"所描绘的现实及其揭示的原理，更不用说找出两种观点之间相互转变的局限条件。缺乏一致的理论框架对两者间转变的局限条件进行分析，会对理解政府在经济中的作用、理解寻租和管制行为的影响造成巨大困难。本文针对当前寻租理论的这一研究现状，运用科斯定理（Coase，1960）和不完全契约理论（Hart，1995）将传统的寻租理论扩展到更一般的情形；该一般性理论能够同时包含"有害论"和"有益论"，并指明了交易费用以及生产专用性投资的因素是如何导致两者之间发生转变的。

---

① 青木昌彦等（1998）的"市场增进论"认为，"政府最积极的作用在于增强和发展每个人的意志行使能力和经济活动能力，并且以一种更具竞争性却有序的方式协调其分散的决策，而不是被动地加以指导或使之无序竞争。总之，政府能够为市场机制的发展提供稳固的制度框架，最充分地利用人们的动力和信息。""与将政府和市场看作是可相互替代的资源配置机制的传统观点不同，我们认为，政府是经济体系中不可或缺的一部分：有时作为其他制度要素（例如民间组织、市场和各种中介机构）的替代物，有时又作为它们的补充。""在东亚国家，尽管政府对经济的干预程度很高，但其公共部门的规模相对于西方的标准来说却是很小的。政府的作用不是为了替代，而是为了促进民间部门的协调。"

三、理论分析与数理模型

(一) 基准理论:不完全契约与寻租行为的经济效率

本节首先论证以下的命题:在交易费用为零的完全契约条件下,无论是企业通过改善生产经营效率获得市场上的租金,还是政府通过行政保护帮助企业获取租金并向企业寻租,产生的结果是一样的。其原因在于:政府为获取最大化的寻租收益,必然会向企业提出改善生产经营效率的要求作为寻租合约的"条款",这一完备的"寻租合约"将使得两种状况下的企业行为一致,相同企业在两种状况下也将具有相同的资质。这一理论实际上是运用科斯定理(Coase,1960)的直接结果。但在交易费用大于零的不完全契约场合,政府寻租及其附带的资质条款就会导致政府利益和社会公共利益的偏离。这一研究结论为我们在现实中理解和分析行政许可、行政管制与寻租的经济效率提供了重要基础。

假设企业 A 和 B 向一个容量固定的市场提供数量为 Q 的同质产品。消费者向该产品支付的价格 P 为定值①,C_A 和 C_B 分别为企业 A 和 B 的边际成本曲线。从图 1 可见,此时市场的均衡是企业 A 占有市场份额 Q_1,企业 B 占有

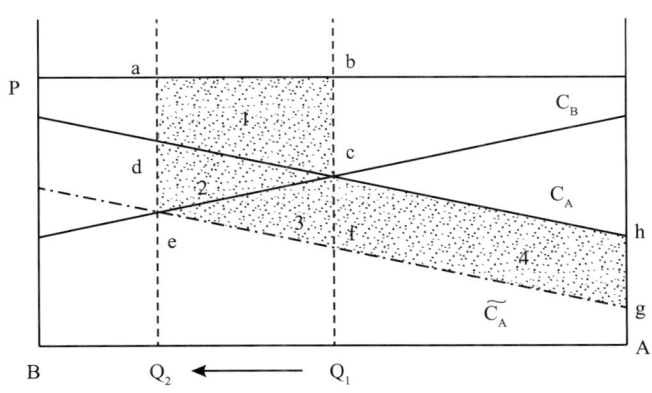

图 1　寻租与管制的经济效率

---

① 按边际成本定价实际上并不改变基本的结论,因为在本节的模型中,这只会影响租金收益在企业和消费者之间的分配,而不会影响租金的大小变化,只需要将消费者向政府"寻租"的行为也考虑进来,就可得到相同的结论。因此,为分析的简洁起见,此处只假定了只有企业才具有向政府寻租的行为,而消费者由于支付的总收益不变,因此不会向政府寻租。

市场份额 $Q-Q_1$。假定一开始不存在拥有寻租权力的政府，在这一竞争市场上，由于企业 A 可通过改进生产经营效率使得边际成本曲线从 C_A 转变为 $\widetilde{C_A}$，企业 A 的市场份额从 Q_1 转变为 Q_2，而企业 B 的市场份额变成 $Q-Q_2$。

接下来，假定政府出现在市场上。拥有行政权力的政府可通过向企业提供竞争限制措施进行寻租。依次有以下三种情形：

第一种情形：塔洛克（Tullock，1967）寻租。假设企业 A 并不打算通过提高生产经营效率（即将边际成本曲线从 C_A 转变为 $\widetilde{C_A}$）而是通过向政府寻租的方式，将市场份额从 Q_1 转变为 Q_2，那么企业 A 愿意向政府支付的最大租金就是面积 abcd，即图中的梯形面积 1。

第二种情形：麦克切斯尼（McChesney，1987，1991）寻租。在第一种情形下，企业 B 作为寻租的竞争者，如果要将其市场份额恢复到对其有利的状况，即将其市场份额从 $Q-Q_2$ 转变为 $Q-Q_1$，那么企业 B 愿意提供的最大租金则是面积 abce。从上图可见，面积 abcd 是小于面积 abce 的，差额部分为图中三角形面积 2。这意味着，如果企业 A 不提高生产经营效率把边际成本曲线 C_A 转变为 $\widetilde{C_A}$，他的寻租行为不会成功，因为企业 B 愿意向政府提供的租金更大。

第三种情形：附带资质条款的寻租。更进一步，如果企业 A 提高生产经营效率，那么他愿意向政府提供的最大租金就变成面积 abfe 与 fchg 之和——即消费者剩余与生产效率改进带来的租金增益之和。而这大于企业 B 愿意提供的最大租金面积 abce，差额即图中三角形面积 3 与平行四边形面积 4。综上所述，寻租的结果必然是企业 A 通过提高生产经营效率，然后向政府提供大于 abce 而小于或等于 abfe 与 fchg 之和的租金。另外，需要注意的是：在完全契约条件下，即使企业 A 不打算提高生产经营效率，政府也会向企业 A 提出最大等值于 abfe 与 fchg 之和的租金要求，并附加条款要求企业 A 将边际成本曲线从 C_A 转变为 $\widetilde{C_A}$。这是政府获得最大租金收入的方式。

综合上述三种情形，就可得到本节一开始提到的命题：

命题一：在交易费用为零的完全契约条件下，无论是企业通过改善生产经营效率获得市场上的租金，还是政府通过行政保护帮助企业获取租金并向企业寻租，产生的结果是一样的。

在本节的例子中，即无论是否存在行政权力寻租，市场的结果都是企业 A 提高生产经营效率（C_A 转变为 $\widetilde{C_A}$）且市场份额为 Q_2。唯一的不同在于：租金或剩余控制权是属于企业还是属于政府。

但上述完全契约下的均衡状态如果要实现，需要满足较为苛刻的条件：第一，政府必须与企业 A 一样，都清晰地知道提高生产经营效率是获得最大市场租金的方法；第二，政府与企业之间签订和履行合约的交易费用足够低，以使得政府和企业之间的寻租合约是一份"完全契约"，政府向企业 A 提供的寻租合约"巨细无遗"地列明了提高生产经营效率的所有细节，并且所有细节政府都可清晰观察并监督执行。因此，在交易费用大于零的不完全契约条件下，无论是政府通过行政手段对企业资质提出要求，还是消费者在市场上对企业资质进行选择，与完全契约的状况相比，都可能是低效率的，因为要弄清晰哪些企业资质条件能够创造最大的市场租金并对企业实施监督和执行，需要耗费代价。此外，正如麦克切斯尼（McChesney，1987）和哈特（Hart，1995）所指出，假如租金包含着对无法清楚写进合约的专用性投资的补偿、且专用性投资是对生产而言具有重要性的话，那么寻租还会影响租金的分配，从而影响资源在生产性和非生产性专用投资上的投入。因此综上可得以下命题：

命题二：在交易费用大于零的不完全契约条件下，若存在无法合约化的生产专用性投资，那么相比帕累托最优的状况，寻租会导致较低的生产专用性投资，因成本降低而导致的产出增加同时也会较小。

该命题最直观的解释是：谁能够以最低交易费用趋于完全契约下的最优，谁就应该来决定最终获得市场租金的企业应该符合怎样的资质。因此，由政府决定企业资质并获取寻租收益未必是低效率的，相应地，完全由市场来决定企业资质也未必具有高效率。例如，食物药品安全检测通常由具备技术能力的专业化公共部门事前进行，因为由分散的、非专业的消费者来进行检测或通过"市场试错"的方式排除不合格的产品和企业，交易费用极为高昂，甚至需要以生命安全为代价。但是，例如一双鞋合穿与否、款式是否合意之类的市场选择，由消费者自身来实施要比通过政府实施更为经济有效。这一理论实际上在我国的司法实践中早已有所体现，对于一项行政许可行为在司法上是否应判定为"合法"、若属"违法"又是否应当撤销等问题，其对"社会公共利益"的影响是左右法院判决的一个重要因素[①]。接下来的小节，将引入生产专用性投资，在不完全契约理论（Hart，1995）的框架下，通过构建数理模型，更一般性地对上述命题一和命题二进行证明。

（二）数理模型：寻租、生产专用性投资与企业经营效率

上文基准理论部分提供了关于寻租与管制的经济效率的一个简单图像说明。本小节在此基础上提供一个严格的数学说明，并规范地证明上文提出的两个命题。

---

① 例如，《张道文、陶仁等诉四川省简阳市人民政府侵犯客运人力三轮车经营权案》（最高人民法院审判委员会指导案例 88 号，2017 年 11 月 15 日颁布），《赣榆京融管道燃气公司诉连云港赣榆区政府撤销管道燃气特许经营权纠纷案》（2014 年）

1. 对命题一的证明：无生产专用性投资的情形

假定一开始存在两个完全同质的企业 A 和 B，其利润函数分别为：

$$R_A(q_A) = pq_A - \frac{c}{2}q_A^2 \tag{1}$$

$$R_B(q_A) = pq_B - \frac{c}{2}q_B^2 = p(Q - q_A) - \frac{c}{2}(Q - q_A)^2 \tag{2}$$

$$q_A + q_B \equiv Q$$

其中 Q 为给定的常数，表示市场容量给定。此外，又假定现在有降低生产成本的新技术，无须进行任何的专用性投资即可获得。该新技术能够使得企业的成本从 c 转变为 $\tilde{c}$，并且有 $c > \tilde{c} > 0$。为简洁起见，假定该新技术只有企业 A 可获得。该假定实际上是无关紧要的，不会使结论失却一般性，因为只要企业 A 对企业 B 有相对的成本降低即可。因此为分析的简便，现假定企业 B 的成本函数相对固定不变。此外，还假定需求者愿意支付的最大价格为 p，并且实际上按照这一价格支付。这意味着消费者剩余完全为企业或政府获得。这一看似严苛的假定实际上也是不失一般性的，只要允许寻租行为同时发生在需求者身上。为了分析的简便，故假定消费者固定按最大支付价格购买商品。

（1）探讨没有寻租行为的情形。当没有寻租行为时，均衡的状态下就有企业 A 租金的边际增量等于企业 B 租金的边际减量：

$$R'_A = p - cq_A = -R'_B = p - c(Q - q_A) \tag{3}$$

$$q_A = q_B = \frac{Q}{2}$$

由于只有企业 A 能够使用新技术，那么当企业 A 运用新技术提升生产经营效率时，有：

$$\tilde{R}_A = pq_A - \frac{\tilde{c}}{2}q_A^2 \tag{4}$$

$$\tilde{R}'_A = p - \tilde{c}q_A = -R'_B = p - c(Q - q_A) \tag{5}$$

$$q_A = \frac{c}{\tilde{c} + c}Q, \quad q_B = \frac{\tilde{c}}{\tilde{c} + c}Q, \quad \frac{c}{\tilde{c} + c} > \frac{1}{2}$$

由此可见，新技术的使用以及边际成本的整体降低使得企业 A 的市场份额相对初始的状态有所扩大，而企业 B 的市场份额则相对萎缩。

（2）讨论存在寻租行为的情形。倘若企业 A 一开始并不打算通过使用新技术扩大市场份额，而是通过寻租的方式，向政府提供租金以换取管制措施，使企业 B 的市场份额限定在 $q_B = \frac{\tilde{c}}{\tilde{c} + c}Q < \frac{Q}{2}$ 的水平上，而使自己的市场份额扩大到 $q_A = \frac{c}{\tilde{c} + c}Q > \frac{Q}{2}$。此时，企业 A 能够向政府提供的最大租金是：

$$\text{rent}_A = p\left(\frac{c}{\tilde{c}+c} - \frac{1}{2}\right)Q - \int_{\frac{Q}{2}}^{\frac{c}{\tilde{c}+c}Q} csds = \left(p - \frac{c}{2}\eta Q\right)\phi Q \tag{6}$$

其中，$\phi = \frac{c}{\tilde{c}+c} - \frac{1}{2}$，$\eta = \frac{c}{\tilde{c}+c} + \frac{1}{2}$。当企业 A 要求政府管制扩大市场份额的同时，企业 B 的租金会受损，其减少的量是：

$$\text{rent}_B = p\left(\frac{1}{2} - \frac{\tilde{c}}{\tilde{c}+c}\right)Q - \int_{\frac{\tilde{c}}{\tilde{c}+c}Q}^{\frac{Q}{2}} csds = \left(p - \frac{c}{2}\varphi Q\right)\phi Q \tag{7}$$

由于 $\varphi = \frac{1}{2} + \frac{\tilde{c}}{\tilde{c}+c} < \eta$，故 $\text{rent}_A < \text{rent}_B$，即企业 B 愿意向政府提供比企业 A 更高的租金，换取政府放弃对企业 B 的管制。但故事到这里还没结束，因为对于企业 A 而言，$\text{rent}_A = \left(p - \frac{c}{2}\eta Q\right)\phi Q$ 并非其能够提供的最大租金。若企业 A 寻租的同时使用新技术，那么获得的租金增益就会变成：

$$\begin{aligned}\text{rent}'_A &= p\left(\frac{c}{\tilde{c}+c} - \frac{1}{2}\right)Q - \tilde{c}\int_{\frac{Q}{2}}^{\frac{c}{\tilde{c}+c}Q} sds + (c-\tilde{c})\int_0^{\frac{Q}{2}} sds \\ &= \left(p - \frac{\tilde{c}}{2}\eta Q\right)\phi Q + M\end{aligned} \tag{8}$$

其中 $M = (c-\tilde{c})\int_0^{\frac{Q}{2}} sds = \frac{c-\tilde{c}}{8}Q^2 > 0$。此外，由于 $\frac{c}{2}\varphi - \frac{\tilde{c}}{2}\eta = \frac{c-\tilde{c}}{4} > 0$，因此有 $\text{rent}'_A - M > \text{rent}_B$，即 $\text{rent}'_A > \text{rent}_B$。这一结果意味着，企业 A 会使用新技术，并且向政府寻租，而 A 实际提供的租金量必然大于 rent_B 且小于等于 rent'_A。

综合上述的结果可知：当在交易费用为零的完全契约条件下，无论是否存在寻租行为，都不会改变最终的市场结果，即企业 A 会使用新技术使得成本参数 c 下降为 $\tilde{c}$，企业 A 和 B 的市场份额分别为 $q_A = \frac{c}{\tilde{c}+c}Q$ 和 $q_B = \frac{\tilde{c}}{\tilde{c}+c}Q$。寻租行为只影响租金在企业和政府之间的分配，而不影响租金最大化的事实。至此，命题一得到了证明。这实际上是运用科斯定理（Coase，1960）的直接结果。

2. 对命题二的证明：有生产专用性投资的情形

接下来考虑存在生产专用性投资的情形。假设提高生产效率、降低成本需要的生产专用性投资记为 I，且该专用性投资不可合约化，即其收益不能通过清楚的合约条款加以界定。这意味着，政府在向企业索取租金时，不会考虑企业在生产专用性投资上的支出。假设成本关于生产专用性投资的函数 $\tilde{c}(I)$ 满足以下的性质：

$$c \geq \tilde{c}(I) > 0, \quad \tilde{c}'(I) < 0, \quad \tilde{c}''(I) > 0, \quad \tilde{c}(0) = c, \quad \tilde{c}(\infty) = 0$$

政府可观察到 c 和 $\tilde{c}(I)$，不能观察到企业的生产专用性投资水平 I。另外，假定 $\dfrac{\tilde{c}''(\hat{I})}{[\tilde{c}'(\hat{I})]^2} \geq \dfrac{1}{\tilde{c}(\hat{I})}$，即成本函数 $\tilde{c}(I)$ 满足对数凸性。

（1）探讨没有寻租的情形。当没有寻租行为时，均衡的状态下企业 A 不仅要使得自己的租金边际增量等于企业 B 租金的边际减量，而且还要通过选择最优的生产专用性投资水平以最大化自身的租金收益。因此有：

$$\widetilde{R}_A = pq_A - \frac{\tilde{c}(I)}{2}q_A^2 - I \tag{9}$$

$$\frac{\partial \widetilde{R}_A}{\partial q_A} = p - \tilde{c}(I)q_A = -\frac{\partial \widetilde{R}_B}{\partial q_A} = p - c(Q - q_A) \tag{10}$$

$$\frac{\partial \widetilde{R}_A}{\partial I} = -\frac{1}{2}\tilde{c}'(I)q_A^2 - 1 = 0 \tag{11}$$

由此可得 $q_A = \dfrac{c}{\tilde{c}(\hat{I}) + c}Q$ 和 $q_B = \dfrac{\tilde{c}(\hat{I})}{\tilde{c}(\hat{I}) + c}Q$ 还有 $I = \hat{I}$。由于二阶条件满足：

$$\begin{aligned}
\frac{\partial^2 \widetilde{R}_A}{\partial I^2}\bigg|_{I=\hat{I}} &= -\frac{1}{2}\tilde{c}''(\hat{I})q_A^2 + \left[-\tilde{c}'(\hat{I})q_A \frac{\partial q_A}{\partial I}\right] \\
&= -\frac{1}{2}\tilde{c}''(\hat{I})q_A^2 + [\tilde{c}'(\hat{I})]^2 q_A^2 \frac{1}{\tilde{c}(\hat{I}) + c} \\
&= -\frac{1}{2}[\tilde{c}'(\hat{I})]^2 \left\{\frac{\tilde{c}''(\hat{I})}{[\tilde{c}'(\hat{I})]^2} - \frac{2}{\tilde{c}(\hat{I}) + c}\right\} q_A^2 \\
&\leq -\frac{1}{2}[\tilde{c}'(\hat{I})]^2 \left\{\frac{1}{\tilde{c}(\hat{I})} - \frac{2}{\tilde{c}(\hat{I}) + c}\right\} q_A^2 \\
&= -\frac{1}{2}[\tilde{c}'(\hat{I})]^2 \frac{c - \tilde{c}(\hat{I})}{\tilde{c}(\hat{I})[\tilde{c}(\hat{I}) + c]} q_A^2 \leq 0
\end{aligned} \tag{12}$$

故当 $I \geq \hat{I}$ 时有 $\dfrac{\partial \widetilde{R}_A}{\partial I} \leq 0$，当 $I \leq \hat{I}$ 时则有 $\dfrac{\partial \widetilde{R}_A}{\partial I} \geq 0$。假设在市场条件下，A 会自发选择使用新技术，即意味着对于任意的 I，均有以下等式成立：

$$\widetilde{R}_A = pq_A(I) - \frac{\tilde{c}(I)}{2}q_A^2(I) - I \geq pq_A(0) - \frac{c}{2}q_A^2(0) = R_0 \tag{13}$$

（2）探讨存在寻租的情形。假设企业 A 不进行专用性投资而向政府寻租，那么结果与上面一样，即企业 B 会支付 $rent_B(I)$，以使政府放弃对其实施的限制。根据上面的分析，可直接得出：

$$rent_B(I) = \left[p - \frac{c}{2}\varphi(I)Q\right]\phi(I)Q \tag{14}$$

类似的，其中有 $\varphi(I) = \dfrac{1}{2} + \dfrac{\tilde{c}(I)}{\tilde{c}(I) + c}$ 和 $\phi(I) = \dfrac{c}{\tilde{c}(I) + c} - \dfrac{1}{2}$。由于仍然有 $rent_B(I) > rent_A(I)$，因此企业 A 的寻租不会成功。这意味着，企业 A 必须

选择通过技术改进，然后再向政府提供更大的租金。如果政府拿走全部因使用新技术带来的租金增益，那么企业 A 面临的收益函数就变成：

$$\pi_A = pq_A(0) - \frac{c}{2}q_A^2(0) = R_0 \tag{15}$$

毫无疑问，此时 I = 0。这也就是说，当政府打算攫取全部生产专用性投资和技术改进带来的全部租金增益的时候，最终的结果必然就是不会有任何的新技术被使用，市场份额和没有新技术引入时的初始状况一样，同时政府获得的租金为小于 $\text{rent}_B(0)$ 而大于 $\text{rent}_A(0)$ 的中间值。假如政府仅拿最低的、等于 $\text{rent}_B(I)$ 的租金，剩余部分全部留给企业 A，那么企业 A 面临的收益函数就变成：

$$\begin{aligned}\pi_A &= \text{rent}'_A(I) - \text{rent}_B(I) + R_0 - I \\ &= \left[\frac{c}{2}\varphi(I) - \frac{\tilde{c}(I)}{2}\eta(I)\right]\phi(I)Q^2 + M(I) + R_0 - I \\ &= \frac{c - \tilde{c}(I)}{4} \cdot \frac{c}{\tilde{c}(I) + c}Q^2 + R_0 - I\end{aligned} \tag{16}$$

$$\frac{\partial \pi_A}{\partial I} = -\frac{1}{2}\tilde{c}'(I)q_A^2(I) - 1 = 0 \tag{17}$$

由此可得 $q_A = \frac{c}{\tilde{c}(\hat{I}) + c}Q$ 和 $q_B = \frac{\tilde{c}(\hat{I})}{\tilde{c}(\hat{I}) + c}Q$ 还有 $I = \hat{I}$，这与无寻租情况下的生产专用性投资水平是一致的。这意味着，只要企业 A 能够提供足够的租金阻止企业 B 向政府提供租金以规避管制，同时政府承诺把租金中高于企业 B 愿意提供的部分，全部留给企业 A，那么对于企业 A 来说，收益最大化的决策仍然是把生产专用性投资提升到完全契约条件下的最优水平。但实际上，一方面政府既不会拿走全部新技术应用带来的租金增益，另一方面也不会把全部的租金增益留给企业 A。只有这样政府才能够获得大于从企业 B 那里获得的租金，从而和企业 A 分享技术改进带来的好处。假设政府除了等价于 $\text{rent}_B(I)$ 的租金之外还要求企业 A 提供剩余租金增益的 $\mu(0 \leq \mu \leq 1)$ 部分，于是企业 A 的收益函数变成：

$$\pi_A = (1-\mu)\left[\text{rent}'_A(I) - \text{rent}_B(I)\right] + R_0 - I \tag{18}$$

于是一阶条件为：

$$\frac{\partial \pi_A}{\partial I} = -\frac{1}{2}(1-\mu)\tilde{c}'(I)q_A^2(I) = 1 \tag{19}$$

记上式所得结果为 I'，现在需要讨论的是 I' 和 $\hat{I}$ 之间的大小关系。由于 I' 满足 $-\frac{1}{2}(1-\mu)\tilde{c}'(I')q_A^2(I') \equiv 1 < -\frac{1}{2}\tilde{c}'(I')q_A^2(I')$，而 $\hat{I}$ 满足 $-\frac{1}{2}\tilde{c}'(\hat{I})q_A^2(\hat{I}) \equiv 1$，因此必然有：

$$\tilde{c}'(I')q_A^2(I') < \tilde{c}'(\hat{I})q_A^2(\hat{I}) \tag{20}$$

设函数 $L(I) = \tilde{c}'(I)q_A^2(I)$，求一阶导数可得：
$$L'(I) = \tilde{c}''(I)q_A^2(I) + 2\tilde{c}'(I)q_A(I)q_A'(I) \tag{21}$$

利用条件 $\dfrac{\tilde{c}''(\hat{I})}{[\tilde{c}'(\hat{I})]^2} \geq \dfrac{1}{\tilde{c}(\hat{I})}$ 转化上式可得：

$$\begin{aligned}
L'(I) &= \tilde{c}''(I)q_A^2(I) + 2\tilde{c}'(I)q_A(I)q_A'(I) \\
&= 2\tilde{c}'(I)\left[\frac{1}{2}\frac{\tilde{c}''(I)}{\tilde{c}'(I)}\frac{q_A(I)}{q_A'(I)} + 1\right]q_A(I)q_A'(I) \\
&= 2\tilde{c}'(I)\left[1 - \frac{1}{2}\frac{\tilde{c}''(I)}{(\tilde{c}'(I))^2}(\tilde{c}(I) + c)\right]q_A(I)q_A'(I) \\
&\geq 2\tilde{c}'(I)\left[1 - \frac{1}{2}\frac{\tilde{c}(I) + c}{\tilde{c}(I)}\right]q_A(I)q_A'(I) \geq 0
\end{aligned} \tag{22}$$

即 $L'(I) \geq 0$，由此可得 $0 \leq I' \leq \hat{I}$ 且 $\tilde{c}(I') \geq \tilde{c}(\hat{I})$。于是可得以下结论：只要存在寻租行为，生产专用性投资水平不会高于无寻租时的状况（$I' \leq \hat{I}$），同时企业经营成本也不低于无寻租时的状况（$\tilde{c}(I') \geq \tilde{c}(\hat{I})$）。当然，生产专用性投资也可能发生在政府的方面，但由此获得的解是对称的，无须再赘述。命题二由此得到证明。

(3) 政府的租金最大化决策

最后考虑政府的租金最大化决策。记上式的解 $I' = I(\mu)$，且根据上文的分析，有 $I(0) = \hat{I}$ 以及 $I(1) = 0$。将其代入一阶条件并求二阶导数可得：

$$\frac{\partial I}{\partial \mu} = \frac{\tilde{c}'q_A^2}{(1-\mu)(\tilde{c}''q_A^2 + 2\tilde{c}'q_Aq_A')} < 0 \tag{23}$$

这意味着，随着获取比例的提高，企业 A 的生产专用性投资会减少。此时政府的收益为：

$$\pi_G(\mu) = \mu[\text{rent}_A'(I(\mu)) - \text{rent}_B(I(\mu))] + \text{rent}_B(I(\mu)) \tag{24}$$

对 μ 求导可得：

$$\begin{aligned}
\pi_G'(\mu) &= \text{rent}_A'(I(\mu)) - \text{rent}_B(I(\mu)) \\
&\quad + \left[(p - \tilde{c}'(I(\mu))q_A(I(\mu)))q_A'(I(\mu)) + \frac{\mu}{1-\mu}\right]I'(\mu)
\end{aligned} \tag{25}$$

由于 $\pi_G'(1) < 0$，故能使政府获取最大租金的比例 μ^* 必然满足 $0 \leq \mu^* < 1$。这一结果表示：在存在生产专用性投资的场合，为了实现租金最大化的政府既不会获取全部的企业租金，而是会以某个最优比例与企业分享租金，该最优比例能够保证政府从企业 A 中获得的租金不低于企业 B 所能提供的最大租金。在这一情况下，生产专用性投资的水平相比完全契约的情况仍然较低。

四、结论及政策建议

本文探讨了行政权力引致的管制与寻租对企业经营效率的影响。本文运用科斯定理（Coase，1960）和不完全契约理论（Hart，1995），将传统的寻租理论（Tullock，1967；Krueger，1974；McChesney，1987）扩展到了更一般的情形；该理论框架不仅能同时涵盖传统上"有害论"和"有益论"两种观点，而且指明了两种观点之间相互转变的局限条件，并用严格的数理方法加以证明。

本文证明了以下两个核心命题：一是在交易费用为零的完全契约条件下，无论是企业通过改善生产经营效率获得市场上的租金，还是政府通过行政保护帮助企业获取租金并向企业寻租，结果是一样的，因为以租金最大化为目标的政府，在寻租过程中会向企业提出"寻租"条款，而这些条款，必然恰好就是企业在竞争条件下为获得最大市场收益所需满足的条款；二是在交易费用非零的不完全契约条件下，若存在无法合约化的生产专用性投资，那么相比完全契约的状况，寻租会导致较低的生产专用性投资，因成本降低而导致的产出增加量也会随之减少。因此，政府管制和寻租对市场是有消极作用还是积极作用，取决于政府是否难以掌握相关生产经营技术细节，以及行政权力是否会导致企业生产专用性投资的过度减少。

基于上述结论，本文就目前中国"法治政府"建设以及政府职能改革，提出以下建议：

第一，随着经济转向高质量发展阶段、经济增长越来越依赖于技术创新、人力资本等需要较强专用性投入的要素，政府行政权力应当受到更严格的法律约束，转变成"中性"的法律执行者，从而使租金更多地留予市场和企业，对创新过程中的生产专用性投资形成充分的激励。

在改革开放之初，中国的各级政府掌握着资金、土地和审批权限等重要资源，产业的发展也主要以劳动密集型和粗放式增长为特征，并不依赖于大量的生产专用性投入。因此，依据本文的研究结论，行政权力对市场租金的攫取不但不会对经济增长造成损害，反而正像"有益论"观点所揭示的那样，对政府产生了巨大的激励效应，激励其不断地扩大市场、"做大蛋糕"，同时也为企业规避计划经济时代遗留的一系列低效率管制措施提供了便利。但随着改革开放四十年的发展，目前中国经济进入了高质量发展阶段，开始更加依赖技术创新、人力资本等具有高度专用性的资产投入，而这些投入恰恰是政府无法取代的。在这种情况下，"有害论"描述的机制开始起作用。这意味着，当前中国要获得经济的进一步增长，就应当缩减政府的行政自由裁量权，将行政权力约束在法律之下，使行政部门变成"中性"的制度执行者，将市场的租金留予拥有大量生产专用性资产的企业和个人。

第二，缩减行政自由裁量权、建设"法治政府"和推动政府职能的转变，应紧密地和国家的经济、产业发展趋势联系起来，对于不同类型的产业和企业，应有所侧重、循序渐进，使"法治政府"建设和政府职能转变释放的"制度红利",更集中地落在例如资本密集型、技术密集型等对生产专用性资产依赖较大的行业及企业上,才能真正使得"租金"对企业形成充分、有效的激励,从而推动产业发展和转型。而对于另一些对生产专用性资产依赖较弱、政府能够有效掌握和运用相关技术资源的产业或领域,则可考虑保留相对宽松的行政自由裁量权,允许政府从中获得一定的租金分享,从而激励政府扩大市场、"做大蛋糕",使行政自由裁量权发挥出应有的积极影响。

参考文献

1. 奥尔森:《权力与繁荣》,上海人民出版社2005年版。
2. 巴泽尔:《产权的经济分析》,上海三联书店、上海人民出版社1997年版。
3. 黄少安、赵建:《转轨失衡与经济的短期和长期增长:一个寻租模型》,载于《经济研究》2009年第12期。
4. 金滢基、马骏:《政府在获得技术能力方面的作用:对东亚石化工业的案例分析》,引自青木昌彦等编《政府在东亚经济发展中的作用:比较制度分析》,中国经济出版社1998年版。
5. 康妮、陈林:《行政垄断加剧了企业生存风险吗?》,载于《财经研究》2017年第11期。
6. 青木昌彦、凯文·穆尔多克、奥野-藤原正宽:《东亚经济发展中政府作用的新诠释:市场增进论》,引自青木昌彦等编《政府在东亚经济发展中的作用:比较制度分析》,中国经济出版社1998年版。
7. 威廉姆森:《资本主义经济制度:论企业签约与市场签约》,商务印书馆2002年版。
8. 杨德明、赵璨、曹伟:《寻租与企业绩效:"绊脚石"还是"润滑剂"》,载于《财贸经济》2017年第1期。
9. 张璇、刘贝贝、胡颖:《吃喝腐败、税收寻租与企业成长——来自中国企业的经验证据》,载于《南方经济》2016年第11期。
10. Chen, C. J. P., Li, Z., Su, X., & Sun, Z., 2011, "Rent-seeking incentives, corporate political connections, and the control structure of private firms: Chinese evidence". *Journal of Corporate Finance*, Vol. 17, No. 2, pp. 0 – 243.
11. Coase, R., 1960, "The Problem of Social Cost", *The Journal of Law & Economics*, Vol. 3, pp. 1 – 44.
12. Daniel, S., & Eric, W., 2018, "Are economic rents good for development? evidence from the manufacturing sector", *World Development*, Vol. 112, pp. 33 – 45.

13. Hart, O., 1995, "*Firms, Contracts, and Financial Structure*", Claredon Press.

14. Hart, O., Shleifer, A., & Vishny, R., 1997, "The Proper Scope of Government: Theory and an Application to Prisons", *The Quarterly Journal of Economics*, Vol. 112, No. 4, pp. 1127–1161.

15. Iqbal, N., & Daly, V., 2014, "Rent seeking opportunities and economic growth in transitional economies", *Economic Modelling*, Vol. 37, pp. 16–22.

16. Krueger, A. O., 1974, "The political economy of the rent-seeking society", *American Economic Review*, Vol. 64, No. 3, pp. 291–303.

17. Mcchesney, F. S., 1987, "Rent extraction and rent creation in the economic theory of regulation", *The Journal of Legal Studies*, Vol. 16, No. 1, pp. 101–118.

18. McChesney, F. S., 1991, "Rent extraction and interest-group organization in a coasean model of regulation", *The Journal of Legal Studies*, Vol. 20, No. 1, pp. 73–90.

19. Tullock, G., 1967, "The welfare costs of tariffs, monopolies and theft", *Economic Inquiry*, Vol. 5, No. 3.

Rent Seeking, Production Specific Investment and the Efficiency of Enterprises

HUANG Xiaoguang　LI Shenglan　LI Tianyuan

(Department of Economics, Lingnan College, Sun Yat-Sen University, 510275)

[**Abstract**] This paper discusses the influence of the government's administrative power on the efficiency of enterprises. Based on Coase Theorem and incomplete contract theory, this paper extends the traditional rent-seeking theory to a more general form, not only covering the traditional "harmful" and "beneficial" views, but also pointing out the conditions of transformation between the two views. This paper finds that: first, under the condition of complete contract, whether the enterprise obtains the rent in the market by improving the efficiency of production and operation, or the government helps the enterprise to obtain the rent and seek the rent from the enterprise by political protection, the result is the same, because the government with the goal of maximizing the rent will put forward the clauses to the enterprise in the rent-seeking process, and these clauses must be exactly the enterprise has to be met to obtain the maximum income under the perfect competition; second, under the condition of incomplete contract, the rent-seeking behaviors will lead to lower the production specific investment and lower the increment of output due to the reduction of cost. Therefore, whether government regulation and rent-seeking behaviors would have a negative or positive effect on the market depends on whether the government which has relevant production technology and management methods can not grasp the rents, and whether administrative power leads to excessive reduction of production specific investment of enterprises. Based on the findings of this study, this paper puts forward relevant policy advices for the construction of law-based government and the reform of government functions in current China.

[**Key Words**] Incomplete Contract　Asset Specificity　The Theory of Rent-Seeking

JEl Classifications: H11　K23　L38

专用性投资、照付不议合同的适应性调整：液化天然气市场的经验证据*

> 肖建忠　李佳锶　肖雨彤**

【摘　要】 近年来，随着国际市场的持续宽松，买卖双方的地位开始发生变化，从卖方市场到买方市场，合同的灵活性不断增强。但研究针对合同存续期的影响因素和适应性调整方案的探讨还很少，本文将弥补之前研究的不足。具体来说，研究将通过实证来检验场地专用性、物质资产专用性和特定资产专用性在决定天然气供应商和需求方之间签订的合同存续期长短上的重要性和相关关系。结果显示，场地专用性和特定资产专用性与合同存续期存在正相关关系，而物质资产专用性与合同存续期呈现负相关关系。

【关键词】 液化天然气　合同存续期　专用性投资

中图分类号：**F062.9**　文献标识码：**A**

一、引　言

经过几十年的发展，LNG 贸易模式的交易体系已在国际上变得更加的灵活和开放。2019 年 2 月 26 日，壳牌发布的《液化天然气前景报告》指出，LNG 采购方为了增强其在下游电力和天然气市场的竞争力，已越来越多地倾向于签订短期、小批量、高灵活度的合同；而大多数供应方则仍然希望签署

---

* 本文为国家自然科学基金面上项目"中国天然气市场价格扭曲的关键因素识别与纠偏路径选择研究"（71673257）的阶段性成果。

** 肖建忠（通讯作者），中国地质大学（武汉）经济与管理学院教授，博士生导师，地址：（430000）湖北省武汉市洪山区中国地质大学东区；E – mail：xjianzhong@ cug. edu. cn。李佳锶，中国地质大学（武汉）应用经济学硕士研究生，E – mail：184303910@ qq. com。

长期销售合同以获得融资。近年来，LNG 市场供大于求的现象直接影响了 LNG 国际贸易方式的改变，"照付不议"合同这一卖方的王牌逐步失去了原有的独占地位。而周期条款更加灵活作为一种新兴的贸易方式涌现在了 LNG 的国际贸易市场。天然气行业为全球重要行业的长短期合同以及行业结构的运作和动态提供了独特的见解。

本文的出发点是威廉姆森（Williamson）1983 年关系专用性投资的研究基础上，然后将其应用于天然气市场的合同中。研究天然气市场的合同是充满趣味性的，因为在合同存续期和买卖双方的纵向关系上面存在着显著的差异。本文通过考察纵向一体化和存续期从 5 年到 50 年不等的合同关系，找出影响 LNG 合同存续期的因素及相关关系，从而以此为出发点，为合同做出适应性调整提出相关意见，旨在促进签约双方的相互适应性和选择治理结构的多样性，既能降低交易成本，又能减少交易风险，以实现经济活动的双赢。

二、文 献 综 述

（一）不完全合同理论

随着行为科学和现代经济学的发展，传统合同已经作了很大的修正。现代经济学认为，由于签订双方存在决策思维的有限理性，以及不可避免的交易成本和利己主义行为这三个因素，合同只能是"不完全合同"。国外关于这方面的研究相比国内起步要早很多，威廉姆森（1975），梯若尔（Tirole，1988）等都从不同的视角分析了合同的不完全性产生的原因以及由此所涉及的有关效率损失方面的问题。哈特和摩尔（Hart & Moore，1990）主要从合作博弈和非合作博弈出发来建立不同组织结构下企业投资决策的数学模型，同时给出严格形式的经济证明，开创了正式的不完全合同理论，成为奠基之作。之后，达拉米（Dailami，2000）针对一个大型液化天然气（LNG）出口项目的案例进行了深入研究，确认了特定合同设计对于确保项目投资和有效分配风险的关键作用。他们分析了由于合同不完备性而导致的风险转移，并将其来源和风险债务的价格联系了起来。杨瑞龙和聂辉华（2006）利用不完全合同理论来研究有关专用性投资的投资效率方面的问题，从赔偿、履约、司法干预和产权治理等多重角度，相对全面地介绍了不完全合同的产生、未来的发展前景以及可能要面临的问题和挑战。黄凯南（2012）基于演化经济学的视角又对不完全合同理论进行了进一步的分析，强调应从知识的不完全性来解释合同的不完全性，其重要的理论基础主要来源于个体的有限认知，并重新审视了权威在不完全合同中的作用。

（二）交易成本

近年来，中国经济增速逐步放缓并进入"新常态"，结构调整阵痛显现，经济下行压力较大，人口红利、资源红利的粗放发展方式已经逐渐暴露出诸多弊端。越来越多的学者意识到，制度变革与创新的"制度红利"可能对经济发展产生重要影响。在这一背景下，交易成本的大小可能对一国产业升级的进程，速率和方向产生重要影响。对此，威廉姆森（1985）认为交易成本在经济中的作用等同于物理学中的摩擦力。将研究视角拉回到契约的完备性和效率理论上，赵德起（2014）为了找到稀缺资源的契约在市场上的正确生存方式，将其契约的完备性和各个阶段的交易成本对应的效率进行整合，从而达到二者之间最佳的整合状态。刘文革和周方召（2016）则从交易成本和产权的问题出发，针对跨国公司究竟是选择垂直整合还是外包的影响因素进行了归纳评述。

三、理论分析与研究假设

（一）场地专用性与合同存续期

场地专用性是威廉姆森所定义的关系专用性投资中的一种，它是指若要使买卖双方之间在存货和运输费用上实现成本最小化，则二者在场地之间必存在着一种"脸挨着领"的关系（Benjamin Klein，1978）。以此交易双方以最小的成本来获得最大的利益。研究发现，如果交易反复进行，当事人之间就会倾向于签订一份长期合同，于是在事前就规定好交易中的诸多细节。而依赖场地专用性从而实现交易成本最小化往往成为解释长期合同出现的一个非常重要的因素。根据交易成本理论可知，当交易涉及重大的场地专用性时，依赖于反复的讨价还价的交易关系是没有吸引力。

一份天然气合同一般会在事先规定好以下一些主要的注意事项：即时价格的决定规则（一般是指每次交易的价格如何决定的公式），每次交易需求方购买以及天然气供应商出售的数量，交易频率（通常为一月一次），天然气的相关质量（化学构成，含热量等），天然气来源，合同的签订时间等。通过分析纷繁复杂的合同，可以发现，最容易量化的内容就是买卖双方拟定的交易数量，以及当事人事前允诺的交易诸多事项发生效力的时间。这一时间就是合同的存续期。场地专用性越重要，合同当事人设定的合同存续期就越长吗？或者说合同规定的独立交易的次数就会越多吗？带着这样的疑问，我们来研究液化天然气合同的相关问题。

研究表明，如果买卖双方距离越近的话，就能以期就近获得天然气。由于与天然气的产区紧密相邻，这些需求方的发展就不可避免地会和天然气本身共荣共枯。这可以说是威廉姆森所谓的"唇齿相邻"场地专用性的经典案例了。在这类案例中，如果当事人依赖于重复谈判，事后机会主义行为发生的可能性就会大量增加。据此，本文提出了假设一。

假设一：其他条件相同，具有"场地专用性"的当事人之间所签订合同的合同存续期会比其他情况的平均时间段长，二者呈现正相关关系。

（二）物质资产专用性和合同存续期

转而关注"物质资产专用性"。所谓的物质资产专用性主要体现为一旦交易中的一方或者双方所投资的专用机器和设备挪作他用，他们的价值就会降低。生活中，只要需求方那边的电厂一旦建立起来，就必然要消耗专用品种的液化天然气。所谓的专用品种，指的是有特定的含热量，含硫量和化学构成的品种。不同的专用液化天然气品种，会给电厂带来不同的建造成本和绩效。一旦作为基本投入品的液化天然气的品种改变了，就很可能会导致生态环境的恶化或者需要更加昂贵的设备来更新投资。所以，电厂一旦建立，就会自然而然地锁定到某一具体品种的专用液化天然气上面。

当然，一家电厂被锁定在某一具体品种的液化天然气上并不意味着同时也被锁定在专门的供应商身上，实际情况取决于交易的其他因素。物质资产专用性与事后"敲竹杠"行为之间的关系取决于不同地区之间的差距，具体而言，由于供货商所处的地理区位不一样，会导致其勘探生产的LNG数量和质量，以及可供选择的运输方式和最小供应成本的不同。

在全球，产气区块主要分为三部分：中东地区，亚太地区和大西洋盆地附近地区。就中东地区而言，天然气的储量不仅十分丰富，而且还含热量高，质量稳定。资料记载，中东地区天然气的探明储量在1999年的时候就已经达到了9万亿立方米，相当于目前欧洲天然气储气量（约万亿立方米）的5倍，世界天然气工业可利用资源量的2倍。同时中东国家液化天然气（LNG）供给方式，手段和渠道非常多元化。此外，加上他独特的地理位置——位于欧洲和亚洲液化天然气贸易线路的交叉点上，中东地区也在不断开辟和形成新的液化天然气市场。亚太地区之前是LNG的首要产地，1972年文莱开创了该地区的第一条LNG生产线，1981年LNG的出口行列中增加了马来西亚，随后在1990年期间，澳大利亚也加入了其中，并成为主要的LNG出口国，但是亚太地区是一个充满多样性的地区，有拥有资源丰富的国家，也有资源匮乏的国家，有能源出口国，也有大量消耗能源因而需要大量进口能源的国家。并且相比较中东地区液化天然气的质量，亚太地区的 LNG 含热量低，含硫量高且质量不是很稳定。紧张的供求关系，石油天然气价格的大幅度波动以及即将到期的供货合同，这三者之间的冲突是亚太地区 LNG 合同谈判的主旋律。经国际液化天然气进口商组织（GIIGNL）数据显示，2011 年前后，大西洋盆地附近地区的 LNG 贸易量明显下滑，主要体现在很多 LNG 生产线还在建设之中，使得在运送方式上选择的余地不够充分。而且大西洋盆地附近地区的 LNG 大多数都是低热低硫，质量也是参差不齐。基于此，从买者的视角来剖析，大西洋盆地附近地区的天然气交易是更需要长期合同的保护，中东地区的则以短期为主，而亚太地区的 LNG 合同存续期则介于二者之间。对此，本文提出第二个研究假设。

假设二：其他条件相同，具有"物质资产专用性"的供应商与需求方之间所签订合同的合同存续期会比其他情况的平均时间段短，二者呈现负相关关系。

（三）特定资产专用性和合同存续期

威廉姆森在关系专用性投资之"特定资产"的投资这一板块中，提到过这样一种情形：投资于这类资产所生产的产品只能销售给某一特定的消费者，当出现合同提前终止的情形，供应方的生产能力就将会大量的闲置。另一方面，研究可以根据上述威廉姆森对特定资产的阐述来对需求方做出相应的推断。一个依赖于单个供应商提供大宗投入品的买者一旦面临市场上供给的突然终止，他将会发现寻找原有的供给替代品是非常困难而且昂贵的。造成的结果就是，这个未预料到的巨大需求会被瞬间"遗弃"在市场上面。

从特定资产专用性的定义中可以发现，其他条件不变的时候，这一条因素对于天然气交易关系的作用取决于最初合同拟定的交易量。合同拟定的交易量越大，一旦买方毁约，卖方就越难迅速地以补偿价格处理掉多余的供给；反之，如果是卖方决定取消供给，买方也越难在市场上迅速寻找到相应的替代者。

假设三：总交易量大的合同的存续期一般长于总交易量小的，即特定资产专用性和合同存续期之间存在正相关关系。

四、数据来源

（一）数据

这份数据库来源于 German Institute for Economoc Research（DIW Berlin）官方公布的数据，来源的具体网站是 www. ECONSTOR. EN，同时结合国际气体联盟（IGU）定期机构出版物来辅之获取相关数据。时间涵盖了从 20 世纪 60 年代到 2015 年天然气行业的合同，有序地将天然气生产者—销售者与购买者—进口者联系起来，其中统计到的合同内容包括缔约方（即与特定出口或进口国家相关的公司）、供应方所在产区的年产量和合同拟定交易量（以 bcm 为单位）、合同签署年份、交货日期以及合同存续期的相关信息。按交货起始年份划分的合同存续期，如图 1 所示。

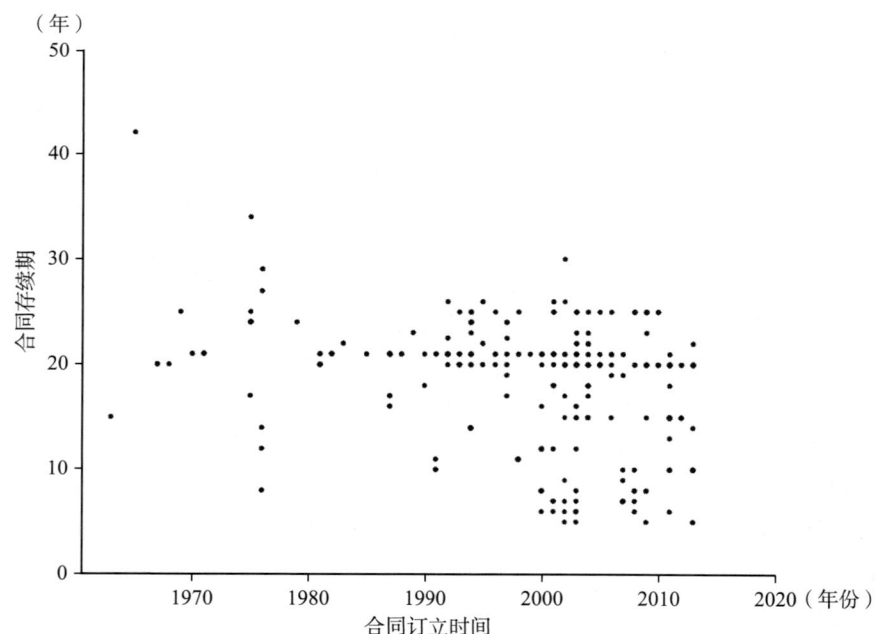

图 1　按交货起始年份划分的合同存续期

（二）描述性统计

图 2 显示，全球液化天然气行业中，合同存续期 30 年或更久的时间已不

再常见,较短的 5 年到 10 年的合同开始日益补充 20 年到 25 年的典型合同,即合同的存续期偏向于短期,市场多倾向于短期交易,究竟是什么因素将其影响呢?这也是本文在后续的研究中会加以探讨的点。

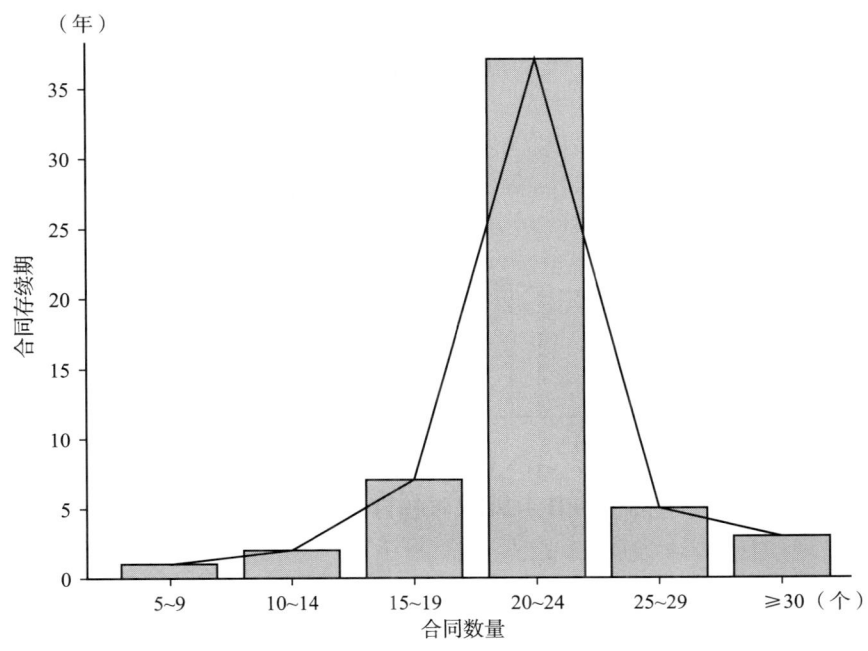

图 2 1990 年之前签订合约的存续

按照合同拟定的交付时间,研究可以观察到大约 60% 的天然气合同都是在 2000 年以后进行交付,从图 3 中可以看到 1990 年之前签订的合同相比较 1991~2015 年所签订的合同,合同存续期会偏长一些,而 20 世纪 90 年代以后,随着政策效应的渲染和天然气市场的整改,天然气行业的交易越来越偏向于短期交易合同。

本文依据样本数据中天然气供货商的国家信息,将其划分为三个区块,分别是中东地区(主要包括阿拉伯联合酋长国、卡塔尔、伊朗、阿曼等国家)、大西洋盆地附近地区(主要包括阿尔及利亚、利比亚、特立尼达和多巴哥、尼日利亚等国家)和亚太地区(主要包括澳大利亚、文莱、俄罗斯以及马来西亚等国家)。并依据各地区的合同存续期的情况,分别做了预测拟合分析,如图 4 所示(从左往右依次是中东地区、大西洋盆地附近地区和亚太地区)各地区所签订的天然气合同存续期都呈现出不同程度的下降趋势,体现出当今国际天然气交易市场越来越灵活。

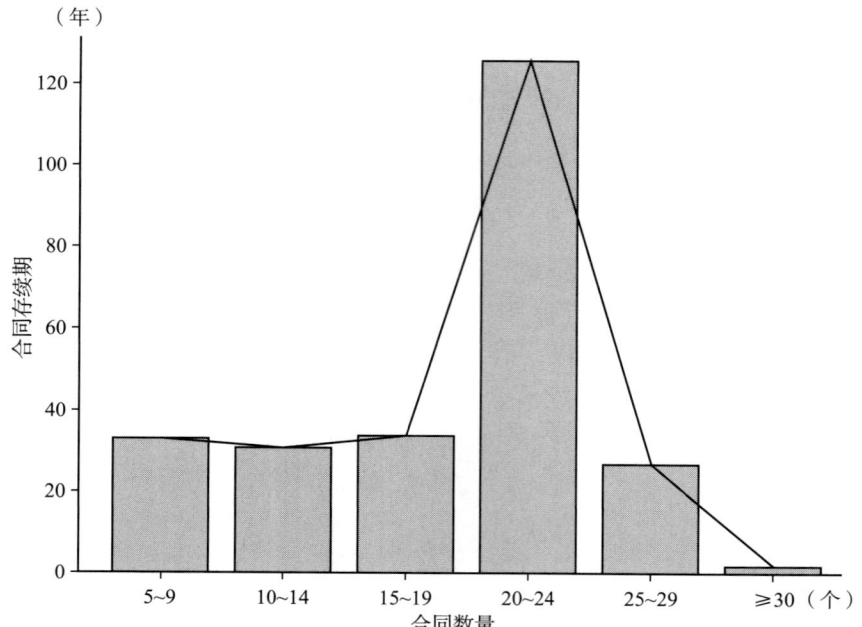

图 3　1991～2015 年签订合同的存续期

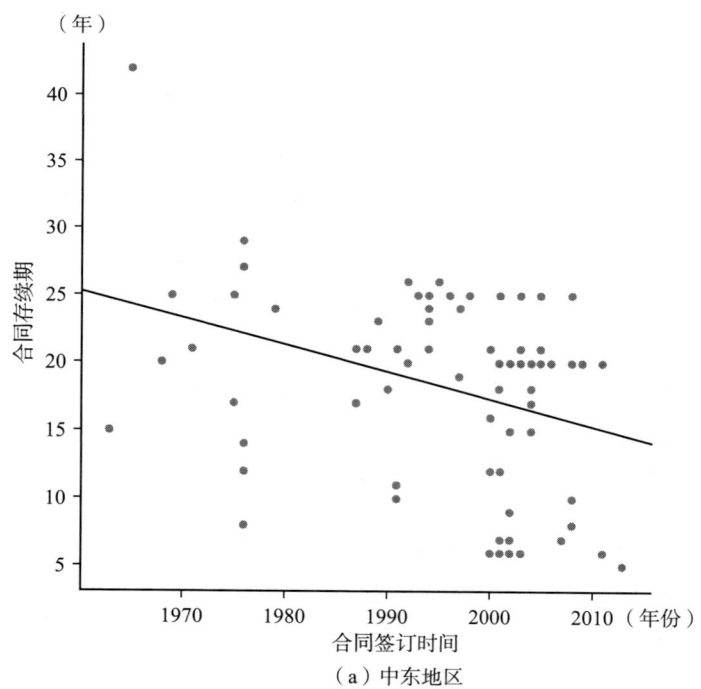

（a）中东地区

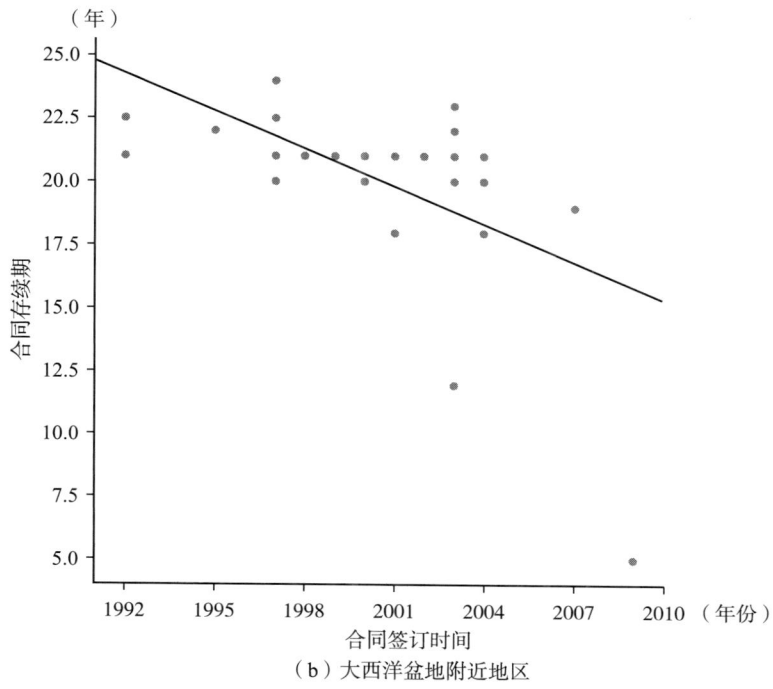

(b)大西洋盆地附近地区

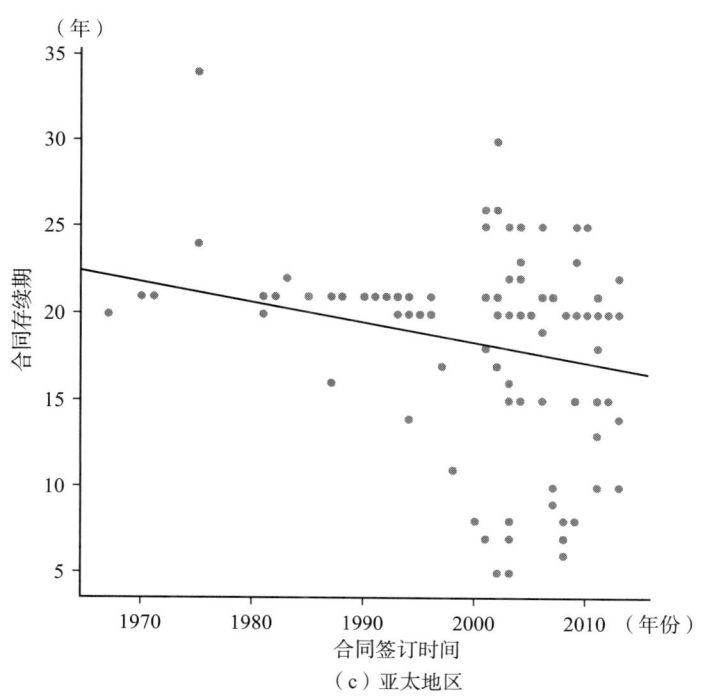

(c)亚太地区

图4 合同存续期预测拟合分析

五、实 证 研 究

（一）模型

本小节主要考察合同存续期（DURATION）和这些变量的相互关系：LNG 合同规定的总交易量（QUANTITY）；专用性投资之场地专用性（SITE‒SPECIFIC）；表示产气区位不同的虚拟变量 MIDEAST（中东地区）和 ASIA PACIFIC（亚太地区），用二者的区位影响同大西洋盆地附近地区（ATLANTIC）相比较。关于签订合同时间的变量，本文将在上述变量讨论完毕后，再以虚拟变量的形式对合同的存续期进行更为深入的研讨。表1给出了 LNG 合同样本数据的中值、最大值、最小值、标准差和均值，还给出了文章后续分析中将用到的其他变量的扼要描述。

表1　　　　　　　　　描述统计样本

变量	描述	中值	最大值	最小值	标准差	平均值
DURATION	LNG 合同存续期（year）	20	42	5	5.72	18.32
QUANTITY	LNG 合同拟定总交易量（bcm）	22	210	1	35.86	11.33
SITE‒SPECIFIC	LNG 供需方运输距离（km）	5 322.6	16 712.4	1 038.4	2 857.97	5 915.90
AOUTPUT	LNG 年产量（bcm）	1.27	10.49	0.03	1.66	1.87
YEAR	LNG 合同法执行年份	2004	2018	1964	11.66	2002.21
MIDEAST	中东地区 LNG 供应商（dummy）	(D=1；93 Observations)				
ASIAPACIFIC	亚太地区 LNG 供应商（dummy）	(D=1；163 Observations)				
ATLANTIC	大西洋盆地附近地区 LNG 供应商（dummy）	(D=1；20 Observations)				
DATE‒00	LNG 合同签订在 2000 年以前的（dummy）	(D=1；124 Observations)				

续表

变量	描述	中值	最大值	最小值	标准差	平均值
DATE-05	LNG 合同签订在 2001 到 2005 年期间的（dummy）	（D = 1；80 observations）				
DATE-10	LNG 合同签订在 2006 到 2010 年期间的（dummy）	（D = 1；44 observation）				
DATE-15	LNG 合同签订在 2011 到 2015 年期间的（dummy）	（D = 1；55 observation）				

液化天然气（LNG）合同存续期的三个简单等式：

$$\text{DURATION}_i = a_0 + b_1 \text{QUANTITY}_i + b_2 \text{QUANTITY}_i^2 + b_3 \text{SITE-SPECIFICITY}_i \\ + b_4 \text{MIDEAST}_i + b_5 \text{ASIAPACIFIC}_i + \mu_i \quad (1)$$

$$\text{DURATION}_i = a_i + b_1 \ln(\text{QUANTITY}_i) + b_3 \text{SITE-SPECIFICITY}_i \\ + b_4 \text{MIDEAST}_i + b_5 \text{ASIAPACIFIC}_i + \mu_i \quad (2)$$

$$\ln(\text{DURATION}_i) = a_0 + b_1 \ln(\text{QUANTITY}_i) + b_3 \text{SITE-SPECIFICITY}_i \\ + b_4 \text{MIDEAST}_i + b_5 \text{PACIFIC}_i + \ln(\mu_i) \quad (3)$$

式（1）至式（3）中，i 表示第 i 个合同的相关取值，μ_i 为误差项，为了使 QUANTITY 和 DURATION 呈现非线性关系，本文的做法是，在第一个式子中引入 QUANTITY_i^2，作为一个新变量加入，针对后两个等式，主要是对 QUANTITY 取自然对数，即 $\ln(\text{DURATION}_i)$ 新变量的加入。

研究将采用三种方法估计式（1）、式（2）和式（3）。首先，针对三个式子，利用合同样本数据，分别引入 DURATION、QUANTITY、SITE-SPECIFIC、MIDEAST 和 ASIA PACIFIC 这些变量进行最小二乘估计（OLS）。其次，引入表示合同签订时间的虚拟变量（DATE-00；DATE-05；DATE-10；DATA-15）进行估计，来进行关于合同存续期的深入研讨。最后，再分别针对每一个不同的产气区块研究对比分析。对于每一个步骤，本文都将对原理和结果做出相应的探讨。

（二）变量的设定

本文从 LNG 合同存续期（DURATION）、合同拟定交易量（QUANTITY）、场地专用性（SITE-SPECIFIC）、产气区块的虚拟变量集（MIDEAST；ASIA PACIFIC；ATLANTIC）、签订时间的虚拟变量集（DATE-00；DATE-05；DATE-10；DATE-15）5 个维度来设定变量。

1. 合同存续期

合同存续期（DURATION）是指和相关单位签订的有有效期的协议还在有效期内。根据数据库提供的合同生效时间，终止时间，签订时间，第一次交货时间等信息，研究将用合同终止年份减去生效年份来计算出合同的存续期。

2. 特定资产专用性因素

根据特定资产专用性的性质，研究将采用合同拟定交易量（QUANTITY）来对其变量进行考察。所谓的合同拟定交易量是指在合同生效时间内，供应方应按照合同规定数量向需求方提供的物资量。

3. 场地专用性因素

该变量的度量主要参考鲍德温（Baldwin）和塔廖尼（Taglioni）所写的文献，即两国之间的距离通常用首都之间的测距，这个测距的计算是以经纬度测算为基础来测量两国首都之间的大圆距离。

4. 物质资产专用性因素

物质资产专用性主要表现为投资于某一专用的机器设备，一旦将这些机器设备挪作他用，就会降低他们的价值。考虑到作为基本投入品的 LNG 品种的问题，往往 LNG 品种的改变，很有可能导致环境恶化和昂贵设备的更新投资，且针对不同的产气区块，LNG 品种不同的现实因素。对此，针对本因素的考察，决定借鉴保罗·乔斯科（Paul L. Joskow，1987）利用产煤区块差异性来考察物质资产专用性的方法，即引入虚拟变量中东地区（MIDEAST）和亚太地区（ASIA PACIFIC）和大西洋盆地附近地区（ATIANTIC）来阐述此变量。

5. 签订时间

该变量的引入主要是用来检验模型对忽略掉的签订时间的因素是否敏感，防止估计出来的最小二乘估计是有偏的，同时用来考量随着时间的推移，合同存续期长短的趋势又是怎样的，并进一步检验场地专用性，物质资产专用性，特定资产专用性和合同存续期之间的相关关系。因而引入变量 DATE – 00；DATE – 05；DATE – 10；DATE – 15。

（三）估计结果

1. 最小二乘估计

表 2 结果显示，特定资产专用性和合同的存续期之间存在正相关关系，即合同拟定的交易量越大，合同的存续期就会越长，反之合同拟定的交易量越小，合同的存续期就会越短。根据下表结果可知，当合同拟定交易量每增加一单位时，合同存续期会增长两个月左右。这与威廉姆森所提到的若特定资产专用性越强，其合同存续期就会相应地越长的情形也是相吻合的。

表2　　　　　　　　　　合同存续期的估计

自变量	DURATION（1）	DURATION（2）	ln(DURATION)（3）
QUANTITY	0.1671*** (0.0226)	—	—
QUANTITY^2	-0.0007*** (0.0002)	—	—
ln(QUANTITY)	—	2.8533*** (0.2759)	0.1983*** (0.0190)
SITE-SPECIFIC	5.3487* (1.8493)	5.1432** (1.0045)	0.0108* (0.0002)
MIDEAST	-2.9838*** (1.2398)	-2.8662** (1.2059)	-0.2428*** (0.0831)
ASIAPACIFIC	-2.5852** (1.2187)	-2.2591** (1.1918)	-0.1566** (0.0821)
Constant	16.157*** (1.3169)	11.2148*** (1.4659)	2.3667*** (0.0831)

注：括号内的数字为系数估计的标准误差；***、**、*分别表示在1%、5%、10%检验水平上显著。

此外，具有场地专用性的当事人间的合同存续期相比较不具有这一个特性的合同长5年左右，即二者呈正相关关系，从而说明就供需双方的距离而言，二者距离越近，双方签订的合同的存续期就会越长。从而能有效地避免因反复磋商而带来的交易成本递增的现象。

最后，从表2结果显示可知，物质资产专用性和LNG合同存续期存在负相关关系。大西洋盆地附近地区的当事人签订的合同相比较中东地区和亚太地区的要长2~3年，而中东地区签订的合同相比亚太地区的要长半年左右，这与三者所生产的天然气特征体现出的系统性差异是相吻合的。由于液化天然气生产的最优规模和资本集约度的不同，"物质资产专用性"的作用在大西洋盆地附近地区比在中东地区表现得更加明显。与中东地区相比，大西洋盆地附近地区生产的LNG数量质量不稳定，低热低硫，而且得到合适的运输工具难度大，这导致大西洋盆地附近地区"物质资产专用性"的问题比中东地区更加突出。同时结合LNG的异质性，最小成本生产技术的特点和可选运输方式的限制，一旦大宗买卖中出现违约，大西洋盆地附近地区的市场对于对方来说隐藏的问题就会越多。这一点再次证明出，大西洋盆地附近地区的LNG合同的存续期要长于中东地区的LNG合同的存续期，而亚太地区介于二者之间。

2. 加入合同签订时间虚拟变量后的估计结果

合意的最小二乘估计的性质是建立在关于误差项结构严格的假设基础上面的。由于每一份合同签订时间上的差异，很自然地研究就会考虑到签订时间对合同条款发生影响的可能。因为随着合同签订时间的不同，不仅仅合同的存续期可能会受到影响，不同的交易在合同交易的时间和场地，供应方的天然气可供量，买方的天然气需求量和天然气的运输方式等方面的差异也可能与此相关。由于在模型中没能包括表示合同签订时间的变量，这使得上一小节考察的那些自变量和误差项有了相关关系。这样一来，最小二乘的估计是有偏的。为了检验模型对忽略掉的合同签订时间是否敏感，在表中我引入了反映合同签订时间的虚拟变量，来估计式（1）、式（2）和式（3）。引入的虚拟变量集分别为 DATE-00（对2000年以前，包括2000年签订的合同取值为1）；DATE-05［对2001~2005年（包含）签订的合同取值为1］；DATE-10［对2006~2010年（包含）签订的合同取值为1］；DATE-15［对2011~2015年（包含）签订的合同取值为1］。引入的这个虚拟变量集将用于衡量合同签订时间对液化天然气供给或需求的主要影响。

国际能源署（IEA）指出，2000年全球LNG现货交易增长了12倍，由500万吨增至6 500万吨，结合1998年欧盟委员会颁布的《内部天然气市场的共同规则》中"天然气指令"，即该指令旨在加强天然气基础设施建设并增强交易双方用户信息的透明度和无歧视。从而扩大了LNG国际贸易市场，正好解释了表3中的估计结果，2000年LNG合同的存续期相比较以往已经减少了1~2年左右，表明国际LNG长贸合同已经开始松绑。2005年8月，随着美国能源政策法案的颁布，对世界能源政策的整改产生了巨大的冲击，其要求简化液化天然气终端管理程序，从而增强汽油供应的灵活性，同时制定税收鼓励政策，呼吁重视使用清洁能源，使得LNG的使用度提高并且大力激活了液化天然气的贸易活力，表3结果表明，截至2005年所统计到的LNG合同的存续期已经缩短了3年左右的时间。2010年LNG的实际产能开始进入黄金增长期，以致全球的LNG供应能力相对过剩，另一方面尽管进行LNG贸易的国家越来越多，但全球LNG供应量仍然集中在少数国家，成了当时国际LNG市场供应的两大显著特点。能源供求关系的转变和市场需求预期的变化导致新兴买家采取更加谨慎的态度，使得大量长期合同向短期转化，2010年LNG合同存续期已经减少了4年多的时间。而到了2015年，合同存续期的时间已经减少了大约6年的时间。这与国际能源署发布的有关《全球天然气安全回顾》报告（2019）也是相吻合的，即世界潮流处在增强流动性和市场全球化的不断演化中，液化天然气贸易的灵活性不断提高，大量的短期合同增长强劲。

表 3 合同存续期的估计（加入时间变量）

自变量	DURATION（1）	DURATION（2）	ln(DURATION)（3）
QUANTITY	0.1620 *** (0.0217)	—	—
QUANTITY^2	-0.0007 *** (0.0001)	—	—
ln(QUANTITY)	—	2.8878 *** (0.2650)	0.2013 *** (0.0183)
SITE-SPECIFIC	3.0025 *** (1.6841)	2.6827 *** (1.0462)	0.0418 ** (0.0059)
MIDEAST	-3.2727 ** (1.1988)	-3.0324 *** (1.1616)	-0.2485 *** (0.0803)
ASIAPACIFIC	-2.6413 ** (1.2011)	-2.1974 * (1.1726)	-0.1482 ** (0.0811)
Constant	17.8972 *** (1.5167)	12.4224 *** (1.6506)	2.4329 *** (0.1142)
DATE-00	-1.8587 *** (0.8943)	-1.4330 ** (0.8765)	-0.0757 * (0.0606)
DATE-05	-3.0135 *** (0.8827)	-2.8316 *** (0.8589)	-0.1858 *** (0.0594)
DATE-10	-4.3399 *** (1.0101)	-4.0180 *** (0.9872)	-0.2893 *** (0.0683)
DATE-15	-5.6885 *** (1.0415)	-5.6201 *** (1.0095)	-0.3538 *** (0.0698)

注：括号内的数字为系数估计的标准误差；***、**、* 分别表示在1%、5%、10%检验水平上显著。

表3的估计结果再次验证了有关场地专用性、物质资产专用性、特定资产专用性和合同存续期之间的关系的假说。合同拟定交易量、专用性投资之场地专用性、供应商的区位等变量系数符号和表2保持一致，而且显著性相比较之前的回归结果增加了。说明模型对忽略掉的合同签订时间是不敏感的。

3. 分别针对每个产气区的估计

最后，在表4中，本文分别估计了三个主要产气区的合同存续期（DURATION）与对应的合同拟定交易量的自然对数［ln(QUANTITY)］和场地专用性（SITE-SPECIFIC）之间的关系。[对式（1）和式（3）的估计结果也一样，但是考虑到篇幅设置，这里只列出式（2）的相关结果] 很显然，合同交易量和场地专用性对合同存续期的影响并不仅仅与具体区位的天然气合同行为相关,这些影响在三个产气区都存在。合同交易量(QUANTITY)和场地专用性(SITE-SPECIFIC)的系数符号都和之前的结果保持一致。尽管这些变量的系数大小存在区位性的差异,但这种差异并不大。结果表明,在其他条件相同的情况下,从中东地区的供应商到亚太地区的,到最后的大西洋盆地附近地区,合同存续期的期限逐步延长了。

表4　　　　　　　　　　　　　分产区估计

自变量	ASIAPACIFIC	MIDEAST	ATLANTIC
因变量：DURATION			
ln(QUANTITY)	2.3817*** (0.3188)	4.2623*** (0.5675)	1.5608** (0.6775)
SITE-SPECIFIC	4.4179** (1.5064)	2.3917** (0.1929)	5.4464* (2.4149)
Constant	11.2043*** (1.3058)	2.5205* (2.2378)	17.6614*** (2.3872)
Observation	163	93	20

注：括号内的数字为系数估计的标准误差；***、**、*分别表示在1%、5%、10%检验水平上显著。

六、结　　论

本文研究利用最小二乘估计(OLS),考察了LNG合同存续期的影响因素及相关关系,从场地专用性,物质资产专用性,特定资产专用性三个层面进行实证分析,主要结论如下：

(1)场地专用性投资和LNG合同存续期之间存在正相关关系。该结论再次证实了威廉姆森所谓的"cheek-by-jowl"的经典案例所提到的理论,即具有场地专用性的供需双方,自身的发展已与对方共荣共枯,若此时买卖双方还依赖于重复谈判,从而,事后机会主义行为的可能性就会增加。因而交易双方会利用长期合同来对自身进行保护,从而使交易费用和成本支出达到最小化。

(2)物质资产专用性和LNG合同存续期之间存在负相关关系。LNG的供需分离和分布不均促成了全球LNG的贸易格局和市场走向逐步倾向于短期交易,就卖方角度分析,其可以通过待价而沽的方式,牟取最大的利益,买方可以通过短期交易来进行季节性用量调节,并通过短期交易来解决因LNG上下游项目投产时间不匹配而造成的过渡期资源供应问题。而产气丰富且质量稳定的区块,作为一块"大肥肉"悬挂在 LNG 贸易市场,被多家需求方争夺,从而卖方抓住这个市场契机,签订一系列的短期合同,以量取胜,同时不断地增强交易的流动性和安全化,并且降低了成本。

(3) 特定资产专用性和 LNG 合同存续期之间存在正相关关系。如同威廉姆森提到的关于"dedicated asset"的概念。一个依赖于单个供应商提供大宗投入品的买者一旦面临市场上供给的突然终止,他将会发现,寻找原有供给的替代品是十分困难而且昂贵的。结果,这个未预料到的巨大需求瞬间就被"抛弃"在了市场上。为了防止 LNG 供应方难以迅速地以补偿价格处理掉多余的供给,以及需求方要在短时间内寻找相应的替代者的窘境,在合同拟定交易量偏大的情况下,双方偏向于签订长期合同。

七、启　示

以平衡 LNG 照付不议合同签订双方的利益并且能够更好地发挥市场的导向作用为出发点,同时结合中国 LNG 市场的特点,本研究得出以下建议:

(1) 就合同存续期方面。针对一些存续期长达 20~30 年的 LNG 照付不议合同,会致使签订双方在合同存续期间,受到关于"照付不议"或者是"照运不误"义务方面的束缚。考虑到合同双方签订人往往无法预测到关于市场、社会、政策等方面在十年之后的变化。而合同履约条件的巨大变化很可能会造成的后果就是,合同显失公平。此时,最好的解决方法就是缩短合同存续期,双方协调以签订短期合同为主,或是将长期合同分解为几个中期合同,并建立续签机制。这样会让双方在此贸易中都拥有自己的"保护伞"。

(2) 就合同拟定交易量而言。针对照付不议合同中,买方实际购买量不足之前承诺的每年购买的最低数量,而就短缺的部分买方仍然需要支付货款的规定。研究可以增加照付不议合同的下浮或者上浮灵活性,具体表现在,在双方商定的合同交易量的基础上,买方每年有一定的灵活性进行减量,从而减少照付不议机制下的最低采购数量。同时,应对市场需求上涨的情况,买方有一定的灵活性在某一年度增加采购量。另一方面,针对一些绑定特定供货来源的合同,可以增加规定——卖家在有余量的时候应当优先询问买方的购买意向。

(3) 就合同拟定的双方交易地点而言。考虑到一些传统的 LNG 合同往往事先约定好销售地点,强制采购商只能将 LNG 销往双方事先制定的地区,如果向约定地区以外的地方进行销售,则需要与上游供应商进行利益分享,此外传统的 LNG 合同还要求,买方不得将 LNG 转售给第三方,造成的结果就是在一定程度上,限制了买方对已购得的 LNG 的经营权限。基于此,建议对合同做出适应性调整,可在协议中增加买方可以改变交货地点和可以向第三方转售 LNG 等灵活性的规定,从而保障买卖双方的利益。

(4) 就合同签订的价格而言。为了进一步提高 LNG 的竞争力,定价多元化是最有效的解决方案。考虑到在国际 LNG 贸易市场上,亚洲地区的 LNG 采购价格一直高于欧美国家,对此亚洲地区的国家可以加强合作,形成一种利益共同体,以此探索建立区域天然气市场价格指数,不断提升话语权。此外,也可以加强和 LNG 的出口国进行合作,通过上有参股,产量分成等多个方式来进口天然气资源,保证气源的稳定性。从而努力打造合同双方共同获利,权利义务平等的双赢局面。

参考文献

1. 丁利:《不完全契约理论:另一种视角》,载于《中国社会科学评论》(香港)2002 年第 1 期。

2. 黄凯南:《主观博弈论与制度内生演化》,载于《经济研究》2010 年第 4 期。

3. 黄凯南:《不完全合同理论的新视角——基于演化经济学的分析》,载于《经济研究》2012 年第 2 期。

4. 蒋士成、费方域:《从事前效率问题到事后效率问题——不完全合同理论的几类经典模型比较》,载于《经济研究》2008 年第 8 期。

5. 刘文革、周方召、肖园园:《不完全契约与国际贸易:一个评述》,载于《经济研究》2016 年第 11 期。

6. 杨瑞龙、聂辉华:《不完全契约理论:一个综述》,载于《经济研究》2006 年第 2 期。

7. 赵德起:《契约完备度视角下的契约效率理论》,载于《中国工业经济》2014 年第 12 期。

8. Bayer P., Ferreier F., Ross S L., 2016, "The Vulnerability of Minority Homeowners in the Housing Boom and Bust", *American Economic Journal*: *Economic Policy*, Vol. 8, No. 1, pp. 1 – 27.

9. Brodersen, K. H., Gallusser, F., Koehler, J., Remy, N., Scott, S. L., 2015, "Inferring causal impact using Bayesian structural time-series models", *Annals of Applied Statistics*, Vol. 9, pp. 247 – 274.

10. Buechner, J., Tuerkucar, T., 2005, "Optionen zur Weiterentwicklung der Regelen-ergiemärkte in Deutschland", *Magazin für Energiewirtschaft*, Vol. 104, pp. 54 – 57.

11. Bunn, D. W., Munñoz, J. I., 2016, "Supporting the externality of intermittency in policies for renewable energy", *Energy Policy*, Vol. 88, pp. 594 – 602.

12. Corbett C. J., Zhou D., Tang C. S., 2004, "Designing Supply Contracts: Contract Type and Information Asymmetry", *Management Science*, Vol. 50, No. 4, pp. 550 – 559.

13. Dailami, M., R. Hauswald, 2000, "Risk shifting and long-term contracts: Evidence from the Ras Gas project", Policy Research Working Paper at 2469.

14. Feuerriegel, S., Bodenbenner, P., Neumann, D., 2016, "Value and granularity of ICT and smart meter data in demand response systems", *Energy Econ*, Vol. 54, pp. 1 – 10.

15. Green, R., C. Le Coq, 2010, "The length of contracts and collusion. International Journal of Industrial Organization", Vol. 28, No. 1, pp. 21 – 29.

16. Ha A. Y., 2001, "Supplier-buyer contracting: Asymmetric cost information and cut off level policy for buyer participation", *Naval Research Logistics*, Vol. 48, No. 1, pp. 41 – 64.

17. Imbens, G. W., Wooldridge, J. M., 2009, "Recent developments in the econometrics of program evaluation", *Econ. Lit*, Vol. 47, pp. 5 – 86.

18. Krikke, H., I. L. Blanc, S. V. D. Velde., 2004, "Product Modularity and the Design of Closed – Loop Supply Chains", *California Management Review*, Vol. 46, No. 1, pp. 23 – 39.

19. Mukhopadhyay S. K., Su X., Ghose S., 2009, "Motivating Retail Marketing Effort: Optimal Contract Design", *Production & Operations Management*, Vol. 18, No. 2, pp. 197 – 211.

20. Mulherin, J. H., 1986, "Complexity in long-term contracts: An analysis of natural gas contractual provisions", Journal of Law, Economics and Oraganization, Vol. 2, No. 1, pp. 105 – 117.

21. Tirole, Jean, 1989, "Chapter 5 Noncooperative game theory for industrial organization: An introduction and overview", *Handbook of Industrial Organization*, Vol. 1, pp. 259 – 327.

22. Williamson, O. E., 1975, "Markets and hierarchies: Analysis and antitrust implications".

23. Williamson, O. E., 1985, "The economic institutions of capitalism: Firms, market, relational contracting".

24. Xie W., Jiang Z., Zhao Y., et al., 2013, "Contract design for cooperative product service system with information asymmetry", *International Journal of Production Research*, Vol. 52, No. 6, pp. 1658 – 1680.

Adaptability Adjustment of Specific Investment and Take or Pay Contract: Empirical Evidence of LNG Market

XIAO Jianzhong LI Jiasi XIAO Yutong

(School of Economics and Management, China University of Geosciences, 430000)

[**Abstract**] In recent years, with the continuous easing of the international LNG market, positions of the buyers and the sellers have changed. The market conduction has changed from the seller's market to the buyer's market, the flexibility of the contract has been increasing. However, the research on the influencing factors of the contract duration and the adaptive adjustment plan is still rare, this paper will make up for the weakness of the previous research. Specifically, the research will test the importance and correlation of site specificity, material asset specificity and specific asset specificity in determining the duration of contracts signed between natural gas suppliers and demanders. The results show that there is a positive correlation between site specificity and specific asset specificity and the duration of the contract, while there is a negative correlation between material asset specificity and the duration of the contract.

[**Key Words**] Liquified National Gas   Contract Duration   Specific Investment

JEl Classifications: D23   Q41   Q43

"谁有资格生产"的制度逻辑

——一个提升国家治理绩效的理论视角*

> 冯国强 陈志杰**

【摘　要】 经济学关注三个基本问题——生产什么、如何生产、为谁生产，却并不关注谁能生产这一市场控制权的分配问题，而后者决定了经济学三个基本问题的解决方式和参与人之间的内在激励。本文以采矿业为例，来说明当代中国"谁能生产"的解决办法及其决定规律，从中发展提升国家治理绩效为中心的市场控制观。在相对缺乏权力横向制约的当代中国，对提升国家治理绩效的追求促使政府在与市场互动时，更加在乎"公众民意"而不是"经济收益"，从而在解决"谁有资格生产"的问题上，围绕着提升公众信任为前提呈现出不同的解决方案。

【关键词】 市场控制权　国家治理　绩效　市场化改革

中图分类号：F810.7　文献标识码：A

一、引　言

在中国的政治经济语境当中，市场的控制权首先表现为谁有生产资格，在此基础上才能够有效解决经济学关心的三个基本问题。改革开放至今，国家逐步退出产品市场，转去控制关键的生产要素，在"谁有资格生产"这一

---

* 本文受国家自然科学基金青年项目（71903079）和中央高校基本科研业务费专项资金资助（17LZUJBWZY008）。文稿分别在中华发展经济学年会 2019、中国社会学年会 2019 上进行讨论，得到与会专家的修改建议，同时，北京大学社会学系刘世定教授、浙江大学社会学系曹正汉教授等在不同场合对本项研究提出了批评与建议，在此一并致谢。最后特别感谢匿名审稿人的批评意见与修改建议。文责自负。

** 冯国强，经济学博士，兰州大学经济学院研究员；地址：（730000）甘肃省兰州市城关区天水南路兰州大学本部家属院 12 号楼；E‐mail：fenggq@ lzu. edu. cn。陈志杰，兰州大学经济学院学生。

问题上，非公有制力量占据了产品市场80%以上的生产能力，享有绝大多数产品的生产资格，但在要素市场上，一些要素仍以公有制的形式集中由国家控制，这部分领域成为非公有制力量准入的禁区，比如石油开采、土地和金融一级市场等，而另一些要素却允许非公有制力量占据一定的生产能力，甚至是完全享有生产资格，包括煤炭开采、冶炼、发电系统等。

理论上，主流经济学关于"谁有资格生产"发展了一种解释逻辑，即认为在一定的技术条件之下，只要利润足够丰厚，就一定会自发出现生产的组织者（Coase，1937；Williamson，Oliver & Sidney，1993）。这种解释逻辑并不关注其他外在的约束条件，比如国家参与其中带来的影响，从而无法理解在大多数国家都存在的政府和市场之间的互动关系以及由此产生的生产资格的分配格局。国家之所以介入"谁有资格生产"的决策当中，对应于国家为何掌握一部分生产资格，主流文献提供了四种解释，分别为战略论、技术论、地理决定论和市场论，但无一能够完全解释在当代中国采矿业市场上生产资格的分配格局。

秉持战略论的学者多从社会民生、国防安全等重大战略出发，来理解国家在"谁有资格生产"上的介入事由以及为何会掌握一部分生产资格（Ramamurti，2000；Li & Xu，2002；Shleifer & Treisman，2001）。但依据这一解释，无论是为了免受他国制约，还是稳固国内的经济与社会秩序，煤炭资源至少与石油资源一样，都是重要的储备能源。煤炭不但提供了中国70%的能源消耗，在军事工业、国防建设等方面也具有重要地位。但近20年煤炭、石油资源在"谁有资格生产"这一市场控制权的分配上呈现出截然不同的变化，却是战略论无法完全解释的。技术论的观点强调技术特征的不同，使得国家会基于潜在的治理难题来决定生产资格的分配策略。对于难以为民众所掌握的技术，国家加大控制有助于缓和社会需求，因而通过垄断技术来提升治理水平；但对于容易为民众掌握的技术，授予民众生产资格反而能提升其治理水平（Zahra，Ireland & Hitt，2000）。挑战这一理论的经验事实是，当陕北民众获得了石油的开采技术之后，生产资格反而进一步向国家集中（吕鹏，2018；冯国强，2016，2019）。资源特征论的观点能够追溯到地理决定论上（Diamond，2005）。按照这一假说，对于储量高、分布集中、开采条件好的矿产资源而言，控制起来集中开采的机会成本低，生产资格自然容易为拥有暴力优势的政府所控制；相反，高昂的控制成本致使政府更愿意舍弃控制权力。和这种观点形成反差的是，近20年来在一些分布集中、储量丰富、开采条件相对较好的矿产资源，比如锡矿、钨矿等，交给了市场主体来经营，在另一些分布相对分散、储量一般、开采条件相对较差的资源上，比如稀土，却由政府加以控制。即便在煤炭资源这一个要素上，几个大型的露天煤矿也充斥着大量的非公有制主体。最后一种观点为市场决定论，认为产品价格上涨时，国家更有意愿把持其生产资格，但在价格下跌时，则倾向于向投资者授权生产资格。这种解释能解释部分省份在煤炭资源控制权上发生的变化，却无法解释所有省份以及全部矿产资源生产资格的分配格局。

国家在治理市场的过程中，战略考虑、技术特征、自然属性、市场行情等自然重要，但都不是决定生产资格分配的制度根源。对非公有制经济主体而言，只要利润足够丰厚，逐利的资本完全能够破除技术壁垒和自然屏障，但代行国家意志进行市场治理的政府，却不能单从分配生产资格产生的成本—收益来考量，还需考虑分配决策对政府治理绩效带来的影响①，即需从能否有助于稳固民众对政府的支持与信任，进而确保执政稳定来考量生产资格的让渡与保留（Acemoglu & Robinson，2006，2009；Yang & Zhao，2015）。基于此，我们区分政府获得收入的两种形式，借此考察不同收入形式下治理绩效的变化，从中揭示当代中国在"谁有资格生产"这问题上的解决方案及其制度逻辑。

相比较于战略论、技术论、地理决定论以及市场决定论，我们的解释逻辑更能有效契合中国在采矿业市场上发生的变化。并且这一逻辑一定程度上能推广到其他情形，从而为更好地理解国家与市场、政府与市场之间的良性互动，为当代中国"有为政府+效率市场"理论提供一个更为深刻的观察视角和理论洞见，从中理解推动二者有效结合的内在原因以及效率市场的作用边界。

在接下来的内容中，我们利用采矿业的经验材料，以当代中国提升国家治理绩效作为切入点，基于提升公众信任的发展思路与政策实践逻辑，来探讨中国在决定"谁有资格生产"这一市场控制权分配问题的解决办法及其机制。本文第二部分是理论模型与假说部分；第三部分是采矿业市场中"谁有资格生产"的变化，主要介绍在21世纪以来三类资源在生产资格上出现的分歧；第四部分为采矿业中"谁有资格生产"的决策机制，用以揭示分歧背后的原因，检验前文的理论假说；第五部分是全文结论与讨论。

二、提升治理绩效的理论模型与假说

自然状态下，政府凭借暴力优势优先获得生产资格，进而决定生产什么、如何生产以及为谁生产的基本问题。但能否保持对生产资格的持续控制，除受技术手段、暴力维持强度的影响之外，还与治理对象——投资者所拥有的

---

① 区别于政府管理当中的治理绩效，这里的治理绩效是指政府行为对其自身合法性产生的影响，以获得的民众支持和信任程度得以体现。

事实上的政治权力（de facto political rights）有关①。这些事实上的政治权力，以利益诉求的方式向政府施压，通过影响政府公信力来制约政府在生产资格上的分配决策。

投资者的利益诉求来自方方面面，包括产权界定、准入机会、竞争程度、市场地位等，既与其遭受的不公平待遇有关，也与政府在公共产品供给责任上出现的纰漏有关，此种利益诉求一定程度上影响着政府在民众当中的公信力（曹正汉，2011；Svolik，2012）。一旦掌握事实上的政治权力，投资者向政府所施加的这种压力，会构成执政稳定的威胁，削弱公众对政府的信任程度。对于政府而言，化解此类社会压力，借此获得投资者信任与支持，方能提高治理绩效。

我们沿用一个简单的博弈模型来揭示上述关系②。当政府集中生产资格时，虽能通过授权国有企业经营来直接攫取资源租金，却容易引发失去准入机会的投资者的集体行动；若将生产资格让渡给投资者，虽化解了社会压力却牺牲了直接可以获得的租金收入。我们假定资源的总产出为 y，当政府利用公有制企业控制生产资格时，这部分产出构成政府直接可获得的资源租金，但同时可能遭遇投资者的集体行动。集体行动造成租金损耗为 c，即投资者从中获得的物质补偿。采取集体行动的成本为 τ，主要包括组织成本与动员成本。当然，政府也可以选择向投资者让渡生产资格，从中间接地索取税收收入 ty，t 为税率。博弈的次序是：政府首先选择控制还是让渡生产资格；其次，投资者根据政府的决策及自身的组织状况选择是否发起集体行动。当政府选择让渡生产资格时能获得税收收入 ty，投资者获得税后收入 $(1-t)y$；当政府选择集中控制生产资格时，投资者根据 $c-\tau$ 的大小来决定是否选择集体行动。没有集体行动时政府拿走全部总产出，发生集体行动时政府获得收入 $y-c$，投资者获得收入 $c-\tau$。博弈树如图1所示。

当 $c>\tau$ 时，政府的选择策略是：若 $y>c/1-t$ 则选择集中控制生产资格，否则选择向投资者让渡生产资格；相反，当 $c<\tau$ 时，政府倾向于集中控制生产资格。双方实现均衡的条件为 $(y^*, \tau^*)=(c/1-t, c)$。从均衡条件中可以推断，在 t 保持不变的条件下，τ^* 越大，即投资者难以发起集体行动时，政府直接攫取租金的损耗 c 越小，导致 y^* 也越小，此时 $y>y^*$ 更容易满足，政府倾向于集中生产资格，授权由公有制企业进行经营。这样一来，国家增强资源攫取能力并不会引发大量的集体行动，不至于牺牲公共信任作为代价，

---

① 在对市场控制权的分配上，投资者和民众基本是捆绑在一起的。投资者获得更多的生产资格，也意味着民众能够有更多的就业机会和商品选择。因此，文中的观察投资者与民众策略选择时并不将其理解为剥削与被剥削的关系，而是看作是在争夺市场生产资格过程中的利益共同体。

② 相关模型可参见冯国强：《租金与税收——地方政府角色选择的理论逻辑》，载于《制度经济学研究》2019 年第 1 期。

从而确保了执政稳定。相反，τ^* 越小，投资者（民众）极容易组织起来给政府施压，政府若选择增强资源攫取能力，所牺牲的租金损耗 c 越大，进而 y^* 越大，$y<y^*$ 更容易满足，此时向投资者让渡生产资格，有助于化解投资者的不满，挽回公众信任。

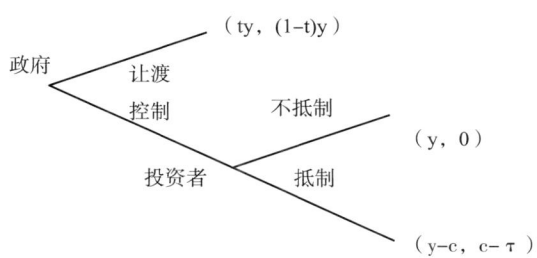

图1 关于生产资格决策的博弈树

我们把上述讨论提炼成如下假说：在税率一定的条件下，为提升治理绩效，当政府面临更高程度的执政压力时，会倾向于让渡生产资格，让投资者有资格进行生产；否则倾向于集中生产资格，授权由公有制企业进行生产。

通常情况下，税收比资源租金更加稳定，一则税率相对较为稳定，第二是税基多以制度的方式加以确立，也相对较为固定。因此，政府是否让渡生产资格只与治理绩效有关。接下来，我们利用采矿业的经验材料，来揭示在解决"谁有资格生产"的问题上，围绕着提升公众信任为前提呈现出不同的解决方案，从中检验上述假说。

三、采矿业生产资格的变化

矿业包括勘探开采、提炼加工、成品流通三个环节，分别对应着产业链的上游、中游和下游。在这里，我们更加关心的是勘探开采环节，即采矿业。原因在于，在改革开放前二十年，上游始终以政府集中生产资格为主，投资者若想获得生产资格，必须通过政府严格的行政审批，但在中游、下游，生产的资格已经大量地由投资者持有。[①] 到了最近的 20 年，不同矿种之间，"谁有资格生产"发生了截然不同的变化：石油（天然气）的开采资格逐步由政府集中控制；煤矿的开采资格既有政府，也有部分让渡给了投资者，政府和投资者同时持有生产资格（曹正汉和冯国强，2016，2018；冯国强，

---

① 变革之前，探/采矿权多采用行政划拨的方式，由政府将其分配到国有企业、集体企业，勘探和开采许可一年一审。

2016）；其他矿产资源的生产资格则大多让渡给了投资者。虽然正式文本赋予了国家对矿产资源的所有权，并由国务院统一行使该项权利，[①] 但归谁所有、谁来行使所有权并不等于控制权，即生产资格就归于谁。采矿业当中生产资格的分配格局，为我们观察"谁有资格生产"这一问题的解决机制提供了一个完整的样本。

作为"特定矿种"，石油（天然气）资源一直实行国家一级管理，[②] 这一规定是油气资源被中央政府牢牢掌握的制度基础（冯国强，2016；吕鹏，2018），投资者几乎不拥有油气资源的生产资格。[③] 即便如此，1987年的《石油天然气勘查开采登记管理暂行办法》（以下简称《87暂行办法》），允许授权持有生产资格的企业——主要是几大国有石油公司划出一部分采区承包给其他单位，这一承包区块也就成为后来投资者获得生产资格的"灰色地带"。随后，投资者打着各种旗号，通过各种途径进入该领域。1996年修订的《中华人民共和国矿产资源法》彻底废止了《87暂行办法》，"灰色地带"的勘探/开采行为变得不再合法。随后颁布的《矿产资源开采登记管理办法》和《矿产资源勘查区块登记管理办法》，都明确提出申请勘探/开采油气资源的，需由国务院制定机关审批同意（指国家发改委），再由国务院地质矿产主管部门（即后来的自然资源部）登记颁证。[④] 双重审批提高了投资者获得生产资格的门槛，而原有的可能获得生产资格的"灰色地带"随后也被完全收回。1999年国务院下发《关于清理整顿小炼油厂和规范原油成品油流通秩序

[①] 《中华人民共和国宪法》规定："矿藏、水流、森林、山岭、草原、荒地、滩涂等自然资源，都属于国家所有即全民所有，由法律规定属于集体所有的森林、山岭、草原、荒地除外"，据此，矿产资源并不属于"除外"情形，所有权在国家。《中华人民共和国矿产资源法》（1986版、1996版）都明确规定，矿产资源属于国家所有，由国务院行使国家对矿产资源的所有权。

[②] 一级管理的意思是勘探、开采石油（含天然气）须中央政府（国务院下属机构）进行审批。1986~1989年，石油的探/采矿权证一直由石油部发放。1990年石油部撤销，能源部成立，成为石油（含天然气）开发的管理部门。但能源部仅存一年后，石油（含天然气）的管理权限转给了国家计委。1997年管理权限又从国家计委转到了国资委油气办。1998年之后，管理权限统一转到了国土资源部、同时一级管理。

[③] 1998年之前，获得国家审批、持有探/采矿资质的企业全部为国有企业，包括中央企业和地方企业。其中中央企业既有探矿资质，也有采矿资质，包括控制海上油气资源的中海油总公司、控制大部分北方地区陆上油气资源的中石油总公司，以及控制大部分南方地区陆上油气资源的中石化总公司，各自分别是后来的中海油集团（以下简称"中海油"）、中石油集团（以下简称"中石油"）、中石化集团（以下简称"中石化"）的前身，地方国有企业多只有采矿资质，没有探矿资质，包括上海石油天然气总公司、齐齐哈尔油田开发建设总公司、广西壮族自治区田东油矿、陕西省延长油矿等，地方企业对自己的油气资源进行开发，不允许对其他地方勘探。其余石油公司，包含一些市属、县属、民营石油公司，既无勘探资质，也无采矿许可，因而就法律文本而言，民间市场力量几乎没有控制权。

[④] 在登记探/采矿权证时，需提交国务院批设石油公司或进行油气资源开发的批准文件以及企业法人资质。参见《矿产资源开采登记管理办法》第五条第六款，国务院令241号，1998年2月12日；以及《矿产资源勘查区块登记管理办法》第六条第六款，国务院令241号，1998年2月12日。

的意见》,对投资者作业的油(气)资源开采场点进行实质性清理。各省(自治区、直辖市)按照文件要求,联合国土、工商、公安、环保、税务、质检等执法部门,对辖区石油(含天然气)行业开展大检查,对按《87暂行办法》承包开发的区块,一律予以收回。整个关闭取缔和油(气)井收回工作直到2005年底才基本结束,① 油气资源的生产资格完全回到政府手中,授权由几大国有石油公司进行生产经营②,"灰色地带"从此消失。

相比之下,煤矿的生产资格经历了政府控制+"灰色地带"到政府+投资者双重控制的演变③。从20世纪80年代中期开始,戴"红帽子"的乡镇煤矿在全国遍地开花,打破了政府集中控制生产资格的局面。即便如此,这些乡镇煤矿多以承包经营的方式获得生产资格,④ 绝大多数生产资格仍由政府集中持有,授权给各类国有企业控制。近20年的变化是,中央政府利用"抓大放小"变革下放了94家全国重点煤矿,各省也进一步下放省内国有煤矿的管理权限,对于长期亏损的市(县)煤矿,则以破产、重组等方式处置生产资格。在这场变革当中,投资者以各种方式参与经营,与变革之前的乡镇煤矿一起,享有一部分生产资格。⑤ 2006年国务院批复通过《关于深化煤炭资源有偿使用制度改革试点的实施方案》,同意在山西、内蒙古、黑龙江、安徽、山东、河南、贵州、陕西8个煤炭主产区试点探/采矿权有偿使用改革,随后全国推广。此次改革放开了煤矿开采的准入通道,投资者只需缴足探/采矿权使用费和价款之后,就能获得对应区块煤矿资源的生产资格,同时还能将其以招拍挂的方式进行转让。这一举措导致投资者很快掌握了大量煤矿的开采资质,政府+投资者共同持有生产资格的局面应运而生。⑥

---

① 期间,陕北石油案最引人注目,当然整个事件掺杂着中央政府与地方政府的博弈,博弈过程可参见我们的相关研究(2016、2018)以及吕鹏在2010年、2018年的研究,但最终结果依然是民间市场力量完全退出,不再拥有任何市场控制权。

② 分别包括中石油、中石化、中海油和延长石油四家国有石油公司。

③ 参见曹正汉、冯国强:《地方分权层级与产权保护程度——一项"产权的社会视角"的考察》,载于《社会学研究》2016年第3期。

④ 开发资质以获得探/采矿许可来进行衡量,这期间真正拥有开发资质的主要是乡镇政府和村庄集体。

⑤ 从改革至2005年,煤炭行业虽然经历了几次对无证开采、越界开采、违规开采等非法开采行为的运动式整治,但同时也放开了民营煤矿申请探/采矿资质的条件,同时允许开发资质的有条件转让(参照《探矿权采矿权转让管理办法》第三条,1998年2月12日),在此期间尽管正式法律并不允许完全放开探/采矿资质的二级市场交易,但实际上民间的私下交易大量存在。

⑥ 民营煤矿的产量占比由变革初期(2000年)的26.94%上升至2011年的34.64%。其间在个别省份虽然经历了"国进民退"的兼并重组浪潮,但至今民间市场力量仍然是煤炭矿产资源领域最为重要的市场主体,与国有煤矿企业一起同台竞争,分享市场控制权。参见曹正汉、冯国强:《地方分权层级与产权保护程度——一项"产权的社会视角"的考察》,载于《社会学研究》2016年第3期;冯国强:《地方分权层级对产权保护程度的影响——中国煤炭行业兼并重组的省际比较》,浙江大学博士学位论文,2016年。

和前两类相比,其余矿产资源的生产资格多数已由政府让渡给了投资者,经历了从政府为主+投资者为辅的分配格局到投资者为主的格局演变。① 前20年投资者多以承包经营的方式进入"灰色地带",获得部分生产资格。② 1996年新修订的《矿产资源法》以及后续配套规定颁布之后,投资者在"灰色地带"的开采行为逐渐变得合法。时至今日,在非金属矿产领域,投资者已经成为这一领域的主力军,持有绝大多数的生产资格;在金属矿产领域,经过几次调整与资源重组之后,政府控制一部分大型矿山的生产资格,剩余一半以上的生产资格交由投资者持有。③

四、采矿业中"谁有资格生产"的决策机制

(一) 生产资格分配的决策机制

20世纪90年代之前,投资者只能拥有"灰色地带"的生产资格,进入21世纪以后,投资者完全失去在油气矿产上的生产资格,在煤矿上与政府共同持有生产资格,在其他矿产上持有绝大多数生产资格。生产资格在三种矿产上的分配格局及其演变,是否正如假说所言,是政府追求提升治理绩效的结果,还需要进一步的检验。

激励政府决策的因素有两个方面,一是收益考量,如果控制比放开更能为政府带来高收益,那么政府有激励强化控制,采取包括清理"灰色地带"在内的举措;二是对治理绩效的追求。如果控制尚不足以影响民众的信任与支持,不至于破坏执政稳定,以此为前提政府有激励控制生产资格,但是,

---

① 当然,个别矿种的市场控制权仍然在政府手中,可与石油(天然气)的控制权演变归为一类,比如稀土、铀等,所以文中若未另作说明时,"其他矿产"皆不包含这些矿种。

② 1986年颁布的《矿产资源法》指出,鼓励乡镇集体矿山企业开采国家指定范围内的矿产资源,允许个人采挖零星分散资源。条件允许时,乡镇矿山企业也可以开采国营矿山企业范围内的边缘零星矿产。开办乡镇集体矿山企业的审查批准,颁发采矿权证的办法,个体采矿的管理办法等,交由省、自治区、直辖市人民代表大会常务委员会制定。从此之后,一些与民用关系较大的矿产资源,如建筑用砂、黏土、滑石、磷、硼、水晶、云母、石棉、水泥配料砂、泥灰岩、石膏、萤石等非金属矿产,完全向市场开放,但金属类矿产仍以承包勘探/开采为主,探/采矿资质主要由乡镇和集体持有,成为民间市场力量进入的"灰色地带"。

③ 从产量上看,到2014年,民营非金属矿山企业产量接近93%,民营金属矿产矿山企业的产量超过80%。尽管与煤炭、石油(含天然气)矿产资源一样,非金属、金属矿产资源也经历了2008~2010年的兼并重组,但重组之后,民营矿山企业的产量反而增加了10.15%,相关数据可见我们之前的研究(冯国强,2016),说明在该领域基本按照市场规则在运行,民间市场力量的控制权基本上得到了政府认可。

如果强化控制会给执政稳定带来负面影响，让渡生产资格可以保全公共信任、巩固执政稳定。两方面的影响因素呈现出政府决策的四个象限，如图2所示。其中横轴为政府持有生产资格的潜在收益大小，纵轴代表政府持有生产资格对公共信任的影响，用于表示潜在的执政风险。两个维度将政府的控制生产资格的决策区间划分为四个象限，分别对应着象限Ⅰ（高收益激励，高执政风险）、Ⅱ（低收益激励，高执政风险）、Ⅲ（低收益激励，低执政风险）和Ⅳ（高收益激励，低执政风险）。

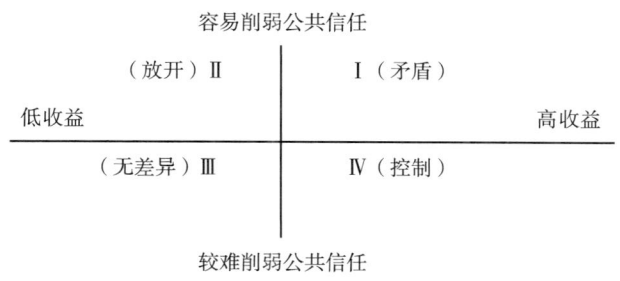

图2 生产资格决策的象限图

第Ⅱ、Ⅳ象限的收益与追求治理绩效对政府决策的作用相同。在第Ⅱ象限，政府控制生产资格既无较高的租金收入，同时还容易增加公众的不信任程度，提升执政风险，此时任一维度下政府都倾向于放开准入条件，授予投资者生产资格；在第Ⅳ象限，政府集中控制生产资格，既能直接攫取较高的租金收入，同时也无须担心对公众信任会造成太大的负面影响，任一维度都促成政府选择集中控制生产资格。第Ⅲ象限中，政府无论向投资者让渡，还是集中控制生产资格都不重要，既难以影响政府收入，同时对政权也不会造成太多负面影响。此种情形在现实当中相对较少，不是本文关心的情形，予以排除。剩下的第Ⅰ象限，对治理绩效的追求与收益激励相互矛盾，一方面政府集中控制生产资格容易削弱公共信任程度，给政权巩固带来负面影响，因此按该原则的最优决策是赋予投资者生产资格；另一方面，集中控制生产资格又能为政府带来大量的租金收入，按照收益原政府理应集中控制生产资格，这却与提升绩效为原则的决策相悖。如果前文的假说若能成立，那么第Ⅰ象限，政府会按提升治理绩效的原则，向投资者让渡生产资格。

（二）决策机制的检验：三类矿产资源的比较

政府是否按照上述决策机制来提供"谁有资格生产"这一问题的解决方案，需要做进一步的讨论。我们利用矿山企业的平均产值来衡量政府控制生产资格的收益激励。平均产值越高，开发该资源能够攫取的租金就越大，政府越有激励控制这类资源的生产资格,相反政府集中控制生产资格的收益激励越弱。治理绩效的衡量上,我们选取矿山企业的平均从业人数来衡量[①]。从业人数越集中,政府控制生产资格时更容易协调从业人员之间的利益偏好,进而有效化解投资者的抱怨与不满,稳固公共信任;相反则难以协调,进而激发投资者的抵制行为,降低公共信任程度。

表1反映了政府控制三类矿产资源生产资格的收益考量。三类矿产资源当中,控制油气资源生产资格的潜在收益远远高于另外两类矿产,控制其他矿产的潜在收益最低,煤炭资源的收益激励居中,且明显高于平均水平。因此,如果仅仅从收益激励上进行决策,政府更有激励继续控制油气资源的生产资格,而向投资者让渡其他矿产的生产资格。

表1　　　　　　　控制三类矿产资源的收益激励

年份	矿山企业平均产值(万元)			
	全部	石油(含天然气)	煤	其他
2001	299.26	261 989.54	375.63	87.96
2002	305.44	236 153.01	519.68	92.78
2003	410.27	259 088.06	677.41	107.90
2004	653.81	78 464.11	1 024.65	171.72
2005	827.06	281 856.40	1 473.98	205.02
2006	1 044.40	371 810.73	1 755.98	264.52
2007	1 244.51	381 231.23	2 115.69	356.40
2008	1 677.65	295 128.10	4 126.90	401.94
2009	1 523.68	775 037.99	4 744.80	385.03
2010	2 866.71	893 089.26	7 376.40	515.44
2011	2 798.92	400 322.74	9 898.35	652.29
2012	2 699.47	806 773.06	8 584.89	669.41
2013	2 836.68	766 069.23	8 942.37	698.16
2014	2 918.93	789 040.45	8 414.76	758.70
政府控制该矿产生产资格的收益激励程度		较高	不低	较低

资料来源:2001~2014年《中国矿业年鉴》《中国工业统计年鉴》。

表2反映了2001~2014年政府集中控制三类矿产资源生产资格潜在对治

[①] 从业人员既包括投资者,也包括从事相关工作的民众。

理绩效带来的影响。石油（天然气）从业人员相对集中，一旦由政府集中控制该资源的生产资格，相对容易协调从业人员之间的利益偏好，不会大量削弱公共信任的程度；与之相比较，控制其他矿产需要协调的难度大，对执政稳定带来的威胁也大。控制煤炭资源生产资格对执政稳定带来的负面影响程度处在石油（含天然气）和其他矿产资源之间。

表2　控制三类矿产资源可能给执政稳定带来的负面影响

年份	矿山企业平均就业人数（人）			
	全部	石油（含天然气）	煤	其他
2001	60.09	4 809.79	136.18	37.38
2002	59.60	5 510.05	145.71	35.94
2003	63.92	6 816.18	162.79	35.72
2004	64.89	989.00	155.23	36.05
2005	63.95	2 421.72	175.63	34.44
2006	66.67	2 590.61	194.54	34.60
2007	64.81	2 790.08	178.47	33.78
2008	65.41	1 771.36	227.78	32.78
2009	65.91	6 670.05	249.07	30.98
2010	67.54	7 063.94	272.43	31.34
2011	69.67	2 230.07	295.91	31.44
2012	70.98	4 970.07	299.48	31.01
2013	70.82	4 962.14	295.90	30.44
2014	71.07	4 935.54	307.09	29.75
政府控制该资源可能给执政稳定带来负面影响程度		较低	不低	较高

资料来源：2001~2014年《中国矿业年鉴》《中国劳动统计年鉴》。

汇总表1和表2，政府集中控制油气资源生产资格的收益激励程度相对高、且不容易削弱政府的治理绩效；控制其他矿产资源的收益激励程度相对低，且容易削弱政府的治理绩效，对执政稳定造成负面影响；控制煤炭资源的两项因素处在前二者之间，不是最高，但同时并非最低。参照前文政府决策象限的描述，石油（天然气）属于强化控制的第Ⅳ象限，其他矿产属于向市场力量放开的第Ⅱ象限。由于控制煤炭资源生产资格的收入激励远高于其他矿产资源，给执政稳定施加的负面影响又远高于油气资源，因而属于第Ⅰ象限，如表3所示。

表 3　　三类矿产资源控制权分配的影响因素

矿产资源类型	2001~2014年市场控制权演变的结果	收益激励程度的高与低	给执政稳定带来负面影响程度的高与低	参照政府的决策象限
石油（天然气）	强化政府控制	较高	较低	第Ⅳ象限
煤	居中	不低	不低	第Ⅰ象限
其他	向市场放开	较低	较高	第Ⅱ象限

资料来源：笔者绘制。

从表3可以得出，油气资源、其他矿产资源生产资格的分配格局和决策象限的判断基本一致，基本能够检验决策机制的有效性。对于这两类资源而言，生产资格的分配既符合收益考量的原则，也满足提升治理绩效的要求。

（三）第Ⅰ象限的决策机制：煤矿案例

煤矿的生产资格实行政府和投资者共同持有，除去投资者的生产资格以外，央属、省属和市属煤矿通过政府授权也持有大量的生产资格。并且地方政府持有的生产资格在省份之间存在巨大的差异（曹正汉和冯国强，2016；冯国强，2016，2019）。表4列了15个全国最主要的产煤省份在1993~2013年这20年生产资格的变化，从中能够捕获各省份在"谁有资格生产"煤矿的解决方案。其中，河北、山西、河南、黑龙江、山东、宁夏、安徽等省份在这20年中，政府继续集中持有煤矿的生产资格，导致民营煤矿产量比重大幅下降，但在其他省份，投资者持有大多数煤矿的生产资格，包括内蒙古、湖南、贵州、云南、四川、重庆、陕西和新疆等。①

表 4　　煤矿生产资格分配的省际差异

省份	民营煤矿产量占比（%）					以1993年为基期的增长率	以1998年为基期的增长率	政府是否让渡煤矿生产资格
	1993年	1998年	2003年	2008年	2013年			
河北	20.95	20.45	18.78	12.46	0.00	-100.00	-100.00	否

---

① 除了参照增长率来分析控制权放开与否之外，我们还可以按照五年一周期来进行识别，若民营煤矿产量占比超过一半的数值大于45%，我们认为这类省份对煤炭的控制权是向市场力量放开的，按照这一标准得到的结论和按增长率得到的结论基本一致，此处不再赘述。另外，需要说明的是，相比1998年民营煤矿市场力量获得的控制权，陕西省2013年的民营产量的比重有所下降，但由于下降幅度不大，并且基本维持在50%左右，为此我们认为，相比较于进一步集中控制权的省份而言，陕西煤炭资源的市场控制权依然是向市场力量开放的。

续表

省份	民营煤矿产量占比（%）					以1993年为基期的增长率	以1998年为基期的增长率	政府是否让渡煤矿生产资格
	1993年	1998年	2003年	2008年	2013年			
山西	50.03	48.03	40.53	28.24	0.00	-100.00	-100.00	否
内蒙古	33.55	36.23	45.14	50.09	81.50*	142.91	124.96	是
黑龙江	28.74	30.16	23.78	30.49	21.00	-26.93	-30.36	否
山东	20.84	16.30	0.99	2.28	0.00	-100.00	-100.00	否
河南	34.50	35.82	31.10	34.54	0.00	-100.00	-100.00	否
湖南	48.88	70.34	71.88	79.96	92.52*	89.26	31.52	是
安徽	11.85	10.87	5.72	4.51	0.00	-100.00	-100.00	否
重庆	—	39.81	54.94	69.45	62.86	—	57.88	是
四川	54.27	67.15	71.03	77.14	75.22*	38.61	12.01	是
贵州	27.00	82.44	76.38	76.31	87.43	223.77	6.05	是
云南	47.00	65.58	67.86	79.06	78.96*	67.99	20.40	是
陕西	45.70	49.48	36.04	35.13	49.04	7.30	-0.89	是
宁夏	10.86	13.64	9.02	6.93	0.00	-100.00	-100.00	否
新疆	40.38	43.01	45.84	46.80	64.03*	58.55	48.86	是

注："—"表示当年数据缺失；"＊"表示由于当年数据缺失，所得数据是按照上两年数据加权平均得到。

资料来源：根据《中国煤炭工业年鉴》和《中国煤炭工业统计资料汇编》计算而来。

如果前文的假说成立，那么向投资者让渡生产资格的省份，应该属于一旦由政府集中控制就会削弱公众信任，给执政稳定带来负面影响的省份，而继续集中政府控制的省份，则无此顾虑。为检验这一推断是否成立，我们参照前文的做法，选择煤矿企业平均产值用来衡量强化控制的收益激励，然后根据平均从业人数来衡量政府集中控制生产资格给治理绩效带来的负面影响。为了便于比较，我们按五年一个周期，选取主要产煤省1993年、1998年、2003年、2008年、2013年的对应数值，将其与全国的平均值进行对比。

从表5可以看出，省份与省份之间控制煤炭资源的收益考量并不完全一致，一些省份面临着相对高的收益激励，包括河北、山西、河南、黑龙江、内蒙古、山东、宁夏、安徽、陕西，而其余省份若选择强化煤炭资源市场控制权，收益激励相对较低。

表5　　　　　　　　强化煤炭市场控制权的收益激励

省份	煤矿企业平均产值（万元）					政府集中控制煤矿生产资格的收益激励
	1993年	1998年	2003年	2008年	2013年	
全国	1 133.34	2 044.26	8 436.64	14 530.98	27 434.71	
河北	3 579.21	3 662.88	13 996.07	24 508.96	82 549.90	非常高
山西	1 356.01	1 894.88	7 120.14	19 001.28	43 166.91	高
内蒙古	714.50	2 095.53	8 178.59	26 271.05	48 679.93	高
黑龙江	2 746.25	6 881.06	14 872.90	13 945.39	16 600.91	高
山东	2 686.68	5 637.74	14 467.74	46 205.88	65 171.52	非常高
河南	1 035.45	2 435.74	6 814.27	19 766.36	32 308.65	高
湖南	455.83	933.37	2 837.85	2 686.87	696.14	较低
安徽	6 312.32	1 359.06	24 049.15	49 266.64	104 776.58	较高
重庆	—	946.15	4 103.26	2 927.00	5 150.88	较低
四川	613.41	1 000.03	3 832.75	2 610.36	863.00	非常低
贵州	211.05	705.56	2 504.71	8 234.50	20 647.88	非常低
云南	331.91	1 871.77	7 439.93	8 729.27	18 691.48	非常低
陕西	416.37	1 331.86	8 598.13	15 551.10	35 673.64	高
宁夏	2 022.35	3 981.77	15 660.65	45 200.93	52 549.03	非常高
新疆	998.63	981.84	4 938.29	2 127.51	—	较低

注：判断收入激励高低的办法是，若对应年份指标值全部高于全国平均值，则收入激励非常高，4个指标值高于全国平均值时，相对集中程度为较高，以此类推，3个时为高，2个时为不低，1个时为较低，0个时为非常低；对缺失数据样本的判断方法，采取的是假设该缺失年份的指标超过全国平均值，然后据上述办法作出判断。

资料来源：根据《中国煤炭工业年鉴》和《中国煤炭工业统计资料汇编》计算而来。

我们进一步利用煤矿企业平均吸纳的从业人数，来衡量政府集中控制煤矿的生产资格可能给执政稳定带来的负面影响。该数值越大，若选择强化控制需要进行利益协调的难度越小，给执政稳定带来的负面影响程度越低，否则协调的难度越大，给执政稳定造成的负面影响程度越高。从表6的结果中能够得出，河北、山西、河南、黑龙江、内蒙古、山东、宁夏、安徽若选择强化政府在生产资格上的控制权，给执政稳定带来的负面影响相对低，但会给其余省份带来相对高的负面影响。

表6 强化集中控制煤炭资源可能给执政稳定带来负面影响的程度

省份	煤矿企业平均从业人数（人）					政府集中控制煤矿生产资格对治理绩效的影响
	1993年	1998年	2003年	2008年	2013年	
全国	820.26	695.24	1 059.44	395.79	581.03	
河北	2 357.52	1 110.03	1 929.01	945.64	1 277.19	非常低
山西	1 617.80	1 435.25	1 751.08	449.22	881.39	比较低
内蒙古	584.42	715.11	1 355.09	355.34	480.13	不低
黑龙江	2 576.64	2 496.05	3 432.79	981.23	1 040.76	非常低
山东	1 517.93	1 258.54	1 414.33	1 437.87	2 007.39	非常低
河南	669.67	787.79	954.06	473.31	755.83	低
湖南	237.60	221.08	314.75	108.51	133.05	非常高
安徽	2 608.97	419.32	4 236.28	2 153.90	219.86	低
重庆	—	264.03	649.57	130.10	237.54	较高
四川	407.33	277.64	607.71	134.11	134.21	非常高
贵州	100.67	224.79	554.46	145.90	225.65	非常高
云南	156.72	264.71	432.70	133.01	376.34	非常高
陕西	471.66	463.41	1 194.91	217.16	402.23	较高
宁夏	1 136.92	1 040.61	2 371.23	460.00	1 004.49	非常低
新疆	579.82	210.84	661.32	347.27	543.53	非常高

注：判断面临社会压力是高是低的办法是，若对应年份指标值全部高于全国平均值，则面临的社会压力非常低，4个指标值高于全国平均值时，面临的社会压力较低，以此类推，3个时为低，2个时为不低，1个时为较高，0个时为非常高；对缺失数据样本的判断方法，采取的是假设该缺失年份的指标超过全国平均值，然后据上述办法作出判断。

资料来源：根据《中国劳动统计年鉴》和《中国煤炭工业统计资料汇编》计算而来。

汇总表5和表6得到的结论，将其与表4当中的生产资格分配状况进行匹配，不难发现，选择向投资者让渡煤矿生产资格的省份，正好是可能给执政稳定带来负面影响相对高的省份，但这类省份的收益激励未必低，比如内蒙古、陕西；同样给执政稳定带来的负面影响程度相对低的省份，政府会进一步集中控制生产资格。这符合本文的理论推断。匹配的结果如表7所示。

表7 政府在煤矿生产资格上的决策机制

省份	政府集中控制煤矿生产资格的收益激励	政府集中控制煤矿生产资格对治理绩效的影响	政府是否让渡煤矿生产资格
河北	非常高	非常低	否
山西	高	比较低	否

续表

省份	政府集中控制煤矿生产资格的收益激励	政府集中控制煤矿生产资格对治理绩效的影响	政府是否让渡煤矿生产资格
内蒙古	高	不低	是
黑龙江	高	非常低	否
山东	非常高	非常低	否
河南	高	低	否
湖南	较低	非常高	是
安徽	较高	低	否
重庆	较低	较高	是
四川	非常低	非常高	是
贵州	非常低	非常高	是
云南	非常低	非常高	是
陕西	高	较高	是
宁夏	非常高	非常低	否
新疆	较低	非常高	是

资料来源：笔者绘制。

结合上一部分中对油气资源、其他矿产的分析，我们能够得出结论：在采矿业，政府对生产资格的分配，更多地受到政府对治理绩效追求的影响。一旦容易削弱公共信任，给执政稳定带来负面影响，政府会选择向投资者让渡生产资格，相反则继续集中控制生产资格，授权公有制企业生产经营。这与假说推断相符。

五、结论与讨论

提升治理绩效是所有国家都面临的问题。对于单一制国家而言，提升治理绩效具有更为深刻的意义。当代中国追求治理绩效的改善，促成采矿业当中政府在"谁有资格生产"这一问题上呈现出不同的解决方案，进而塑造着"有为政府+效率市场"中"效率市场"的作用边界。对于容易削弱公共信任，不利于提升治理绩效的领域，政府倾向于让渡生产资格，使得投资者有资格进行生产，否则政府会继续集中生产资格，授权公有制企业进行控制。

本文所论证的结论有助于说明，学者们对中国"谁有资格生产"这一问题的探讨，需要考虑到生产资格分配决策可能对提升治理绩效带来的影响。

只有在不削弱治理绩效的前提下,国家战略、技术门槛、自然条件、市场价格等因素才能够影响生产资格的分配。此外,本文的分析方法进一步表明,在充分发挥有为政府与效率市场之间的互动作用,进而实现经济增长的观点当中(林毅夫,2017;周黎安,2018;陈云贤,2019),有为政府的功能主要体现在积极稳固公共信任,进而改善和提升治理绩效上,并且有为政府决定了效率市场的作用边界与作用范围。

参考文献

1. 曹正汉:《中国上下分治的治理体制及其稳定机制》,载于《社会学研究》2011年第1期。

2. 曹正汉、冯国强:《地方分权层级与产权保护程度——一项"产权的社会视角"的考察》,载于《社会学研究》2016年第3期。

3. 曹正汉、冯国强:《地方政府与民营企业产权保护》,引自史晋川主编的《中国民营经济发展报告》,经济科学出版社2018年版。

4. 陈云贤:《中国特色社会主义市场经济:有为政府+有效市场》,载于《经济研究》2019年第1期。

5. 冯国强:《租金与税收——地方政府角色选择的理论逻辑》,载于《制度经济学研究》2019年第1期。

6. 冯国强:《地方分权层级对产权保护程度的影响——中国煤炭行业兼并重组的省际比较》,浙江大学博士学位论文,2016年。

7. 吕鹏:《增长联盟与兼并重组的对价悖论——以G省民营石油市场重组案为例》,载于《社会发展研究》2018年第4期。

8. 周黎安:《"官场"+"市场"与中国增长故事》,载于《社会》2018年第2期。

9. 林毅夫:《中国经验:经济发展和转型中有效市场与有为政府缺一不可》,载于《行政管理改革》2017年第10期。

10. Acemoglu, D., & Robinson, J. A., 2006, "Economic backwardness in political perspective." *American Political Science Review*, Vol. 100, No. 1, pp. 115–131.

11. Acemoglu, D., & Robinson, J. A., 2008, "Persistence of power, elites, and institutions." *American Economic Review*, Vol. 98, No. 1, pp. 267–93.

12. Coase, Ronald Harry., 1937, "The nature of the firm", *Economica*, Vol. 4, No. 16.

13. Diamond, J., 2005, Collapse: How societies choose to fail or succeed. Penguin.

14. Ramamurti, R., 2000, "A multilevel model of privatization in emerging

economies." *Academy of Management Review*, Vol. 25, No. 3, pp. 525 – 550.

15. Li, W., & Xu, L. C., 2002, "The political economy of privatization and competition: cross-country evidence from the telecommunications sector." *Journal of Comparative Economics*, Vol. 30, No. 3, pp. 439 – 462.

16. Shleifer, A., & Treisman, D., 2001, Without a map: Political tactics and economic reform in Russia. MIT Press.

17. Svolik, M. W., 2012, The politics of authoritarian rule. Cambridge University Press.

18. Williamson, Oliver, and Sidney Winter, 1993, The nature of the firm: origins, evolution, and development. Oxford University Press.

19. Yang, H., & Zhao, D., 2015, "Performance legitimacy, state autonomy and China's economic miracle." *Journal of Contemporary China*, Vol. 24, No. 91, pp. 64 – 82.

20. Zahra, S. A., Ireland, R. D., & Hitt, M. A., 2000, "International expansion by new venture firms: International diversity, mode of market entry, technological learning, and performance." *Academy of Management journal*, Vol. 43, No. 5, pp. 925 – 950.

21. Zhao, D., 2009, "The Mandate of Heaven and Performance Legitimation in Historical and Contemporary China." *American Behavioral Scientist*, Vol. 53, No. 3, pp. 416 – 433.

The Distribution Logic of Market Control Rights: China's Market-oriented Reform from the Perspective of State Governance

FENG Guoqiang   CHEN Zhijie

(College of Economics, Lanzhou University, 730000)

[**Abstract**] Market control rights involve who decides who has the rights to produce, what to produce and how to produce. In the past 40 years of China's reform and opening-up, China has gradually transferred market control to market players in some areas, while in others it has continued to strengthen the centralized control of the government. This difference is not fully explained by strategy, technology, geo-determinism and market determinism. This paper uses a mathematical model and a case in the field of mineral resources development to reveal the distribution logic of market control in contemporary China from the perspective of state governance. We find that in contemporary China, which lacks horizontal constraints, besides the top-down incentive and supervision mechanism widely used, the bottom-up constraint mechanism also plays an important role in governance, affecting the process of market-oriented reform.

[**Key Words**] Market Control Rights   State Governance   Vertical Constraint   Market-oriented Reform

JEl Classifications: H20   P26   P48

社会资本、企业家精神与中国经济增长

张为杰 窦程强 何曲琼

【摘　要】全面深化改革就是要激发市场蕴藏的活力，市场活力来自人，特别是来自企业家，来自企业家精神。社会资本对于理解企业家精神影响经济增长的机制非常关键。利用2000~2015年中国30个省份的面板数据为研究样本，考察了企业家精神和社会资本对经济增长的影响机制，并进一步考察了社会资本对企业家精神的经济增长效应的影响。研究发现，企业家精神是影响经济增长的重要因素，企业家精神能够显著地促进经济增长；社会资本水平的变动影响企业家精神与经济增长之间的正相关关系，社会资本是强化企业家精神对经济增长促进作用的重要渠道。稳健性检验以及处理内生性问题后的估计结果仍然支持上述结论。这些结果也为中国政府激发和弘扬企业家精神以及鼓励积累社会资本提供了经验支持。

【关键词】企业家精神　社会资本　经济增长

中图分类号：O12　M13　　文献标识码：A

一、引言与文献综述

改革开放以来，社会各界一直高度重视对企业家的培育和鼓励。党的十八大以来，党中央、国务院多次对弘扬优秀企业家精神，更好发挥企业家作

---

* 本文是国家社科规划基金重点项目"就业质量评价与提升机制及政策研究"（18AJY007）、辽宁省教育厅青年科技人才育苗项目"公众环境诉求约束下的环境规制对我国绿色发展的影响机制研究"（LN2019Q63）阶段性成果。

** 张为杰，东北财经大学讲师、经济学博士，东北财经大学应用经济学博士后；地址：（116025）辽宁省大连市尖山街217号东北财经大学经济学院办公室；E‐mail：zwijjilin@163.com。窦程强，东北财经大学研究生；何曲琼，东北财经大学副教授。

用做出重大决策部署。比如，2017年发布了《关于营造企业家健康成长环境弘扬优秀企业家精神更好发挥企业家作用的意见》，强调营造有利于企业家健康成长的良好环境，充分激发和弘扬企业家精神，发挥企业家精神对经济增长的积极作用。习近平总书记指出："我们全面深化改革，就是要激发市场蕴藏的活力。市场活力来自于人，特别是来自于企业家，来自于企业家精神。"① 事实上，改革开放以来，伴随着市场化改革的不断推进，不管是国有企业改革，还是民营企业发展，企业家所做的贡献不容忽视。企业家日趋成为推动经济增长的重要主体，企业家精神作为实现高速增长的动力源泉日趋重要。可以说，中国的"增长奇迹"与企业家和企业家精神密不可分。因此，探索企业家精神对经济增长的驱动机制具有重要的现实意义。

在理论上，最早对企业家精神和经济增长之间关系展开研究的是熊彼特。熊彼特认为，经济发展是一个"创造性破坏"的内生动态过程，企业家精神在该过程中起到重要的推动作用，成为经济增长的真正源泉。随后，经济学家对企业家精神和经济增长的关系展开了广泛的理论研究。例如，鲍莫尔（Baumol）和威廉姆（William）认为尽管理论上企业家精神总体上能够促进一国经济增长，但是企业家精神的差异化配置会对经济增长产生不同的影响。如果企业家精神配置到创新等生产性活动中，会促进经济增长；如果企业家精神配置到寻租、腐败等非生产性领域，则会抑制增长。庄子银（2007）继承了熊彼特关于企业家精神是一种重要生产要素的思想以及鲍莫尔和威廉姆关于企业家精神差异化配置的思想，认为只有生产性的企业家精神才是促进经济长期增长的重要生产要素。

大量实证研究表明，在工业化和转型过程中的国家，企业家精神与经济增长正相关（李宏彬等，2009；李杏，2011；Li et al.，2012；Adusei & Michael，2016；胡永刚和石崇，2016）。例如，根据对非洲12个国家的数据分析，发现企业家精神对经济增长有着显著正向的促进作用（Adusei & Michael，2016）。企业家精神显著促进了城市的经济增长（Lee et al.，2017）。对中国的实证研究也支持企业家精神对经济增长具有显著促进作用。李宏彬等（2009）用私营企业比率和专利申请量来衡量企业家精神，结果发现企业家的创业和创新精神对经济增长产生显著的促进作用。胡永刚和石崇（2016）的研究表明，企业家精神对经济的影响具有数量效应和配置效应，企业家精神能够促进经济增长。尽管企业家精神的增长效应论得到了大部分学者的肯定，但仍有部分研究表明，企业家精神和经济增长之间是U形关系（Audertsch & Thurik，2001）。也有学者研究发现，企业家精神对经济增长影响取决于其他因素。

相关文献同时也表明，社会资本的多寡对企业家的创新创业活动至关重

---

① 习近平：《谋求持久发展 共筑亚太梦想——在亚太经合组织工商领导人峰会开幕式上的演讲》，载于《人民日报》2014年11月10日第02版。

要。社会资本是企业家获取资源、信息的重要渠道（Granovetter，1985），影响企业获取资源的能力和企业整合资源的能力（孙善林等，2017），有助于企业家克服资源约束（Bauernschuster et al.，2010）。社会资本的技术创新效应、金融优化效应和人力资本效应是促进经济增长的重要方面（周瑾等，2018）。因此，社会资本会对创业（刘兴国和沈志渔，2012；陈刚和陈敬之，2016）和创新（严成樑，2012；Chitsazan et al.，2017）产生重要的影响。除此之外，相关研究表明，社会资本在促进企业家精神的产生（Dastourian et al.，2017）以及强化企业家精神（金中坤和潘镇，2016）等方面都发挥了很大的作用。

梳理文献发现，既有研究大多关注企业家精神对经济增长的影响，对社会资本发挥的作用缺少分析，忽视了社会资本在企业家精神的经济增长效应中的作用。基于此，本文使用全面FGLS方法深入考察社会资本对企业家精神的经济增长效应的影响。与前人的研究相比，本文可能的贡献主要体现在研究视角上，从社会资本的角度探究企业家精神对中国经济增长的促进作用。企业家精神是影响中国经济增长的重要因素，大量文献展开了研究。企业家精神的发挥离不开所处环境，而社会资本作为一个重要的环境因素，必定会对企业家精神的经济增长效应产生重要的影响。本文通过借助社会资本的相关文献，分析中国背景下企业家创新创业精神的经济增长效应，为分析中国企业家精神的作用提供了新的理论视角。值得注意的是，本文使用的社会资本指标只是在宏观层面测度一个地区总体社会资本水平，而非个体社会资本水平。

本文的研究结构安排如下：第一部分是引言与文献综述，第二部分是理论分析和研究假设；第三部分为模型设定、变量选取及变量的描述性统计分析；第四部分是实证结果分析，主要包括基准回归结果分析、稳健性检验和内生性问题；第五部分是研究结论部分。

二、理论分析和研究假设

（一）企业家精神对经济增长的影响机制

改革开放以来，伴随着市场化改革的不断推进，不管是国有企业改革，还是民营企业发展，企业家所做的贡献不容忽视。企业家成为推动中国经济转型的重要力量，激发了中国市场活力。企业家在冒险、创新、承担市场不确定性和把握机遇方面拥有更多的能力和勇气。企业家的特质使其善于发现、利用与打破市场均衡，通过优化资源配置，促进技术创新等途径促进经济增长。

企业家精神是经济持续增长的源泉（张维迎和盛斌，2004）。企业家在冒险、创新、承担市场不确定性和把握机遇方面拥有更多的能力和勇气。企业家的特质使其善于发现、利用与打破市场均衡，通过优化资源配置，促进创新等途径促进经济增长。

企业家的资源配置效应成为推动经济增长的重要驱动力。在改革开放的过程中，人们的消费需求被不断释放，市场呈现出非均衡状态。企业家善于发现并利用市场非均衡状态进行创业活动，进而使得企业获取到超额利润。因此，在市场非均衡状态下，企业会不断地进入和退出市场，伴随的是生产要素在市场机制下自由流动。在相对理想状态下，生产要素的自由流动会对资源进行优化配置。资源配置效应成为提高企业全要素生产率与利润率的关键，促使企业规模的扩大和竞争力的提升，带来大量的就业和投资机会，进而促进了经济增长。

企业家的创新效应激发了市场活力。伴随着企业家资源的优化配置，市场逐步趋于平衡。套利机会的减少和市场的激烈竞争激发了企业家的创新精神。企业家通过"创造性破坏"活动，打破原有的市场均衡，而"创造性破坏"活动依靠的是企业家创新能力，其实质就是建立新的生产函数，实现要素重新组合。因此，企业家的创新对于提高新产品的生产、降低生产成本和交易成本等方面发挥了非常关键的作用。同时，企业家创新带来的知识外溢效应也成为促进经济增长的重要方面。

综上，本文提出研究假设1：企业家精神能够促进经济增长。

（二）社会资本强化企业家精神的经济增长效应

在现实中，社会资本是影响企业家成长环境的重要因素，对于转型期的中国更是如此。在中国制度背景下，企业家以血缘、亲缘、地缘为基础结成社会网络，形成"朋友圈"等。这对于企业家的创新创业活动会产生直接或间接影响。企业家是嵌入到社会网络中的重要主体，关系网络为企业家交流提供重要平台。因此，社会资本对于发挥企业家的创新创业精神非常重要，也成为解释经济增长的重要因素。根据社会资本理论可知，社会资本的重要特征是信息共享和相互沟通，是人们获取信息的重要渠道，因此，社会资本能够促进信息共享、降低交易风险和优化资源配置，进而能够强化企业家精神对经济增长的促进作用。事实上，企业家嵌入到社会网络中进行创新创业活动。因此，企业家精神的发挥依赖于所在的社会环境。

创新精神离不开社会资本的催化。社会资本具有较强的信息共享特征。一方面，社会资本的信息效应有利于企业获取更多有用的技术信息，经过消化和吸收，提高了技术创新能力与创新效率（Bramoulle & Kranton，2017）。同时信息共享渠道的增加有利于技术创新投入的积累，这对于激发企业家创新精神非常重要。另一方面，社会资本具有成本效应降低了企业家获取创新资源的成本。通过信息共享和相互沟通交流，社会主体之间的信任感增强。已有研究表明，高水平的社会信任能够很大程度上减少企业家获取创新资源的成本，有助于企业整合应用创新所需的资源（孙善林等，2017）。此外，发达的信息网络有助于社会资本外溢效应的实现，进而提高了生产效率和促进了创新产品的推广。因此，在社会资本水平高的地区，技术信息传播广泛，创新投入积累迅速，创新资源整合效率高，同时创新产品推广迅速，进而有利于创新精神的发挥。即社会资本能够强化创新精神对经济增长的促进作用。

同样，创业精神也需要社会资本的润滑。首先，社会资本能够促进企业家的合作，提高企业抵御风险的能力。通过信息共享和相互交流，降低了不确定性，使得经济主体能够开展更为有效和长期的合作，同时社会网络中的信息共享机制也提高了企业抵御风险的能力。其次，社会资本改善了地区的创业与营商环境，促进资源的优化配置。信息共享和相互交流增加了违约成本，这有助于减少机会主义行为和道德风险问题。根据信息不对称理论，机会主义和道德风险问题的减少有利于避免"囚徒困境"所带来的效率损失。同时，社会资本的信息共享机制能够降低信息不对称程度和交易成本，减少企业在原材料购买、劳动力搜寻、企业管理等方面的成本，提高了资本回报率，有利于促进企业成长与规模扩大。最后，社会资本有利于为企业家的创业活动提供信用机制。企业家的创业活动需要相应金融资源的支撑。社会资本高的地区往往具有较高的社会信任度，社会网络中的声誉机制、社会规范等可以减少授信风险，提高了金融资源匹配效率，进而为企业家的创业活动提供持续、稳定的资金支持。因此，在社会资本水平高的地区，企业家之间存在广泛长期的合作，创业和营商环境优越，信贷成本较低，进而有利于创业精神的资源配置作用的发挥。即社会资本能够加强创业精神对经济增长的促进作用。

综上，本文提出研究假设2：社会资本能够强化企业家精神对经济增长的作用。

三、模型、数据与变量

（一）计量模型

为了考察企业家精神和社会资本对经济增长的影响，本文构建了式

(1),并在式(1)基础上加入企业家精神和社会资本的交互项以考察存在社会资本的情况下,企业家精神对经济增长的额外促进作用。回归模型如下:

$$\ln Y_{it} = \beta_0 + \beta_1 \times \ln E_{it} + \beta_2 \times \ln S_{it} + \ln X_{it} \times \alpha_k + \varepsilon_{it} \quad (1)$$

$$\ln Y_{it} = \beta_0 + \beta_1 \times \ln E_{it} + \beta_2 \times \ln S_{it} + \beta_3 \times \ln E_{it} \times \ln S_{it} + \ln X_{it} \times \alpha_k + \varepsilon_{it} \quad (2)$$

式(1)和式(2)中,i 表示省(市、自治区)的序号;t 表示第 t 年;Y 表示经济增长;E 表示企业家精神;S 表示社会资本;X 表示控制变量,包括物资资本(K)、人力资本(H)、劳动力(L)、交通基础设施(TI)、对外开放(OPEN)、政府支出(GOV)和外商直接投资(FDI)影响经济增长的变量。α 和 β 为待估计的参数,ε 为随机扰动项。

(二)变量选取

被解释变量。经济增长是被解释变量,采用地区实际 GDP 来衡量,其中地区实际 GDP 是以 2000 年为基期,对名义 GDP 经过平减得到。

解释变量。企业家精神与社会资本是核心解释变量。本文将企业家精神分为两个维度:企业家的创业精神和创新精神。借鉴李宏彬等(2009)和郭凯明等(2016),选取每万人的专利申请量与自我雇佣率分别测度企业家的创新与创业精神。其中每万人的专利申请量等于某地区的专利申请量占地区总人口的比重,自我雇佣率等于私营企业和个体就业人员总数与全部就业人口的比值。

社会资本的衡量。现有文献对社会资本核心特征的认识不同,导致选取的社会资本的测度指标存在差异。信息共享和相互沟通是社会资本的重要特征(Ishise & Sawada,2009),这与关于社会资本研究经典的论述是一致的。通常采用的指标有:人均邮件数量和人均收音机数量(Ishise & Sawada,2009)、互联网上网人数(万建香和汪寿阳,2016)、互联网使用频率和电话使用频率(严成樑,2012)等指标。本文借鉴严成樑(2012),从信息共享和相互交流的角度测量社会资本,用互联网使用频率来衡量社会资本,它能够更好地反映社会资本水平及人们运用现代手段进行信息共享、相互交流的相对规模。主要基于以下原因:首先,考虑到在现代化的今天,互联网已经取代了收音机和纸质邮件,成为人们沟通的主要手段和获取信息的主要渠道。依靠通达的网络结构促进信息共享、降低交易风险和优化资源配置。其次,反映地级市层面信任规范和价值观等主观性较强的认知型社会资本难以获得。考虑到数据的可获得性,使用互联网上网人数与总人口的比值表示互联网使用频率,在稳定性检验部分采用电话使用频率测度社会资本。值得注意的是,该指标只是在宏观层面测度一个地区总体社会资本水平,而非个体社会资本水平。

控制变量。经济增长理论表明人力资本、物质资本和劳动力是促进经济增长的重要因素。人力资本：借鉴陈怡安和赵雪苹（2019），采用6岁以上居民的平均受教育年限来测量人力资本，其计算方法是将6岁以上受教育人口划分成小学、初中、高中、大专及以上等4个级别，分别用各受教育级别的人口数乘以受教育年限（分别对应6年、9年、12年、16年）相加，除以6岁及以上总人口得到各地区的平均受教育年限。资本存量：资本存量的测量借鉴张军等（2004）使用的永续盘存法进行估算，估算公式为 $K_t = K_{t-1} \times (1-\delta) + I_t$。以2000年为基期，各省份基年的物质资本存量等于2000年的固定资本形成总额除以10%，当年投资采用各年固定资产形成总额度量，折旧率设定为9.6%。并利用相应的固定资产价格指数平减。劳动力：采用各省份年末的就业人数来衡量。

交通基础设施：良好的交通基础设施有利于降低交易成本和运输费用，进而促进了经济增长。考虑到公路、铁路和水路的运输能力不同，我们借鉴宦梅丽等（2018）的做法，用铁路、公路和水路里程量分别乘以全国平均转换率4.27，1，1.06转换成相应的公路长度后进行加总，然后再除以各地区面积。对外开放：中国经济的快速增长得益于对外开放，因为对外开放有利于促进中国的技术进步和提高要素生产率。对外开放用各省进出口总额（用当年汇率折算成人民币）与当年的GDP的比值来衡量。政府支出：政府通过增加政府支出，经过乘数的作用，会对经济增长产生较大影响。政府支出用各省（市、自治区）的财政支出占当年GDP的比重来衡量。外商直接投资：外商直接投资为中国带来了先进的技术、管理制度和大量的资本，这些都促进了中国经济的快速增长。外商直接投资用实际利用外商直接投资额和各省GDP的比值来衡量。

（三）变量描述性统计

由于分省的社会资本统计数据始于2000年，西藏地区以及港澳台地区的数据不完整，因此本文以2000~2015年中国的30个省份为研究对象，原始数据主要来源于历年的《中国统计年鉴》《新中国六十年统计资料汇编》《中国劳动统计年鉴》等。主要变量的描述性统计分析如表1所示。

表1　　　　　　　　　主要变量的描述性统计

变量	变量名称	单位	观测值	均值	标准差	最小值	最大值
Y	实际GDP	亿元	480	8 648.5880	8 555.6520	263.5900	48 661.3500
K	物资资本	亿元	480	12 850.3600	9 610.4500	1 569.7000	41 627.5200

续表

变量	变量名称	单位	观测值	均值	标准差	最小值	最大值
L	劳动力	万人	480	2 501.1940	1 659.9080	275.5000	6 636.0000
H	人力资本	年	480	8.3581	1.0462	5.4383	12.0807
BE	创业精神	无	480	0.2051	0.1270	0.0308	0.8024
OPEN	对外开放	无	480	0.3212	0.3990	0.0357	1.7215
GOV	政府支出	无	480	0.1905	0.0874	0.06892	0.6269
IE	创新精神	无	480	6.9348	11.3019	0.2301	72.0166
FD	金融发展	件/万人	480	2.6445	0.9970	1.2882	8.1310
TI	交通基础设施	公里	480	0.7931	0.5431	0.0268	2.7583
TE	电话使用频率	无	480	0.7334	0.3969	0.0621	2.2809
FDI	外商直接投资	无	480	0.0271	0.0237	0.0007	0.1536
MI	市场化指数	无	480	5.9506	1.8070	2.3700	10.9200
IN	互联网使用频率	无	480	0.2720	0.2034	0.0054	0.7786

四、实证结果及分析

（一）基准回归结果

时间效应检验显示的 F 值均在 1% 的显著性水平下显著，说明模型包括时间效应。为减少样本容量的损失，使用时间趋势变量来控制时间效应。综合 F 检验、LM 检验和 Hausman 检验的结果，发现固定效应模型明显优于混合效应模型和随机效应模型。考虑到模型中可能存在的组间异方差、组内自相关和组间同期相关等问题，本文进行了一系列相应的检验，检验结果如表 2 所示。Wald 检验、Friedman 检验和 Wooldridge 的检验结果分别显示模型存在组间异方差、组间同期相关与存在组内自相关等问题，相应的检验结果见表 2。因此，为了使估计结果更有效率，本文使用全面 FGLS 方法解决上述问题。通过加入时间趋势变量控制时间效应和加入省份虚拟变量控制个体效应，进行了固定效应模型估计，具体结果如表 2 所示。

表 2　企业家精神、社会资本对经济增长的影响及相关检验结果

变量名	全面 FGLS			
	(1)	(2)	(3)	(4)
lnBE	0.0217 *** (7.85)		0.0231 *** (4.47)	
lnIE		0.0269 *** (9.10)		0.0370 *** (12.17)
lnIN	0.0369 *** (17.34)	0.0327 *** (9.29)	0.0486 *** (8.48)	0.0364 *** (9.62)
lnBE×lnIN			0.0043 ** (2.40)	
lnIE×lnIN				0.0068 *** (6.61)
lnH	-0.0429 *** (-5.53)	-0.0197 (-1.26)	-0.0281 ** (-2.05)	-0.0466 *** (-3.82)
lnK	0.6630 *** (12.39)	0.5148 *** (4.49)	0.7458 *** (10.93)	0.5523 *** (5.46)
lnL	0.0571 *** (7.94)	0.0613 *** (5.11)	0.0528 *** (5.89)	0.0435 *** (4.22)
lnTI	0.0120 *** (5.26)	0.0082 * (1.84)	0.0005 (0.08)	0.0068 (1.61)
lnOPEN	0.0119 *** (5.63)	0.0135 *** (3.92)	0.0091 *** (3.51)	0.0112 *** (3.58)
lnGOV	-0.0815 *** (-13.20)	-0.0880 *** (-10.46)	-0.0873 *** (-12.02)	-0.0711 *** (-7.62)
lnFDI	0.0058 *** (6.91)	0.0042 *** (2.76)	0.0069 *** (6.55)	0.0057 *** (4.30)
常数项		2.7102 ** (2.33)		
个体效应	控制	控制	控制	控制
时间效应	控制	控制	控制	控制
F 检验	73.45 ***	77.81 ***	74.18 ***	79.83 ***
LM 检验	904.67 ***	1 185.69 ***	1 019.30 ***	1 252.77 ***
Hausman 检验	213.63 ***	161.60 ***	176.58 ***	145.89 ***

续表

变量名	全面 FGLS			
	(1)	(2)	(3)	(4)
Wald 检验	1 175.94***	691.13***	1 723.35***	1 476.53***
Wooldridge 检验	213.898***	308.223***	215.010***	280.802***
Friedman 检验	76.485***	62.550***	87.750***	78.350***
N	480	480	480	480

注：*、**、***分别代表估计值结果在10%、5%、1%的置信度水平上显著，系数下方括号内为z值。第（1）、第（2）和第（4）列的常数项由于共线性限制被删除。Wald 检验、Wooldridge 检验和 Friedman 检验分别检验组间异方差、组内自相关、组间同期相关等。

根据表2的回归结果，在所有模型中，企业家的创业精神、创新精神和社会资本对应的回归系数都为在1%的水平上显著为正。回归结果显示，企业家的创业精神、创新精神和社会资本对经济增长都存在显著的促进作用，研究假设1得到验证。根据表2第（1）列，企业家创业精神对应的回归系数为0.0217，这说明地区创业精神每增加1%会带来实际GDP平均增加0.0217%。该结果支持了创业精神对经济增长产生促进作用的假说。这一结果支持了尹宗成和李向军（2012）的研究结论。更多的创业活动会促使的私营和个体企业涌现。经济中的市场竞争度与经济活力将增强，专业化分工将更趋细化，这是促进经济增长的重要机制。根据表2第（2）列，企业家的创新精神对应的回归系数为0.0269。这说明一个地区的创新精神每增加1%将会促使实际GDP平均增加0.0269%，创新精神的经济增长效应比较明显。内生增长模型认为，技术进步及其创新是提高全要素生产率的重要途径，技术创新是经济增长的源泉之一。进一步，企业家的创新精神是促进技术进步的重要推动力。这一结果支持了创新精神对经济增长产生促进作用的假说。李宏彬等（2009）的研究也得出了类似的结论。以互联网使用率测量的社会资本对应的回归系数为正，说明社会资本能够显著地提高地区经济增长水平。在市场经济中，社会资本在我国社会网络中充当"催化剂"的作用较为显著。比如说，社会资本促进了经济主体之间的沟通和信息共享，降低了交易成本，缓解了信息不对称导致的市场失灵。因此，社会资本通过上述机制提高了生产主体的生产效率，这是促进经济增长的重要潜在因素。该实证结果也支持了严成樑（2012）研究结论。

更进一步，为了深入分析社会资本强化企业家精神增长效应的影响机制，在回归模型分别加入企业家创业精神与社会资本［表2第（3）列］的交互项、创新精神与社会资本的交互项［表2第（4）列］。估计结果表明，企业家精神和社会资本的交互项系数均在1%的水平上显著为正。这表明社会资本的强化作用是显著存在的。在社会资本丰富的地区，企业家精神对经济增长的促进作用更明显。具体而言，社会资本会强化了企业家创业精神和创新精神对增长的促进作用。中国社会非常重视"人情关系""朋友圈"等，而关系网的构建对于企业家的创新创业活动却是大有裨益的。作为交流机制与信息共享机制的润滑剂，社会资本无疑减少了经济运行中的交易成本与摩擦，这对于企业家精神的培育尤为关键。此外，社会资本丰富的地区，企业家获取的信息越多，对于生产效率的提高就更为明显。同时，信息共享机制使得创新产品得到了更好的推广，这也是对技术创新的重要激励。因此，社会资本通过促进企业家精神的发挥，强化了对经济增长的促进作用。研究假设2得到了进一步验证。

控制变量。政府支出的系数显著为负。在理论上而言，公共支出对经济增长具有显著促进作用。然而，政府公共支出规模的扩大对私人投资具有一定的挤出效应。此外，已有研究也证实，大量"调整成本"的存在使得我国公共支出对经济增长产生抑制作用。人力资本并未对经济增长产生促进作用。这或许是因为：人力资本对经济增长的作用存在门槛效应。在该研究区间内，我国的人力资本积累程度还处于相对较低的水平，仍未跨越到促进经济增长的门槛水平。此外，以平均受教育年限衡量人力资本并未充分反映出人力资本质量、结构等因素。交通基础设施对经济增长产生了正向影响。对外开放的回归系数显著为正，说明对外开放促进了中国经济的增长。外商直接投资的回归系数也显著为正，说明外商直接投资促进了中国经济的增长，中国增长很大程度上得益于改革开放的外资政策。最后，物质资本和劳动力均为正，且都在1%的水平上显著，说明物质资本和劳动力对经济增长产生了显著促进作用，这基本符合预期。

（二）稳健性检验

基准模型采用全面FGLS方法检验了企业家精神、社会资本对经济增长的影响机制，估计结果与研究假设基本一致。为了验证估计结果的稳健性，在不改变模型形式的前提下，本文通过尝试变换核心变量和增加控制变量对回归结果进行稳健性检验。

1. 变换核心解释变量

考虑到人们获取信息的渠道正在改变，电话作为人们沟通的工具，社会网络中的主体依靠电话进行交流的情况越来越普遍。电话的使用频率能够较好地反映出经济主体的交往与信息共享情况等。因此，使用电话使用频率来衡量社会资本水平进行稳健性检验是恰当的。电话使用频率等于社会中电话总数（移动电话和固定电话）和总人口的比值。估计结果如表3所示。在表

3 第（1）至（4）列，核心解释变量是创新精神、创业精神、社会资本以及对应的交互项，控制变量和前文一致。

表 3 稳健性检验（变换核心解释变量）

变量名	全面 FGLS			
	（1）	（2）	（3）	（4）
lnBE	0.0056 *** (3.83)		0.0102 *** (6.65)	
lnIE		0.0230 *** (11.69)		0.0235 *** (13.63)
lnTE	0.0417 *** (8.47)	0.0478 *** (12.70)	0.0700 *** (9.53)	0.0493 *** (12.61)
lnBE × lnTE			0.0096 *** (4.99)	
lnIE × lnTE				0.0040 *** (3.12)
lnH	−0.0307 ** (−2.41)	−0.0482 *** (−5.08)	−0.0374 *** (−3.25)	−0.0450 *** (−5.27)
lnK	0.7222 *** (7.20)	0.6606 *** (10.69)	0.7305 *** (8.18)	0.6562 *** (13.05)
lnL	0.0363 *** (4.38)	0.0580 *** (8.57)	0.0316 *** (4.34)	0.0516 *** (7.53)
lnTI	0.0079 (1.35)	0.0249 *** (7.64)	0.0156 *** (2.80)	0.0224 *** (6.08)
lnOPEN	0.0079 *** (3.77)	0.0053 *** (2.62)	0.0071 *** (3.44)	0.0049 ** (2.39)
lnGOV	−0.0558 *** (−10.07)	−0.0804 *** (−17.29)	−0.0584 *** (−11.10)	−0.0711 *** (−14.80)
lnFDI	0.0054 *** (5.57)	0.0071 *** (7.33)	0.0052 *** (5.73)	0.0059 *** (6.54)
常数项	0.6014 (0.63)	0.9820 * (1.64)	0.5699 (0.67)	1.0707 ** (2.20)
个体效应	控制	控制	控制	控制
时间效应	控制	控制	控制	控制
N	480	480	480	480

注：*、**、*** 分别代表估计值结果在 10%、5%、1% 的置信度水平上显著，系数下方括号内为 z 值。

根据表3的（1）至（4）列，用电话使用频率代替互联网使用频率表示社会资本并没有改变实证估计结果。一是企业家创新精神、创业精神和社会资本的系数均为正值，并且通过了1%的显著性水平，与基准回归模型的实证估计结果一致。二是企业家创业精神和社会资本的交互项系数为0.0096，通过了1%的显著性水平，表2第（3）列的实证结论得到进一步验证。企业家创新精神和社会资本的交互项系数同样显著为正（系数为0.0040），即表2第（4）列的主要研究结论保持不变。同时，其他控制变量系数的估计结果与基准回归结果相一致，不再赘述。

2. 增加控制变量

除了本文所选取的控制变量以外，金融发展和市场化进程也是影响经济增长的重要因素，为此，本文选取各地区金融机构各项存贷款余额占GDP的比重、樊纲（2017）市场化指数来衡量金融发展和市场化进程，加入模型中予以控制。估计结果如表4。根据表4第（1）至（4）列的结果，变换被解释变量不改变上述结论：一是企业家创新精神、创业精神和社会资本的回归系数仍显著为正，这与基准回归模型的结论仍然一致。二是企业家创业精神和社会资本的交互项和创新精神和社会资本的交互项系数都在1%的显著性水平上为正，这进一步说明社会资本强化企业家精神的经济增长效应仍然存在。金融发展在1%水平上显著为负，说明金融发展抑制了经济增长。可能解释是中国金融规模的低效率扩张，导致金融发展未能促进经济增长（沈军和白钦先，2013）。市场化进程指数在1%的水平上显著为正，说明中国的市场化改革促进经济增长。其他估计结果和基准模型的主要结论保持一致。

表4　　　　　　稳健性检验（增加控制变量）

变量名	全面 FGLS			
	（1）	（2）	（3）	（4）
lnBE	0.0162 *** (5.36)		0.0275 *** (5.27)	
lnIE		0.0296 *** (12.46)		0.0423 *** (15.17)
lnIN	0.0277 *** (10.62)	0.0257 *** (8.43)	0.0440 *** (8.25)	0.0274 *** (7.57)
lnBE × lnIN			0.0064 *** (2.93)	
lnIE × lnIN				0.0085 *** (5.93)

续表

变量名	全面 FGLS			
	(1)	(2)	(3)	(4)
lnH	-0.0608 *** (-4.97)	-0.0383 ** (-2.42)	-0.0576 *** (-4.48)	-0.0239 (-1.35)
lnK	0.5631 *** (7.72)	0.4151 *** (7.39)	0.5251 *** (6.96)	0.4252 *** (4.25)
lnL	0.0450 *** (4.68)	0.0638 *** (4.10)	0.0323 *** (3.41)	0.0251 * (1.75)
lnTI	0.0113 *** (3.66)	0.0139 *** (2.63)	0.0113 *** (3.53)	0.0117 *** (2.91)
lnOPEN	0.0041 * (1.91)	-0.0023 (-0.80)	0.0048 ** (2.08)	-0.0032 (-0.90)
lnGOV	-0.0451 *** (-5.44)	-0.0467 *** (-5.05)	-0.0477 *** (-5.53)	-0.0373 *** (-3.88)
lnFDI	0.0054 *** (4.35)	0.0039 *** (3.02)	0.0053 *** (4.32)	0.0058 *** (4.41)
lnMI	0.0153 *** (2.85)	0.0128 ** (2.05)	0.0131 ** (2.34)	0.0288 *** (3.89)
lnFD	-0.0845 *** (-10.60)	-0.1070 *** (-11.88)	-0.0867 *** (-10.37)	-0.0983 *** (-10.64)
个体效应	控制	控制	控制	控制
时间效应	控制	控制	控制	控制
常数项	2.6542 *** (3.69)	3.4855 *** (6.26)		3.5891 *** (3.66)
N	480	480	480	480

注：*、**、*** 分别代表估计值结果在10%、5%、1%的置信度水平上显著，系数下方括号内为 z 值。(3) 的常数项由于共线性限制被删除。

(三) 内生性问题

在模型的估计过程中，测量误差、遗漏变量和变量间的互为因果关系往往会导致内生性问题。社会资与企业家精神本是不易观测的客观指标，对其可能存在的测量误差是导致内生性问题的一个重要来源。更值得注意的是，社会资本和经济增长之间、企业家精神和经济增长之间可能存在着互为因果关系。正如研究假设的分析，企业家精神和社会资本都会对经济增长产生影响。然而，经济增长快的地区也可能有利于社会资本的形成与企业家精神的塑造。这主要是因为，在经济增长较快的地区，人们的收入水平也较高，因而对社会资本的投资也较多，相应的地区社会资本水平也可能较高。经济增长较快的地区能够会吸引更多的企业家，创新创业活动相对活跃，相应的地区企业家精神水平也可能较高。这种相互影响关系可能会产生内生性问题。

鉴于可能存在的内生性问题，本文选取创业精神的一阶滞后项作为创业精神的工具变量，创新精神一阶滞后项作为创新精神的工具变量。社会资本的工具变量的选择主要借鉴严成樑（2012）做法，选取社会资本的一阶滞后项。对模型的不可识别问题，本文采用 LM 统计量进行检验。估计结果发现，在 1% 的显著性水平下，所有二阶段回归结果都是显著的，表明存在不可识别问题的原假设被拒绝了，设定的工具变量回归是合适的。考虑到有限信息最大似然法（LIML）对弱工具变量的敏感性程度更低。使用该方法检验弱工具变量的估计结果显示，LIML 的系数估计值和 2SLS 非常接近。因此，模型不存在弱工具变量问题。使用的工具变量个数和内生性变量个数相同，因此本模型也不存在过度识别问题。表 5 给出了两阶段最小二乘法（2SLS）回归结果。表 5 的估计结果显示，实证结果与研究假设基本保持一致。企业家精神的回归系数为正，表明企业家精神对经济增长具有促进作用。社会资本的回归系数也为正，表明社会资本也是促进经济增长的重要机制。包含企业家精神和社会资本的交互项的回归系数为正，这与上文的回归结果也是一致的。

表 5　　　　　　　　　　工具变量回归结果

变量名	2SLS			
	（1）	（2）	（3）	（4）
lnBE	0.2085 *** (5.21)		0.2768 *** (5.85)	
lnIE		0.1093 *** (6.88)		0.1185 *** (7.06)
lnIN	0.4096 *** (19.32)	0.3989 *** (19.92)	0.5140 *** (13.29)	0.4223 *** (21.43)
lnBE × lnIN			0.0451 *** (3.09)	
lnIE × lnIN				0.0273 *** (2.86)

续表

变量名	2SLS			
	(1)	(2)	(3)	(4)
控制变量	控制	控制	控制	控制
常数项	-1.6367*** (-4.83)	-1.9450*** (-6.17)	-1.3176*** (-3.63)	-1.8486*** (-5.76)
N	450	450	450	450

注：***代表估计值结果在1%的置信度水平上显著，系数下方括号内为标准误。lnBE、lnIE和lnIN的工具变量分别为lnBE的一阶滞后项、lnIE的一阶滞后项和lnIN的一阶滞后项。

五、研究结论与政策含义

改革开放40多年以来，伴随着市场化改革的不断推进，不管是国有企业改革，还是民营企业发展，企业家所做的贡献不容忽视，塑造良好的营商环境，弘扬优秀企业家精神关系对于中国经济而言非常关键。正如习近平总书记所指出："市场活力来自人，特别是来自企业家，来自企业家精神"。目前，中国经济社会正处于一个特殊的转型环境下，社会资本作为替代性行为规范，它有利于促进企业家精神发挥，进而对经济增长产生深远的影响。中国社会非常重视"人情关系""朋友圈"等，而关系网的构建对于企业家的创新创业活动却是大有裨益的。作为交流机制与信息共享机制的润滑剂，社会资本无疑减少了经济运行中的交易成本与摩擦，这对于企业家精神的培育尤为关键。本文首先从理论上分析了社会资本视角下企业家精神对经济增长的影响机制。并利用2000~2015年省级面板数据，采用全面FGLS方法进行了实证检验。研究得出以下结论与启示：

（1）企业家精神是影响中国经济增长的重要因素，即企业家精神能够显著促进中国经济增长。因此，首先，政府应该出台相关的税收、金融等政策，给予企业家更多政策支持，来激发企业家精神。其次，政府应该大力弘扬企业家精神，增强企业活力和竞争力。通过激发和弘扬企业家精神，进而充分发挥企业家精神的经济增长效应。

（2）社会资本水平的变动影响企业家精神与经济增长之间的正相关关系，即社会资本能够强化企业家精神对经济增长的促进作用。因此，全社会应该加快互联网等通讯基础设施建设和鼓励人们积累社会资本，来提高整个社会的社会资本水平，进而发挥社会资本的强化作用。

参考文献

1. 陈刚、陈敬之：《产权保护与企业家精神——基于微观数据的实证研究》,载于《经济社会体制比较》2016年第1期。

2. 陈怡安、赵雪苹:《制度环境与企业家精神:机制、效应及政策研究》,载于《科研管理》2019年第5期。

3. 程俊杰:《制度变迁、企业家精神与民营经济发展》,载于《经济管理》2016年第8期。

4. 郭凯明、余靖雯、龚六堂:《人口转变、企业家精神与经济增长》,载于《经济学(季刊)》2016年第3期。

5. 胡永刚、石崇:《扭曲、企业家精神与中国经济增长》,载于《经济研究》2016年第7期。

6. 宦梅丽、侯云先、曹丹丘等:《FDI、技术进步与中国地区经济增长:基于1979—2013年省际面板数据》,载于《当代经济科学》2018年第2期。

7. 金中坤、潘镇:《企业家精神、社会资本与OFDI地区差异分析》,载于《技术经济与管理研究》2016年第2期。

8. 李宏彬、李杏、姚先国等:《企业家的创业与创新精神对中国经济增长的影响》,载于《经济研究》2009年第10期。

9. 李杏:《企业家精神对中国经济增长的作用研究——基于SYS – GMM的实证研究》,载于《科研管理》2011年第1期。

10. 刘兴国、沈志渔:《区域创业比较:基于江苏样本企业的实证研究》,载于《产经评论》2012年第5期。

11. 沈军、白钦先:《中国金融体系效率与金融规模》,载于《数量经济技术经济研究》2013年第8期。

12. 孙善林、彭灿、杨红:《高管团队社会资本对企业开放式创新能力的影响研究——以资源获取与资源整合为中介变量》,载于《研究与发展管理》2017年第2期。

13. 万建香、汪寿阳:《社会资本与技术创新能否打破"资源诅咒"?——基于面板门槛效应的研究》,载于《经济研究》2016年第12期。

14. 熊彼特:《经济发展理论》,华夏出版社2015年版。

15. 严成樑:《社会资本、创新与长期经济增长》,载于《经济研究》2012年第11期。

16. 尹宗成、李向军:《金融发展与区域经济增长——基于企业家精神的视角》,载于《中央财经大学学报》2012年第11期。

17. 张军、吴桂英、张吉鹏:《中国省际物质资本存量估算:1952—2000》,载于《经济研究》2004年第10期。

18. 张维迎、盛斌:《论企业家:经济增长的国王》,三联书店2004年版。

19. 周瑾、景光正、随洪光:《社会资本如何提升了中国经济增长的质量?》,载于《经济科学》2018年第4期。

20. 庄子银:《创新、企业家活动配置与长期经济增长》,载于《经济研究》2007年第8期。

21. Adusei, Michael, 2016, "Does Entrepreneurship Promote Economic Growth in Africa?", *African Development Review*, Vol. 28, No. 2, pp. 201 – 214.

22. Audretsch, D. B., Thurik, A. R., 2001, "What is New about the New Economy: Sources of Growth in the Managed and Entrepreneurial Economics", *Industrial and Corporate Change*, Vol. 10, No. 1, pp. 267 – 315.

23. Bauernschuster, S., Falck, O., Heblich S., 2010, "Social Capital Access and Entrepreneurship", *Journal of Economic Behavior and Organization*, Vol. 76, No. 3, pp. 821 – 833.

24. Baumol, William, J., 1990, "Entrepreneurship: Productive, Unproductive, and Destructive", *Journal of Political Economy*, Vol. 98, No. 5, pp. 893 – 921.

25. Bramoulle, Y., Kranton, R., 2007, "Public Goods in Networks", *Journal of Economic Theory*, Vol. 135, No. 1, pp. 478 – 494.

26. Chitsazan, H., Bagheri, A., Yusefi, A., 2017, "Intellectual, Psychological, Social Capital and Business Innovation: The Moderating Effect of Organizational Culture", *Iranian Journal of Management Studies*, Vol. 10, No. 2, pp. 307 – 333.

27. Dastourian, B., Kesim, H. K., Amiri, N. S., et al., 2017, "Women entrepreneurship: effect of social capital, innovation and market knowledge", *AD – minister*, Vol. 30, pp. 115 – 130.

28. Granovetter, Mark, 1985, "Economic Action and Social Structure: The Problem of Embeddedness", *American Journal of Sociology*, Vol. 91, No. 3, pp. 481 – 510.

29. Ishise, H., Sawada, Y., 2009, "Aggregate Returns to Social Capital: Estimates Based on the Augmented – Solow Mode l", *Journal of Macroeconomics*, Vol. 31, No. 3, pp. 376 – 393.

30. Li, H., Yang, Z., Yao, X., et al., 2012, "Entrepreneurship, Private Economy and Growth: Evidence from China", *China Economic Review*, Vol. 23, No. 4, pp. 948 – 961.

Social Capital, Entrepreneurship and China's Economic Growth

ZHANG Weijie　DOU Chengqiang　HE Quqiong

(School of Economics, Dongbei University of Finance & Economics, 116025)

[**Abstract**] Deepening reforms in an all-round way is to stimulate the vitality of the market. The vitality of the market comes from people, especially from entrepreneurs and entrepreneurship. Social capital is critical to understanding the mechanisms by which entrepreneurship affects economic growth. This paper uses the panel data of 30 provincial administrative regions in China from 2000 to 2015 as a research sample to examine the impact of entrepreneurship and social capital on economic growth. On this basis, it further examines the economic growth effect when social capital affect entrepreneurship. The study found that entrepreneurship is an important factor affecting economic growth. Entrepreneurship can significantly promote economic growth; changes in social capital levels affect the positive correlation between entrepreneurship and economic growth. Social capital is an important channel to strengthen the role of entrepreneurship in promoting economic growth. The robustness test and the estimated results after dealing with endogenous problems still support the above conclusions. These results also provide empirical support for the Chinese government to stimulate and promote entrepreneurship and encourage the accumulation of social capital.

[**Key Words**] Entrepreneurship　Social Capital　Economic Growth

JEl Classifications: O12　M13

司法行政化与经济增长：
基于市场分割的视角*

> 於勇成 司海平 魏 建 咸 劲**

【摘 要】 以合同纠纷判决书不同当事人判决比构建衡量司法行政化程度的指标，研究发现，司法行政化与市场分割表现为正相关关系，司法行政化对经济增长的影响呈现出 U 形关系，研究样本中 93.5% 的省份可以通过降低司法行政化程度促进地方经济增长。除了直接影响经济增长外，司法行政化还与市场分割交互影响经济增长，当市场分割程度小于 5.12 时，降低司法行政化会促进经济增长，当市场分割程度大于 5.12 时，提高司法行政化会促进经济增长。

【关键词】 判决书 司法行政化 市场分割 司法改革 经济增长

中图分类号：**F061.3** 文献标识码：**A**

一、引 言

新制度经济学派强调法律和法律制度在经济发展中的核心作用，法律与经济发展的主流理论认为，良好的法律制度是经济发展的先行保障，有效实施的产权和契约法能够通过降低经济运行中的交易费用、提高企业家的可预测性，进而改善资源配置和提高经济效率（黄少安，2010）然而，改革开放以来中国经济高速发展的现状对上述观点提出了挑战。改革开放 40 年来，中

---

* 感谢国家社会科学基金项目（19BJY013）、国家社会科学基金项目（18BJY090）、国家社会科学基金项目（19CJL041）、中国博士后科学基金项目（2019M650944）对本文的资助。

** 於勇成，中泰证券股份有限公司博士后科研工作站、清华大学五道口金融学院联合培养博士后；地址：（250002）济南市经七路 86 号证券大厦 1902；E-mail：yuyc@ zts. com. cn。司海平（通讯作者），经济学博士（后），中国政法大学商学院讲师；魏建，山东大学经济研究院教授、博士生导师；咸劲，上海财经大学信息管理与工程学院博士研究生。

国完成了由计划经济向市场经济的过渡，创造了中国奇迹（李文军，2018）。但是，改革开放初期，中国司法体系有待完善，法律对产权的保护存在一定的不足。在这样的制度环境下，我国人均GDP增长率为何仍然连续多年超过8%？司法环境与经济增长之间究竟存在着怎样的关系？

上述问题成为法律与经济发展研究领域学者们关注的焦点之一。既有文献研究发现，财政分权改革和对外开放极大地释放了地方政府发展经济的积极性，为我国经济持续快速的发展增添了活力。作为一个幅员辽阔而且区域差异巨大的经济体，协调区域经济发展、建立统一的国内市场、有效合理地配置资源，是利用国内规模经济效应推动长期发展的有效途径（刘云中，2018）。但是，车嘉华和钱颖一（Che & Qian，1998）认为中国在法律体系尚不完善的环境下，能够保持经济高速增长主要取决于中国的地方市场保护。在财政分权改革的推动下，地方政府权力得以扩张，加强了对本地经济的保护，形成了长期存在的市场分割现象。

然而，不论是财政分权改革还是对外开放，都未必一定使地方政府实施市场分割策略。刘小勇（2012）认为市场分割的背后是司法的行政化，司法行政化的存在导致地方政府过度行使行政权，干预地方经济发展，造成不同程度的市场分割。市场分割又会扭曲经济运行机制，引发市场信号失灵，扰乱宏观经济稳定，导致社会资源错配，进而又扩大了区域经济差距（吕冰洋，2014）。目前，关于中国区域经济问题的研究越来越多，但是从法律经济学视角对区域经济发展进行系统性研究的文献仍然相对匮乏，对于中国区域经济发展的法律研究缺少一个相对清晰、完整的理论框架。本文以司法行政化为背景，以市场分割为视角，实证研究了司法行政化对经济发展的影响，为厘清法律环境与经济增长之间的关系以及探讨其中的内在机制提供了经验证据。

本文利用不同类型当事人在合同纠纷案中的判决比衡量地方司法行政化程度，从市场分割的角度研究了司法行政化与经济增长的关系。我们的研究一方面为我国20世纪80年代以来尚不完善的司法环境与经济增长并存的现象提供了部分解释，另一方面也为未来要提高司法独立性以保持经济增长可持续提供了新的证据。本文的主要贡献在于以下两个方面：第一，研究市场分割与中国区域经济发展的文献很多，但少有学者从法律制度视角展开研究。本文以司法行政为背景，系统地研究了司法行政化、市场分割与区域经济发展的关系。第二，关于中国司法行政化问题的研究，学者们多从制度安排等角度进行理论分析，缺乏能够反映司法行政化程度的指标，也缺少相关的实证研究。本文创新性地使用中国司法实践的微观数据，以不同类型当事人判决比的比值作为衡量司法行政化程度的指标进行实证研究。

本文的第二部分对相关文献进行综述并提出了理论假说，第三部分介绍了指标选取和模型设定,第四部分对实证研究结果进行分析讨论,最后是结论。

二、文献综述与理论假说

关于司法行政化,目前尚未形成严格统一的定义。张卫平(2000)认为,司法行政化是指司法机关(法院)在机构设置和日常工作等方面按照行政体制的机构设置和运行方式构建和运作,具体表现为机构设置方面实行上级领导下级,人员管理方面实行科层制管理,工作方面实行科层式审判制。周永坤(2014)认为司法行政化就是司法违背了司法规律,丧失了司法的内涵,被行政"格式化"了的现象。谢佑平(2005)从司法权的角度进行解释,他认为司法行政化是指司法权丧失了自身应有的终局性、独立性、被动性、中立性和公开性等属性,不能有效制约行政权,从而沦为附属于行政权的二级权力。虽然不同学者从不同角度对司法行政化的定义略有不同,但是针对我国司法行政化这一现象的存在性基本达成共识。我们认为,司法行政化是指由于体制、机制等原因,行政权力干预司法权力的违背司法独立性的现象。在司法体系尚不健全的制度环境中,司法行政化能够弥补一线司法能力之不足,在一定程度上提高司法效率。但是,随着司法体系的不断完善,司法行政化必然会损害办案质量,危及司法公信力,阻碍依法治国进程

司法权是制约行政权的重要力量,独立的司法权能够有效制约行政权,提高政府对产权保护和契约自由的重视程度。但是,改革开放初期,我国的市场经济体制尚处于建立和完善阶段,与市场经济体制相匹配的法律制度体系尚不完善(胡家勇等,2013)。一方面,财政分权赋予地方政府一定的自主权,改变了地方政府与中央政府的关系,有效释放了中央对地方经济的控制;另一方面,地方政府相对独立的控制权为界定和保护产权提供了承诺机制,在一定程度上弥补了正式法律制度的缺失,充分地调动了地方政府的积极性,极大地解放了地方生产力。

然而,在中国经济体制转轨的过程中,新旧体制的碰撞导致地方政府管理市场的行为较不规范,中央与地方转轨的不同步为地方市场分割创造了空间。在财政分权体制下,地方政府必须提高地方财政收入以提供公共产品与服务,为了推动本地经济的快速发展,地方政府有足够的动力实施市场分割的政策。但是,财政分权改革只是为地方政府实施市场分割提供了可能的"土壤",而地方政府实施市场分割政策的能力和机会更多受到法律制度的约束,只有在法律体系不完善、法律成本较低的情况下,地方政府才会真正实施市场分割的政策。因此,法律体系不完善和司法行政化安排导致的市场行

为规范不明确和司法不独立，可能是造成市场分割的深层次原因（刘小勇，2012）。根据以上分析，我们提出以下假说：

假说1：司法行政化正向影响市场分割。

在正式制度不完善的市场环境中，经济活动具有很高的不确定性，高昂的交易成本使得合同在经济活动中丧失其原本应有的作用。政府行为对财产权保护的替代机制的确能够保障经济活动有序进行，然而，该替代机制建立在行政权与司法权不平衡的基础之上，一方面表现为行政权对司法权的挤占，形成司法行政化现象；另一方面则导致上文所述的市场分割问题。拉波塔等（La Porta et al.，1998）以最高法院和行政法院的法官任期以及国家法律渊源作为衡量司法独立的指标，研究发现，在49个样本国家和地区中，司法独立水平的提高能够显著推动经济发展。菲尔德和福格特（Feld & Voigt，2003）发现在57个样本国家和地区中，司法部门的实际（de facto）独立性能够显著地促进经济增长，而司法部门的名义（de jure）独立性对经济增长的影响不显著。但是，衡量司法部门独立性的指标差异可能使不同的研究得出不同的结果。陈刚和李树（2013）将中国各省（区、市）高级人民法院院长的异地交流作为提高地方司法独立性的一个自然实验，通过实证研究间接证实了在处于经济转型期的中国，司法独立性的提高能够有效制约地方政府权力的过度扩张，不仅显著降低了地方市场分割程度，而且显著地推动了经济增长。张千帆（2004）认为法院通过司法程序纠正违法的立法行为或行政行为，能够真正保障公民的合法权益，这将为促进市场一体化和经济发展发挥关键的作用。司法行政化程度较高的地区通常具有较低的司法独立性，降低司法行政化程度，能够加强对产权和契约的保护，并在一定程度上降低交易成本，进而直接促进经济增长；降低司法行政化程度，也能通过改善市场环境，提高企业家对市场预期的稳定性，进而提高创新水平来间接促进经济增长。由此，我们提出以下假说：

假说2：司法行政化在一定程度上会抑制地方经济增长。

财政分权以及以GDP为中心的晋升锦标赛促使地方政府采取地方保护的方式来推动经济发展，司法行政化为地方政府实施市场分割提供了可能。张维迎和柯荣住（2002）以北京某基层法院的部分经济纠纷裁判文书为研究对象，发现国有企业的胜诉率高于私营企业和个人，本地当事人胜诉率高于外地当事人。龙小宁和王俊（2014）研究了1985年以来《最高人民法院公报》收录的所有知识产权案例，结果发现在一审案件中原告与法院所在地一致显著正向影响其胜诉情况，即本地当事人胜诉率显著高于外地当事人。贺欣和苏阳（He & Su，2013）对上海2 724例裁判文书的研究也发现了相似的现象。在中国司法行政化的体制安排下，地方政府除了使用行政力量干预经济外，也能通过对司法权的干预保护地方经济，形成司法地方保护主义现象。

当市场机制无法很好发挥作用的时候，地方政府倾向于通过市场分割来发展经济。车嘉华和钱颖一（Che & Qian，1998）通过对乡镇企业的研究证实了在合同执行得不到保障的情况下，与那些依靠正式法律制度的民营企业相比，乡镇企业能够获得更多的保护。因此，在地方政府的保护下乡镇企业快速发展，为中国经济高速持续增长提供了强力支撑。根据以上文献可知，司法行政化安排导致了司法地方保护主义，进而在一定程度上推动了地方经济增长。由此，我们提出以下假说：

假说3：司法行政化在一定程度上会促进地方经济增长。

然而，随着司法现代化建设和市场化进程的不断推进，司法行政化运行模式的弊端逐渐凸显。司法行政化削弱了司法权的权能，对市场造成过度的管制和干预，导致较为严重的市场分割。陆铭和陈钊（2009）认为市场分割对经济增长的影响是非线性的，当市场分割程度较低时，提高市场分割程度能够促进经济增长，当市场分割程度超过某一水平后，其将阻碍经济增长。初立苹和刘兵勇（2015）指出我国各地区的司法环境存在较大差异，因此在同一法律体系下，对不同地区而言，司法行政化与经济增长的关系可能也是不一致的。由此可知，司法行政化与经济增长之间的关系可能并不是简单的促进或者阻碍的线性关系，而表现为一个非线性关系。因此，我们提出以下假说：

假说4：司法行政化与经济增长之间呈现非线性关系。

三、模型设定和变量选择

（一）模型设定

为了研究司法行政化与市场分割的关系，根据现有文献，我们引入多个可能影响市场分割的因素，设置如下形式的面板数据计量模型：

$$seg_{it} = \alpha + \beta \cdot admin_{it-1} + \sum \gamma_i \cdot X_{it} + \alpha_i + \varepsilon_{it} \tag{1}$$

式（1）中的下标 i 和 t 分别表示省份和年份，其中，admin 是表示司法行政化的解释变量；seg 是表示市场分割程度的指标；X 是模型中可能存在的其他影响因素。

本文使用价格指数法测度市场分割程度，该方法需要三维面板数据（t×p×c），其中 t 代表时间，p 代表地区，c 代表商品，我们从《中国统计年鉴》搜集了2006~2015年10年间全国31个省份的13类商品价格指数，包括粮食类商品、服装鞋帽类商品、纺织品类商品、家用电器及音像器材类商品、文化办公用品类商品、日用品类商品、体育娱乐用品类商品、交通通信用品类商品、家具类商品、中西药品及医疗保健用品类商品、书报杂志及电子出版物类商品、燃料类商品、建筑材料及五金电料类商品（陈敏等，2007；范子英和张军，2010）。与陈敏等（2007）不同，我们不仅仅计算了某一省份与相邻地区的相对价格方差，还考虑了该省份与全国其他所有地区的相对价格方差。因为我们认为在国内的区域贸易中，一个省份对相邻地区设置贸易壁垒，自然也会对其他地区设置壁垒，所以即使不相邻，两个地区也可能存在市场分割。我们构造了10年间465对省份共4 650（10×465）个相对价格方差数据，该方差在每一个省份构成时间序列数据，有利于直接观察价格波动随时间推进发生的变化情况，进而检验市场分割程度的变化趋势。

由图1可以看出，各个地区的市场分割程度变化各异，特别需要注意的是，福建、广东、海南、天津等地的市场分割指数在2010年前后均出现一个

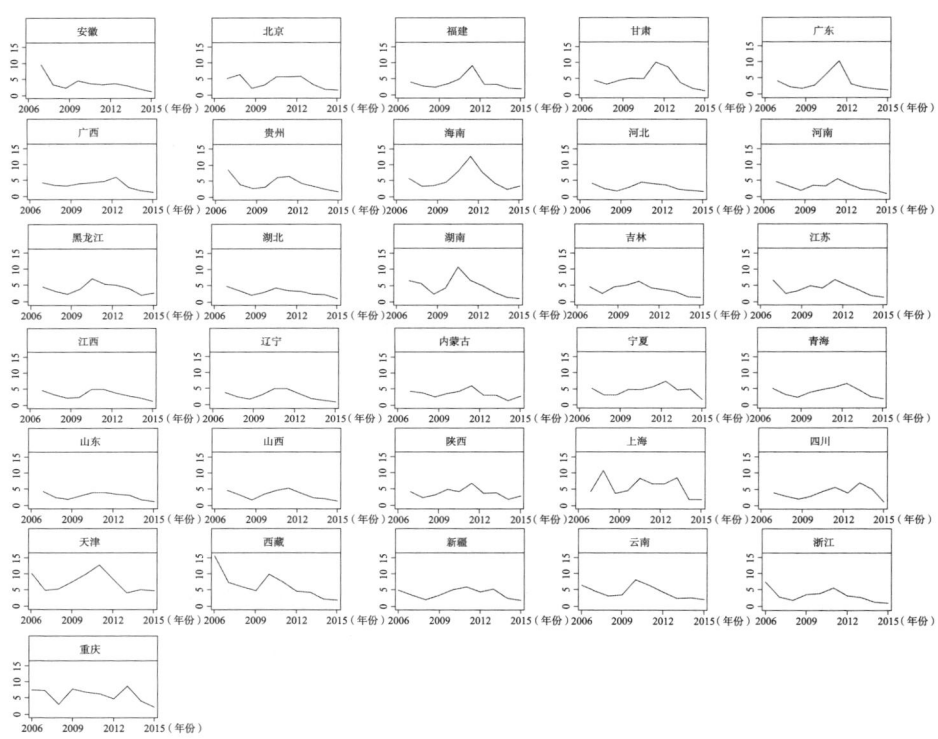

图1　2006~2015年各省份市场分割程度

注：为了使图片更加简洁，同时与下文实证部分数值保持一致，图中市场分割指标已放大10 000倍。

资料来源：任志成、张二震、吕凯波：《贸易开放、财政分权与国内市场分割》，载于《经济学动态》2014年第12期。

非常明显的高峰，这很可能是因为这些沿海地区的对外贸易水平较高，受2008年国际金融危机的严重冲击，国际贸易量大幅下降，商品市场价格出现较大波动所致。但就总体而言，几乎所有地区的市场分割指数最后都表现出下降的趋势。

为了进一步研究司法行政化与经济增长的关系，我们借鉴巴罗（Barro）关于经济增长的实证模型，将司法行政化、市场分割、物质资本、人力资本、技术进步速度和初始技术水平等变量引入其中，模型的基本形式如下：

$$\ln\_gdppc_{it} = c + \delta \cdot admin_{it-1} + \sum \theta_i \cdot Z_{it} + \rho_i + \mu_{it} \qquad (2)$$

因为经济增长是一个长期的过程，不适合使用表示波动率的增长率指标，所以我们选择人均GDP作为衡量经济增长的指标，ln_gdppc是人均GDP的对数，Z是模型中可能存在的其他影响因素。

（二）变量选择

1. 解释变量

模型右边是可能影响经济增长的各个变量，其中，admin是主要解释变量，本文使用Openlaw网站数据库，随机抽取各省份2014年合同纠纷一审判决书100例，共计3 100例。通过全文阅读，我们人工提取了包括案件合同类型、受理法院、法院所在地、当事人类型、当事人所在地、原告诉求、诉讼费用、法院判决等信息。之所以研究合同纠纷案件，是因为合同是提高经济效益的手段和维护社会经济秩序的纽带。随着经济社会的不断发展，合同纠纷案不断发生，处理好此类案件，能够为经济社会的高效运行提供强力保障，而且按照统一标准解决合同纠纷是保障全国市场统一的基本要求，是促进市场一体化、减少市场分割的基本前提。为了缓解模型的内生性问题带来的影响，我们对admin取滞后一期的数据。

当事人主要分为行政单位、国有企业、民营企业、个人四种类型，剔除当事人为其他类型的样本。根据当事人与政治核心距离的远近，将其分为两大类，一类是距离政治核心较近的体制内当事人，包括行政单位和国有企业，另一类是距离相对较远的体制外当事人，包括民营企业和个人。由于在合同纠纷案件中，绝大多数原告都请求法院判令被告支付一定数额的货币，所以文中计算了判决比，即用法院的判决金额除以原告的诉求金额，使用该指标来衡量原告诉求的实现程度。最后，用体制内当事人的平均判决比除以体制外当事人的平均判决比来衡量一个地方的司法行政化程度，如图2所示。

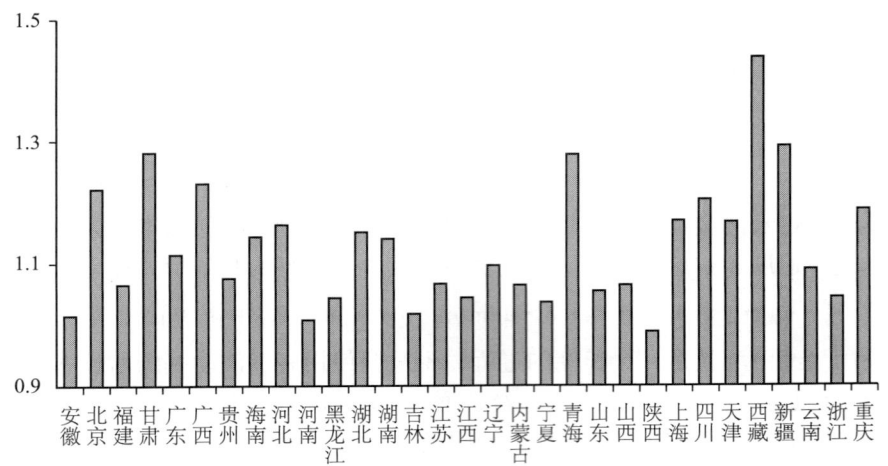

图 2　各地区司法行政化程度

$$司法行政化（admin）= \frac{体制内当事人平均判决比}{体制外当事人平均判决比} \qquad (3)$$

在司法行政化背景下，我国地方法院成为一个开放的组织机构，由于人事组织与财政方面的原因，其难以克服地方政府等外部因素的影响。同时，法院内部的行政化安排使其集权式结构更加明显，导致法官审判过程的不独立，使得判决结果又受到法院内部因素的影响。在这种司法背景下，诉讼参与人越接近政治核心，其资源调动能力越强，最终在诉讼博弈中获得有利判决的可能性越大。所以，体制内当事人的诉讼判决比越高，体制外当事人的诉讼判决比越低，反映一个地区的司法行政化程度越高①。

just 表示司法透明度，govern 表示政府透明度。本文使用《法治蓝皮书》系列报告 2011～2015 年的司法透明度指数，从司法公开的角度来间接衡量司法行政化程度。该指标由中国社会科学院法学研究所法治指数创新工程项目组对 31 个省份的高级人民法院在审务公开、立案庭审公开、判决公开、执行信息公开等方面工作的公开程度进行量化评估所得。司法透明度越大说明地方司法部门工作透明度越高，所受到的监督越规范，则审判法官受到外界行政干预的可能性越小，在一定程度上能够表明该地区的司法行政化程度越低。使用《法治蓝皮书》系列报告 2011～2015 年的政府透明度指数，从政务公开的角度间接衡量司法行政化程度，政府透明度越高，政府行使行政权力越容易被司法部门监督，其对司法部门的干预越少，则司法行政化程度越低。

---

① 这里没有选取诉讼当事人的胜诉率之比衡量司法行政化程度，是因为在合同纠纷案件中，绝大多数原告都请求法院判令被告支付一定数额的货币（或者要求被告满足原告的具体诉求），判决比能够相对更为准确的衡量原告诉求的实现程度。

2. 控制变量

Z 表示除司法行政化外其他可能影响经济增长的变量，原始数据分别来自 2006~2015 年《中国统计年鉴》《中国劳动统计年鉴》《中国工业统计年鉴》等系列报告，样本包含 31 个省份。根据传统经济增长理论，我们在模型中引入了一系列控制变量。

（1）物质资本。常用的指标有人均固定资本形成额、人均固定资产投资、人均物质资本存量等，本文借鉴张军等（2004）、李成友等（2018）估算省际物质资本存量的方法求得人均物质资本存量：

$$K_{it}(物质资本存量) = K_{it-1} \times (1-\delta) + I_{it} \quad (4)$$

$$人均物质资本存量（pk）= \frac{物质资本存量}{年末常住人口总数} \quad (5)$$

其中，我们用各地区 2001 年的固定资本形成总额除以 10% 作为该地区的初始资本存量；经济折旧率 δ 按照张军等（2004）求得的 9.6% 计算；当年投资 I_{it} 用固定资本形成总额表示，在这里我们按照张军等（2004）的方法使用固定资产投资价格指数平减各年固定资本形成总额，将其折算成以 2001 年不变价格表示的实际投资值。ln_pk 是人均物质资本存量的对数。

（2）人力资本。人力资本存量的计算方法主要有成本法、收入法和教育法。虽然成本法和收入法的理论基础较为坚实，但是由于计算复杂而且部分参数选择具有很大的主观性，所以在实证研究中应用较少。教育法用劳动力受教育程度来反映人力资本存量，现有研究使用最多的是平均受教育年限这一指标（李成友等，2018）。但是，刘智勇等（2008）研究发现"初等教育"不能通过最终产品生产或技术创新促进经济增长，"中等教育"能通过上述两种途径促进经济增长；而"高等教育"主要通过技术创新促进经济增长，且其对技术创新的促进作用大于"中等教育"。因此本文使用高等教育人数衡量一个地区的人力资本存量水平。ln_hr 是人均人力资本存量的对数。

$$人均人力资本存量（hr）= \frac{大专及以上人口数}{年末常住人口总数} \quad (6)$$

（3）技术创新。传统经济增长理论认为，经济持续增长的动力源于技术创新，考察技术创新在一个地区经济发展中的作用以及变化趋势，有利于调整该地区的经济发展方式，刺激实体经济发展，进而维持整体经济长期稳定的增长。我们采取初始技术水平（lev）、技术进步速度（tech）两个指标从不同的角度考察技术创新对经济增长的影响。

本文借鉴范子英和张军（2010）的方法，使用某一地区的人均 GDP 占全国人均 GDP 的比重来衡量该地区的初始技术水平。该指标反映地区经济发展水平的差距以及其在全国经济中所处的位置。本文使用每万人专利授权数来衡量一个地区的技术进步速度。

$$\text{初始技术水平 (lev)} = \frac{\text{人均 GDP}}{\text{全国人均 GDP}} \times 100\% \quad (7)$$

$$\text{技术进步速度 (tech)} = \text{每万人专利授权数} \quad (8)$$

（4）财政分权。在现有研究中，通常使用地方财政收支占中央财政收支的比重来测度财政分权，该指标数值越大说明财政分权程度越高。本文采用文献中使用较多的财政支出分权指标，为了剔除人口因素的影响，我们用人均地方财政支出占人均地方财政支出与人均中央财政支出之和的比重衡量财政分权程度。

$$\text{财政分权 (fd)} = \frac{\text{人均地区一般预算支出}}{\text{人均地区一般预算支出} + \text{人均中央财政支出}} \times 100\% \quad (9)$$

（5）对外开放，即对外贸易依存度。本文使用进出口总额占地区生产总值（GDP）的比重来衡量。随着经济全球化的推进，对外开放水平不断提高，这将成为拉动地区经济增长的强劲动力。

$$\text{对外开放 (open)} = \frac{\text{进出口总额}}{\text{地区生产总值（地区 GDP）}} \times 100\% \quad (10)$$

（6）政府消费。本文使用政府消费支出占地区生产总值的比重来衡量地方政府的消费需求。该指标越大，说明相对于经济活动总量来说，地方政府的消费支出越大，表明地方政府提供公共产品和服务的压力越大。

$$\text{政府消费 (govex)} = \frac{\text{政府消费支出}}{\text{地区生产总值（地区 GDP）}} \times 100\% \quad (11)$$

（7）贸易壁垒。地方政府实施市场分割的主要体现是设置贸易壁垒，在经济发展现阶段，贸易壁垒的形式和手段越来越多样而且隐蔽，这将导致难以直接测量贸易壁垒。本文借鉴胡向婷和张璐（2005）的方法，从地方政府设置贸易壁垒的直接目的出发，采用企业所得税占地方一般预算收入的比重来衡量地方政府设置的贸易壁垒。

$$\text{贸易壁垒 (barr)} = \frac{\text{企业所得税}}{\text{地区一般预算收入}} \times 100\% \quad (12)$$

（8）中央转移支付。本文使用各个地区获得的中央补助收入占地方一般预算支出的比重来表示中央转移支付。

$$\text{中央转移支付 (tran)} = \frac{\text{中央补助收入}}{\text{地区一般预算支出}} \times 100\% \quad (13)$$

（9）市场化水平。陈敏等（2007）认为地方政府的就业压力直接与经济的国有化程度有关，他们使用国有企业职工人数占总职工人数的比重来衡量国有化程度，进而间接表示经济的市场化水平。随着市场一体化的不断推进，国有经济占比不断下降，因此本文使用民营企业及个体就业人数占城镇就业人员总数的比重来直接衡量地方经济的市场化水平。

$$\text{市场化水平 (mar)} = \frac{\text{民营企业及个体就业人数}}{\text{城镇就业人员总数}} \times 100\% \quad (14)$$

(10) 交通网密度。目前国内货物运输的主要方式是公路运输和铁路运输，因此本文使用公路网密度与铁路网密度的加权平均来衡量交易成本，权重分别为各自货运量所占的份额。该指标越大，说明交通网密度越大，运输成本越小。

$$交通网密度（traf）= \frac{公路运输里程}{辖区面积} \times 公路货运量份额 + \frac{铁路运输里程}{辖区面积}$$
$$\times 铁路货运量份额 \qquad (15)$$

关于式（1），我们预测司法行政化程度、财政分权、对外开放、政府消费、贸易壁垒等变量正向影响市场分割指数，其他控制变量均负向影响市场分割指数。关于式（2），我们预测司法行政程度和财政分权两个变量负向影响人均GDP，其他控制变量均正向影响人均GDP。各变量统计性描述，如表1所示。

表1　　　　　　各变量统计性描述

变量名称	变量简称	样本量	平均值	标准差	最小值	最大值
市场分割指数	seg	310	4.152	2.131	1.028	15.466
人均GDP	ln_gdppc	310	10.05	0.702	8.190	11.564
司法行政化程度	admin	31	1.126	0.103	0.987	1.436
司法透明度	just	145	0.488	0.183	0.245	0.849
政府透明度	govern	145	0.588	0.104	0.365	0.8034
人均物质资本存量	ln_pk	310	1.282	0.506	0.367	2.523
人均人力资本存量	ln_hr	310	6.587	0.571	4.304	8.084
初始技术水平	lev	310	110.970	65.366	33.7	442.9
技术进步速度	tech	310	3.949	6.396	0.06	36.8
财政分权	fd	310	81.421	8.503	56.4	95.8
对外开放	open	310	33.674	41.625	3.6	172.1
政府消费	govex	310	15.855	6.252	8.2	49.8
贸易壁垒	barr	310	10.424	3.896	4.0	27.1
中央转移支付	tran	310	52.337	19.549	11.8	104.2
市场化水平	mar	310	40.486	9.754	16.5	63.8
交通网密度	traf	310	0.537	0.356	0.029	1.47

四、实证结果分析

(一) 从司法实体视角初步研究司法行政化、市场分割与经济增长的关系

根据基本回归模型式（1），我们首先使用 OLS 方法研究司法行政化对市场分割的影响。表 2 第（1）列结果显示，司法行政化变量的回归系数在 10% 水平上显著为正，这与我们的预期一致，说明一个地区司法行政化程度越高，司法权力对行政权力的约束相对较小，则地方政府更易于实施市场分割政策。由表 2 第（2）列可以看出，在引入司法行政化变量的二次项后，原变量及其二次项均不显著，说明司法行政化对市场分割程度的影响可能是简单的线性关系，而不是 U 形或倒 U 形的关系。由此初步认为假说 1 成立。财政分权在 1% 显著性水平上正向影响市场分割，这说明地方政府的财政权力越大，其越有动机和能力实施市场分割政策。对外开放影响虽然不显著，但其变量符号与我们预期一致，这一结果与陆铭和陈钊（2009）关于经济开发加剧地方保护的观点相吻合。

初始技术水平、技术进步速度和交通网密度三个变量的回归系数符号均与预期一致，即初始技术水平越高、技术进步速度越快、交易成本越低（交通网密度越高），则市场分割程度越小。但是，除了初始技术水平外，其他两个变量在 10% 水平内均不显著。技术进步速度变量不显著很可能是由多种原因造成的。首先，从指标选取角度考虑，技术进步速度和初始技术水平这两个变量很难真正区分开，陈敏等（2007）、范子英和张军（2010）使用省人均 GDP 占比一类的指标表示技术差距，而任志成等（2014）使用每万人专利授权量占比表示技术差距，他们均没有区分初始技术水平和技术进步速度，本文使用的这两个代理指标可能表示相同的经济含义。其次，技术进步速度对市场分割的影响可能需要一定的时间，而本文使用的截面数据不能反映时间效应，导致回归结果没有发现其对市场分割程度的影响。

政府消费和贸易壁垒两个变量的估计系数与我们预期一致，均能够显著提高市场分割程度。中央转移支付变量的估计系数符号与我们预期相反，即中央转移支付在重新分配财富的过程中，并没有发挥抑制市场分割的作用。这与范子英和张军（2007）的理论和实证结果不同，其中可能有两方面原因。第一，在当前的发展阶段，中央转移支付占比已经不能代表改革开放初期所说的财政分权程度。第二，作为财富再分配的一种方式，中央转移支付

对地方政府形成了一种创收的激励,中央转移支付较多的省份通常经济发展比较落后,这些省份以市场分割为威胁,达到长期接受中央政府补助的目的。

随后,根据基本回归模型式(2),我们使用OLS方法,从司法实体的视角研究司法行政化与经济增长的关系。表2第(3)列结果显示,司法行政化变量的系数在5%的水平上显著抑制经济增长,这与传统的法律与经济发展的理论观点是相一致的,司法行政化程度越高,司法环境越差,越不利于经济增长。为了进一步研究司法行政化与经济增长是否为简单的线性关系,我们在模型中引入司法行政化变量的二次项。表2第(4)列结果显示,司法行政化变量的回归系数为负,而其二次项系数为正,两个系数均在5%的水平上显著,这意味着,司法行政化与经济增长之间呈现出正U形的关系,在司法行政化程度较高时,整体司法环境较差,提高司法行政化程度将有利于经济增长,而当司法行政化程度低于某一临界值后,改善司法环境、降低司法行政化程度将对地方经济增长起到促进作用。除技术进步速度和财政分权两个变量的系数符合与预期不一致外,其他控制变量的系数符合均与预期一致。根据回归系数容易求得,上述转折点出现在司法行政化程度为1.281的时候,在31个样本省份中,共有29个省份的司法行政化程度小于这一转折点,也就是说就研究样本而言,93.5%的省份司法环境处于一个比较好的状况,降低司法行政化程度有利于促进地方经济增长。由此初步认为,假说2和假说3不成立,假说4成立。

表2　　司法行政化与市场分割及经济增长的关系

解释变量	seg		ln_gdppc	
	(1)	(2)	(3)	(4)
admin	3.3091 * (1.7726)	15.8444 (20.4782)	-0.3044 ** (0.1252)	-3.1627 ** (0.6969)
$admin^2$		5.9296 (17.4622)		1.2345 ** (0.4905)
fd	0.2761 *** (0.0598)	0.2763 *** (0.0610)	0.0005 (0.0046)	-0.0007 (0.0049)
open	0.0122 (0.0133)	0.0124 (0.0145)	0.0002 (0.0011)	0.0004 (0.0011)
lev	-0.0557 ** (0.0268)	-0.0553 * (0.0303)	0.0086 *** (0.0009)	0.0086 *** (0.0009)
tech	-0.0043 (0.0287)	-0.0040 (0.0274)	0.0023 (0.0025)	-0.0029 (0.0027)

续表

解释变量	seg		ln_gdppc	
	(1)	(2)	(3)	(4)
govex	0.0853 ** (0.0376)	0.0871 ** (0.0386)		
barr	0.0768 * (0.0499)	0.0763 * (0.0446)		
tran	0.2317 ** (0.1039)	0.2319 ** (0.1021)		
mar	-0.0027 (0.0192)	-0.0035 (0.0207)		
traf	-0.3165 (0.4568)	-0.3170 (0.4709)		
ln_pk			0.0016 * (0.0009)	0.0037 (0.0034)
ln_hr			0.0013 (0.0075)	0.0020 (0.0074)
常数项	-12.0436 *** (4.6532)	-12.3125 *** (4.5367)	10.2846 *** (0.3562)	11.9751 *** (1.9218)
样本量	31	31	31	31
R-squared	0.7648	0.7596	0.9753	0.9762

注：括号内的数值为标准误；*、**、*** 分别表示在10%、5%、1%水平上显著。

上述发现能够在一定程度上解释为什么在法律制度相对不健全的情况下中国经济能够持续快速发展。然而，随着法律在保护产权和契约方面发挥的作用越来越大，降低司法行政化程度将有利于地方经济发展。

（二）从司法程序视角研究司法行政化与经济增长的关系

上文从司法实体的角度初步研究了司法行政化与市场分割和经济增长之间的关系，下面我们从司法程序的角度着手，分别使用司法透明度和政府透明度两个指标间接衡量司法行政化程度，重点研究司法行政化与经济增长之间的关系。

1. 从司法公开视角研究司法行政化与经济增长的关系

根据基本模型式（2），我们首先使用混合回归、随机效应回归和固定效应回归方法分别对表3第（1）至第（3）列进行分析。表3第（1）列为混合回归结果,由于把各个地区不同时期的数据混合在一起,该回归结果掩盖了各个地区的异质性,这明显不符合实际情况;而且,从理论上分析,将各个地区的个性特征放在误差项中回归出来的结果是有偏的。如果各个地区之间不存在异质性,此处由混合回归方法得到的估计系数显示,司法透明度在1%的显著性水平上促进了经济增长,但是,我们通过F检验拒绝了混合回归模型。

表3　　司法透明度与经济增长的关系

解释变量	(1)	(2)	(3)	(4)	(5)	(6)
just	0.1851*** (0.0461)	0.0876* (0.0495)	0.0580** (0.0228)	0.0652** (0.0304)	−0.1475* (0.0877)	−0.0936*** (0.0025)
just^2					0.2297** (0.0909)	0.1769** (0.0790)
ln_pk	0.4638*** (0.0702)	0.9723*** (0.1383)	1.4993*** (0.1584)	1.5044*** (0.1543)	1.4792*** (0.1506)	1.4886*** (0.1524)
ln_hr	0.0429* (0.0298)	0.0735* (0.0390)	0.0459* (0.0296)	0.0495* (0.0230)	0.0452* (0.0268)	0.0487* (0.0286)
tech	0.0019 (0.0016)	0.0089*** (0.0033)	0.0080*** (0.0023)	0.0052* (0.0030)	0.0076* (0.0040)	0.0048* (0.0028)
lev	0.0051*** (0.0008)	0.0008 (0.0016)	0.0049*** (0.0014)	0.0047** (0.0024)	0.0039* (0.0022)	0.0035** (0.0017)
fd	−0.0135*** (0.0043)	−0.0108 (0.0096)	0.0341** (0.0133)	0.0402** (0.0157)	0.0367* (0.0193)	0.0418** (0.0157)
open	−0.0015** (0.0006)	−0.0026* (0.0013)	−0.0036 (0.0027)	0.0036 (0.0046)	−0.0027 (0.0028)	0.0038 (0.0046)
open^2				−0.0002* (0.0000)		−0.0001* (0.0000)
常数项	10.2547*** (0.3193)	9.5917*** (0.7507)	4.8909*** (1.4696)	4.1365*** (1.0999)	4.8763*** (1.4380)	4.1754*** (1.0991)
样本量	114	114	114	114	114	114
R-squared	0.9400	0.7998	0.8892	0.9070	0.8954	0.9107

注:括号内的数值为标准误;*、**、***分别表示在10%、5%、1%水平上显著。第(1)列为混合回归模型,第(2)列为随机效应回归模型,第(3)至第(6)列为固定效应回归模型。

我们使用Hausman检验方法对表3第(2)和第(3)列的随机效应模型和固定效应模型进行检验,结果均拒绝随机效应模型,因此本文最终选择固定效应估计方法进行回归分析。表3第（3）列结果显示，司法透明度变量的系数在5%的显著性水平上促进经济增长，这与上文的回归结果是一致的。人均物质资本存量的系数在1%的水平下显著为正，这表明从全国范围来看，以投资拉动经济增长的发展模式仍然发挥一定的作用，依靠物质资本的投入仍然是推动地区经济增长的动力之一。人力资本存量系数在10%水平上显著为正，说明高端人才的集聚能够推动经济增长。

初始技术水平和技术进步速度与经济增长的关系在1%水平上显著，且表现为正向关系，这一结果在一定程度上验证了苏治和徐淑丹（2015）关于技术创新能够有效促进经济增长的观点。财政分权变量在5%的显著性水平上促进经济增长，李国璋和刘津汝（2010）指出财政分权赋予了地方政府更多的经济和财政实力，提高了资源配置效率，促进了中国经济增长。但是不能否认，分权改革在一定程度上扭曲了市场环境，为经济增长带来了负面影响。

对外开放变量的系数为负，可能是因为对外贸易的发展加剧了国内市场的竞争，但是又由于全国各区域发展不均衡，导致各地区受对外开放政策的影响程度各不相同，所以在全国样本中该变量的系数并不显著。另外，宋冬林等（2014）研究发现对外开放对经济增长的影响呈现出倒U形关系，因此我们在表3第（4）列中引入了对外开放变量的二次项，结果证实了对外开放与经济增长呈倒U形关系，但是其他部分变量的显著性水平有所下降。

为了进一步研究司法行政化影响经济增长的机制，我们在模型中引入司法透明度变量的二次项。表3第（5）和第（6）列结果显示，司法透明度指标的系数为负，而其二次项系数为正，两个系数均显著，表明司法透明度与经济增长之间的关系表现为U形，在司法透明度水平较低时，提高司法透明度将不利于经济增长，而当司法透明度水平超过某一临界值后，其对地方经济增长将起到促进作用。根据回归系数容易求得，在第（5）和第（6）列中上述转折点分别出现在司法透明度指数为0.3211和0.2646的时候，在114个样本中，分别有97个和101个观察点的司法透明度指数大于转折点，这一发现与上文从司法实体视角研究的结果基本一致，进一步对假说4进行了验证。

实际上，我们更关心的是在市场分割程度不同的地区，司法行政化对经济增长的影响将会发生怎样的变化？因此，我们在模型中分别引入了市场分割变量、司法行政化与市场分割的交互项以及司法行政化的二次项与市场分割的交互项。表4第（1）至第（5）列结果显示，在除了第（4）列之外的其他所有模型中，司法透明度及其二次项系数均至少在10%的水平上显著，进一步验证了司法透明度与经济增长的U形关系。表4第（1）列单独引入市场分割变量时，该变量系数在1%的水平上显著为负，说明就总体样本而言，市场分割不利于经济增长。

表 4　　司法透明度和市场分割对经济增长的影响

解释变量	(1)	(2)	(3)	(4)	(5)
just	0.0519 * (0.0302)	-0.1205 * (0.0606)	0.1163 ** (0.0509)	-0.0480 (0.0625)	-0.0948 * (0.0454)
$just^2$		0.1918 ** (0.0707)		0.1628 ** (0.0628)	0.2110 ** (0.0953)
seg	-0.0128 *** (0.0030)	-0.0130 *** (0.0033)	-0.0019 (0.0072)	-0.0052 (0.0064)	-0.0084 (0.0052)
just × seg			-0.0227 * (0.0123)	-0.0164 * (0.0095)	
$just^2$ × seg					-0.0180 * (0.0087)
ln_pk	1.3014 *** (0.1575)	1.2798 *** (0.1555)	1.2938 *** (0.1580)	1.2777 *** (0.1559)	1.2789 *** (0.1072)
ln_hr	0.0313 (0.0282)	0.0301 (0.0301)	0.0337 (0.0266)	0.0320 (0.0287)	0.0313 (0.0356)
tech	0.0055 * (0.0030)	0.0050 * (0.0027)	0.0062 * (0.0034)	0.0055 * (0.0033)	0.0056 ** (0.0023)
lev	0.0045 * (0.0024)	0.0042 * (0.0026)	0.0042 * (0.0025)	0.0032 (0.0023)	0.0032 * (0.0019)
fd	0.0396 *** (0.0132)	0.0413 *** (0.0132)	0.0405 *** (0.0138)	0.0417 *** (0.0136)	0.0415 *** (0.0110)
open	0.0034 (0.0041)	0.0037 (0.0040)	0.0035 (0.0039)	0.0037 (0.0039)	0.0037 * (0.0020)
$open^2$	-0.0001 * (0.0000)	-0.0001 * (0.0000)	-0.0001 * (0.0000)	-0.0000 (0.0000)	-0.0001 ** (0.0000)
常数项	4.6475 *** (0.9738)	4.7008 *** (0.9778)	4.5510 *** (1.0242)	4.6231 *** (1.0140)	4.6488 *** (0.9094)
样本量	114	114	114	114	114
R-squared	0.9219	0.9262	0.9246	0.9275	0.9276

注：括号内的数值为标准误；*、**、*** 分别表示在 10%、5%、1% 水平上显著。

在表 4 第（3）至第（5）列中，虽然市场分割变量的系数不再显著，但是其与司法透明度及其二次项的交互项系数均显著为负。在表 4 第（3）列中,司法透明度对经济增长的影响可写作:$\partial \ln\_gdppc / \partial just = r_1 + r_4 \times seg$,其中 r_1 是司法透明度变量的估计系数,r_4 是司法透明度与市场分割交互项的估计系数。由此我们将司法行政化对经济增长的影响分为直接影响和交互影响两个部分。直接影响就是其自身对经济增长的影响,即 r_1;交互影响与市场分割程度有关,随着市场分割程度的变化而变化,即 $r_4 \times seg$。

从表 4 第(3)列可以直观地看出,司法透明度提高 1 单位,人均 GDP 约提高 11.63 个百分点;但是另一方面,在司法透明度不变的情况下,市场分割程度提高 1 单位,司法透明度对经济增长的促进作用会减弱 2.27 个百分点,即人均 GDP 增长率提高 9.36 个百分点。进一步分析可知,当市场分割程度小于 5.12 时[1],提高司法透明度能够促进经济增长,即降低司法行政化促进经济增长;当市场分割程度大于 5.12 时,提高司法透明度会抑制经济增长,即提高司法行政化会促进经济增长。在 114 个样本中,共有 105 个观察点的市场分割程度小于该转折点,也就是在超过 92% 的样本中,提高司法透明度有利于经济增长。

在表 4 第(4)列中,司法透明度二次项和市场分割变量与司法透明度变量的交互项系数均显著,说明司法透明度对经济增长的 U 形影响仍然成立,其转折点发生在司法透明度取值为 0.1474 时的点,而样本中所有观察点的司法透明度水平均高于这一水平,说明就样本观察点而言,提高司法透明度均能够促进地方经济增长。而且,在司法透明度不变的情况下,市场分割程度每提高 1 单位,司法透明度对经济增长的促进作用会减弱 1.64 个百分点。在表 4 第(5)列中,司法透明度变量的一次项、二次项以及其二次项与市场分割的交互项的系数均显著,说明上述司法透明度与市场分割对经济增长的交互影响关系仍然成立。

2. 从行政公开视角研究司法行政化对经济增长的影响

上文从司法公开的视角研究了司法行政化对经济增长的影响,现在从行政公开的角度使用政府透明度指数对上文的实证结果做进一步的检验。回归结果见表 5,从整体结果来看,部分变量的系数大小及其显著性水平有所下降,但是系数符号均未发生改变,且重要的解释变量及交互项至少在 10% 的水平上显著,这表明上文的实证结果仍然成立。

表 5　政府透明度与市场分割对经济增长的影响

解释变量	(1)	(2)	(3)	(4)	(5)	(6)	(7)
govern	0.1199** (0.0486)	0.1257*** (0.0433)	0.1846*** (0.0575)	-0.4458** (0.2097)	-0.4778** (0.2026)	-0.3560 (0.3095)	-0.4187 (0.3078)

---

[1] 令 $\partial \ln\_gdppc / \partial just = 0.1163 + 0.022 \times seg$,可以求得 $seg \approx 5.12$。

续表

解释变量	(1)	(2)	(3)	(4)	(5)	(6)	(7)
$govern^2$				0.4788* (0.2447)	0.5108** (0.2382)	0.4438* (0.2345)	0.4913* (0.2477)
seg		-0.0138*** (0.0030)	-0.0028* (0.0012)		-0.0140*** (0.0030)	-0.0019* (0.0009)	-0.0087* (0.0038)
govern×seg			-0.0283* (0.0123)			-0.0204* (0.0118)	
$govern^2$×seg							-0.0149 (0.0092)
ln_pk	1.4751*** (0.1500)	1.2266*** (0.1522)	1.2489*** (0.1497)	1.4493*** (0.1484)	1.1971*** (0.1539)	1.2171*** (0.1517)	1.2148*** (0.1516)
ln_hr	0.0430 (0.0289)	0.0258 (0.0273)	0.0291 (0.0278)	0.0421 (0.0286)	0.0246 (0.0275)	0.0272 (0.0281)	0.0268 (0.0282)
tech	0.0051 (0.0030)	0.0053* (0.0029)	0.0053* (0.0030)	0.0057 (0.0033)	0.0059* (0.0030)	0.0059* (0.0030)	0.0059* (0.0030)
lev	0.0033 (0.0026)	0.0033 (0.0023)	0.0032 (0.0023)	0.0034 (0.0026)	0.0033 (0.0023)	0.0033 (0.0023)	0.0033 (0.0023)
fd	0.0399** (0.0161)	0.0410*** (0.0130)	0.0409*** (0.0128)	0.0377** (0.0165)	0.0386*** (0.0131)	0.0389*** (0.0130)	0.0388*** (0.0130)
open	0.0042 (0.0046)	0.0041 (0.0041)	0.0040 (0.0039)	0.0040 (0.0045)	0.0039 (0.0039)	0.0038 (0.0038)	0.0038 (0.0038)
$open^2$	-0.0000** (0.0000)	-0.0000** (0.0000)	-0.0000* (0.0000)	-0.0000* (0.0000)	-0.0000* (0.0000)	-0.0000* (0.0000)	-0.0000* (0.0000)
常数项	4.3393*** (1.0372)	4.7370*** (0.8672)	4.6604*** (0.8515)	4.7251*** (1.1482)	5.1520*** (0.9357)	5.0422*** (0.9058)	5.0760*** (0.9146)
样本量	114	114	114	114	114	114	114
R-squared	0.9077	0.9255	0.9268	0.9098	0.9278	0.9285	0.9283

注：括号内的数值为标准误；*、**、*** 分别表示在10%、5%、1%水平上显著。

五、小 结

本文利用从各地区合同纠纷案一审判决书中搜集的当事人相关信息，使用不同类型当事人的判决比衡量地方司法行政化程度，并对其与区域经济增长的关系进行了实证分析。实证结果表明，司法行政化与市场分割表现为简单的正相关关系,司法行政化对经济增长的影响呈现出 U 形关系,即当司法行政化程度处于较高水平时,提高司法行政化程度将有利于地方经济增长,而当司法行政化程度小于某一临界值时,降低司法行政化程度将有利于地方经济增长。随后,本文从司法程序的视角,分别使用司法透明度和行政透明度两个指标间接衡量地方司法行政化程度,并利用面板数据固定效应模型,实证研究了司法行政化对经济增长的影响。实证结果发现,除了直接影响经济增长外,司法行政化与市场分割对经济增长的影响还存在交互作用。

上述实证结果进一步验证了郁光华(2011)的观点,他认为许多关于中国法律与经济发展的研究都低估了正式法律在中国经济发展中的作用。法律以国家强制力为保障,法律保护之所以能够推动经济增长,不仅在于法律对产权和契约自由的保护方面,还在于法律能够降低交易成本,提高经济运行的效率。一个良好的司法环境能够有效约束地方政府过度行使行政权,不仅有利于促进投资和市场繁荣,而且也能够推进全国统一市场的建设,提高资源配置效率,进而有力地支持和推动地方经济发展。

在实证研究过程中,文章可能存在一些不足之处,我们尝试使用工具变量方法来解决变量间的内生性问题,但是未能找到合适的工具变量,最终采取替换指标和样本分组回归的方法去处理内生性问题,当然,这种方法不能完全解决内生性问题,这也为我们下一步的研究指明了方向。

参考文献

1. 陈刚、李树:《司法独立与市场分割——以法官异地交流为实验的研究》,载于《经济研究》2013 年第 9 期。

2. 陈敏、桂琦寒、陆铭、陈钊:《中国经济增长如何持续发挥规模效应?——经济开放与国内商品市场分割的实证研究》,载于《经济学(季刊)》2007 年第 1 期。

3. 初立苹、刘兵勇:《法律环境差异与区域保险不平衡——基于我国不同经济发展水平的研究》,载于《财经论丛》2015 年第 2 期。

4. 范子英、张军:《财政分权、转移支付与国内市场整合》,载于《经济研究》2010 年第 3 期。

5. 胡家勇、焦方义、魏枫:《从政治经济学的角度探讨如何进一步推进改革》,载于《经济学动态》2013 年第 10 期。

6. 胡向婷、张璐:《地方保护主义对地区产业结构的影响——理论与实证分析》,载于《经济研究》2005 年第 2 期。

7. 黄少安:《制度经济学实质上都是关于产权的经济学》,载于《经济纵横》2010 年第 9 期。

8. 李成友、孙涛、焦勇:《要素禀赋、工资差距与人力资本形成》,载于

《经济研究》2018 年第 10 期。

9. 李国璋、刘津汝：《财政分权、市场分割与经济增长——基于 1996 - 2007 年分省面板数据的研究》，载于《经济评论》2010 年第 5 期。

10. 李文军：《论建设现代化经济体系的核心任务与根本保障》，载于《经济纵横》2018 年第 6 期。

11. 刘小勇：《财政分权与区域市场一体化再检验——基于面板分位数回归的实证研究》，载于《经济经纬》2012 年第 2 期。

12. 刘云中：《改革开放以来我国区域发展战略的逻辑演进》，载于《经济纵横》2018 年第 10 期。

13. 刘智勇、胡永远、易先忠：《异质型人力资本对经济增长的作用机制检验》，载于《数量经济技术经济研究》2008 年第 4 期。

14. 龙小宁、王俊：《中国司法地方保护主义：基于知识产权案例的研究》，载于《中国经济问题》2014 年第 3 期。

15. 陆铭、陈钊：《分割市场的经济增长——为什么经济开放可能加剧地方保护？》，载于《经济研究》2009 年第 3 期。

16. 吕冰洋：《从市场扭曲看政府扩张：基于财政的视角》，载于《中国社会科学》2014 年第 12 期。

17. 任志成、张二震、吕凯波：《贸易开放、财政分权与国内市场分割》，载于《经济学动态》2014 年第 12 期。

18. 宋冬林、范欣、赵新宇：《区域发展战略、市场分割与经济增长——基于相对价格指数法的实证分析》，载于《财贸经济》2014 年第 8 期。

19. 苏治、徐淑丹：《中国技术进步与经济增长收敛性测度——基于创新与效率的视角》，载于《中国社会科学》2015 年第 7 期。

20. 谢佑平：《司法公正的建构》，中国检察出版社 2005 年版。

21. 郁光华：《经济增长与正式法律体系的作用》，载于《中外法学》2011 年第 1 期。

22. 张军、吴桂英、张吉鹏：《中国省际物质资本存量估算：1952 - 2000》，载于《经济研究》2004 年第 10 期。

23. 张千帆：《让"危险最小"的分支发挥最大的作用——论司法独立对市场经济的意义》，载于《浙江学刊》2004 年第 6 期。

24. 张维迎、柯荣住：《诉讼过程中的逆向选择及其解释——以契约纠纷的基层法院判决书为例的经验研究》，载于《中国社会科学》2002 年第 2 期。

25. 张卫平：《论我国法院体制的非行政化——法院体制改革的一种基本思考》，载于《法商研究》2000 年第 3 期。

26. 周永坤：《司法的地方化、行政化、规范化 - 论司法改革的整体规范化理路》，载于《苏州大学学报（哲学社会科学版）》2014 年第 6 期。

27. Barro, Robert J., 2000, "Inequality and Growth in a Panel of Countries", *Journal of Economic Growth*, Vol. 5, No. 1, pp. 5 – 32.

28. Che J., Qian Y., 1998, "Insecure Property Rights and Government Ownership of Firms", *Quarterly Journal of Economics*, Vol. 113, No. 2, pp. 467 – 496.

29. Feld L. P., Voigt S., 2003, "Economic Growth and Judicial Independence: Cross – Country Evidence Using A New Set of Indicators", *European Journal of Political Economy*, Vol. 119, No. 3, pp. 497 – 527.

30. He X., Su Y., 2013, "Do the 'Haves' Come Out Ahead in Shanghai Courts?", *Journal of Empirical Legal Studies*, Vol. 10, No. 1, pp. 120 – 145.

31. La Porta R., Lopez – de – Silanes F., Shleifer A., et al., 1998, "Law and Finance", *Journal of Political Economy*, Vol. 106, No. 6, pp. 1113 – 1155.

Judicial Administrativization and Economic Growth: a Perspective Based on Market Segmentation

YU Yongcheng

(Zhongtai Securities Post - Doctoral Research Center, 250002;
PBC School of Finance, Tsinghua University, 100083)

SI Haiping

(Business School, China University of Political Science and Law, 100088)

WEI Jian

(Center for Economic Research, Shandong University, 250100)

XIAN Jin

(School of Information Management and Engineering,
Shanghai University of Finance and Ecomomics, 200433)

[**Abstract**] The paper used the judgement ratio between the different kinds of litigants to measure the degree of their judicial administrativization. The empirical results suggest that judicial administrativization has a positive impact on the degree of market segmentation, and shows U - shaped relationship with economic growth. In our sample, 93.5% provinces can increase local economic growth by reducing the degree of judicial administrativization. In addition to the direct impact on economic growth, the results also show that judicial administrativization and market segmentation interactionally affect economic growth. When the degree of market segmentation is less than 5.12, reducing the degree of judicial administrativization will be conducive to local economic growth and vice versa.

[**Key Words**] Judgement　Judicial Administrativization　Market Segmentation　Judicial Reform　Economic Growth

JEl Classifications：K40　O11　R11

同业业务扩张提升了商业银行风险承担吗？*

——基于资产与负债的双重视角

▶顾海峰　马　聪**◀

【摘　要】本文分析了同业业务对银行风险承担的影响机理，在此基础上，选取 2006～2017 年中国 100 家商业银行年度数据，建立动态非平衡面板回归模型，对同业业务对银行风险承担的影响进行了实证分析。研究表明：一是传统与新兴同业资产业务扩张均会提升银行风险承担水平，相对于传统同业资产业务，新兴同业资产业务扩张对银行风险承担的提升力度更大。二是银行通过传统同业负债业务调剂资金缺口及改善流动性，有助于降低其风险承担水平，新兴同业负债业务扩张则会加大银行风险承担水平。三是传统同业资产业务扩张对国有控股银行风险承担的提升力度最大，股份制银行居中，城农商银行最小。新兴同业资产业务扩张对股份制银行风险承担的提升力度大于城农商银行，对国有控股银行影响不显著。四是传统同业负债业务扩张对股份制银行风险承担存在提升作用，对城农商银行风险承担则存在抑制作用，对国有控股银行影响不显著；新兴同业负债业务扩张对国有控股银行风险承担的提升力度最大，股份制银行居中，城农商银行最小。该成果将为中国银行业构建科学高效的同业风险监测机制，以此来防控中国系统性金融风险，提供重要的理论指导与决策参考。

【关键词】同业业务　同业资产　同业负债　银行风险承担　动态 GMM 模型

中图分类号：**F830.9**　文献标识码：**A**

---

* 教育部人文社会科学项目"跨境资本流动对商业银行信贷风险的影响机理及政策研究"（20YJA790014）。

** 顾海峰，经济学博士（后），东华大学旭日工商管理学院教授；地址：（200051）上海市延安西路 1882 号东华大学旭日工商管理学院；E – mail：guhaifeng@ dhu. edu. cn。马聪，东华大学经济学研究生。

一、问题提出及研究述评

银行同业业务是指以金融同业客户为服务与合作对象,与其他金融机构之间展开的以同业资金融通为核心的各项业务。银行同业业务是随着市场经济的发展而兴起、随后不断创新并发展起来的银行间业务形式,原本只是金融机构常规的日常业务之一。但近年来,由于金融市场竞争的加剧,金融创新不断发展,再加上我国房地产业的非理性繁荣,同业业务形式被极大地丰富与扩展,银行借助同业业务规避监管,把信贷包装成同业投资,或者加大期限错配、变相增加杠杆的方式,从而额外增加盈利。银行同业业务的发展在一定程度上可以增强信贷资产的流动性,为实体经济的发展提供资金支持。但同业业务的扩张也会显著影响银行风险承担行为,进而对整个金融体系的稳定产生影响。正式在这样的背景下,本文针对"同业业务扩张提升了商业银行风险承担吗?——基于资产与负债的双重视角"问题展开深入探讨,这方面工作对于防控中国系统性金融风险具有重要的理论与现实意义。

由于国外金融市场发展较早,对于同业业务和风险承担的研究也更加完善。关于商业银行同业业务与流动性风险的关系研究,卡斯蒂尼奥那等(Castiglionesi et al., 2014, 2017)研究认为,同业业务相当于为银行的流动性风险提供了一定的保险,银行可以在需要时随时通过同业业务满足流动性需求,缓解流动性危机。而艾伦与盖尔(Allen & Gale, 2000)研究发现,在市场机制尚不完善的情况下,银行同业市场比较局限,能够通过同业业务进行流动性调剂的只能是少数有直接联系的银行,一旦银行发生风险,很难及时从其他银行获得资金支持,从而流动性风险不能被及时缓解,反而增加了银行间的恐慌,增大传染性风险。针对银行同业业务与系统性风险的关系,国外学者也进行了较为深入的研究。罗彻与梯若尔(Rochet & Tirole, 1996)研究认为,在没有存款保险和担保的情况下,同业业务很容易会引起银行的系统性风险。厄珀和沃尔姆斯(Uppe & Worms, 2002)对德国银行间的同业拆借业务数据进行研究,研究发现,同业间风险传染的可能性很大,即使银行间建立了担保体制,也只能在一定程度上降低风险传染性,但并不能完全消除系统性风险。弗瑞克萨斯等(Freixas et al., 2000)研究认为,银行在面临流动性不足时,可以借助同业市场补充流动性,并且可以降低银行为应对流动性而留存的资金成本,但同业市场会威胁到银行系统的稳定性。施纳贝尔与茜恩(Schnabel & Shin, 2004)对银行同业间资产价格波动的风险传染效应进行研究,研究发现,当银行间同业业务以抵押的方式存在时,若抵押资产价格产生大幅波动,银行为获得流动性将抛售相关资产,其他银行出于保全资产动机会跟风抛售，结果导致资产价格进一步下跌，同业资产严重缩水，风险传染效应上升。谢尔登和毛瑞尔（Sheldon & Maurer，2008）以瑞士银行的同业贷款数据为样本，研究表明，同业贷款业务潜在的风险会对瑞士银行体系的稳定性构成较大的威胁。米斯特力（Mistrulli，2011）研究显示，银行间通过同业市场形成的同业市场网络，很可能导致一家银行的风险迅速通过同业市场波及其他银行，从而引发连锁反应，导致系统性风险发生。然而，并非所有情况下同业业务均会增大系统性风险，威尔斯（Wells，2002）对英国同业拆借市场进行考察，研究认为，一般情况下同业风险很小，只有在系统重要性银行面临严重危机时，才很有可能导致系统性风险发生。福尔菲娜（Furfine，2003）对美国银行间同业市场进行考察，研究发现，同业市场引发的银行损失只占银行总资产很小一部分，不足以导致系统性风险发生。随着同业业务不断扩张，银行同业业务对风险承担的影响将越来越大。

国内金融市场发展较晚，关于同业业务的研究大多是在2013年爆发的"钱荒"事件之后，同业业务才引起广泛的关注，此后便涌现出了大量关于银行同业业务的研究。国内这方面的研究主要归纳为如下三个层面。第一，在同业业务发展与流动性风险的关系层面：孙勇（2014）、陈辉阳等（2015）研究认为，银行能够通过同业资产流动和同业市场交易调节资金余缺，提高资金配置效率，优化风险分担结构，从而提高整个银行体系的运行效率和流动性。然而，同业业务发展主要是为解决极端挤兑条件下的银行流动性补充问题，但同业业务的不断创新与发展，使得同业业务的内涵逐渐发生了改变，可能会引起局部流动性紧张问题（魏国雄，2014；郑超，2015）。同业业务本身的期限错配、非标准化、批发性融资等特点，提高了银行经营杠杆，容易引发银行流动性危机，且加大了银行流动性管理难度（许余洁，2014；中国人民银行上海总部公开市场操作部课题组和朱沛，2015）。第二，在同业业务发展与系统性风险的关系层面：同业业务会显著加强银行间资金和业务的联动性，从而成为风险传染的主要途径，进而对整个银行体系的安全与稳定造成巨大威胁（张萌，2016；吴念鲁等，2017）。肖崎和阮健浓（2014）、邵汉华等（2015）、吴军和黄丹（2015）、廉永辉（2016）分别从不同的角度，论证了同业业务的发展会通过增强银行信贷扩张能力，弱化信贷传导渠道，影响金融机构之间的内在关联性和系统脆弱性等，从而导致银行的系统性风险大大增加。翟光宇等（2015）对近年来我国银行同业业务发展进行了数据统计，认为银行盈利与规避监管动机是银行同业业务快速发展的主要动因，并进一步构建违约概率模型，选取2007~2013年季度数据进行实证，研究发现，同业资产上升会显著增大银行个体经营风险，同业业务波动将促使银行个体经营风险在银行间市场的交互传染，从而加剧银行业系统性风险的形成。第三，在同业业务发展与银行风险承担行为的关系层面：关于同业业务与银行风险承担行为的研究成果相对较少，罗中和缪海斌（2013）用银行破产风险 Z 值作为商业银行风险承担的代理变量，实证分析了我国连续四年的上市银行的季度数据，研究发现，银行同业资产业务的扩张会显著激励银行扩大风险承担行为。周再清等（2017）选取 2008~2015 年 42 家商业银行的非平衡面板数据，对银行同业资产规模及结构特性对其风险承担行为的影响进行实证检验，增大银行同业资产规模会显著提高银行风险承担行为，并进一步考察了流动性指标对银行同业资产扩张与其风险承担行为关系的调节作用。顾海峰（2017）通过将担保投资业务创新机制引入银保信贷系统，建立银行信用风险分散的基本框架。顾海峰（2018）通过建立银保协作机制，将担保机构引入政府助保贷款模式，研究发现，担保机构的介入在同业层面分担了银行贷款风险，从而有助于降低银行风险承担水平。赵成珍和宋锦玲（2017）将新型同业业务加入货币政策风险承担渠道的数理模型中，研究表明，宽松的货币政策会鼓励银行扩大同业业务，从而使得银行承担更高的风险水平。邓向荣等（2018）基于银行风险承担渠道，检验了货币政策环境下同业业务与银行风险承担的关系，研究发现，货币政策环境的变动引发银行同业业务规模的变动，促使银行流动性创造的变动，从而导致银行风险承担水平发生变动。朱顺泉和赖少钺（2019）采用面板工具变量法考察了银行同业业务的风险承担影响，研究表明，同业净资产占比的提升会显著增大银行风险承担水平。

综上，现有文献主要分布于同业业务与流动性及系统性风险的关系层面，对于同业业务与银行风险承担行为关系的文献成果较少，且主要局限于从同业资产扩张视角探讨银行经营中的主动性风险承担行为，无法科学揭示同业负债下的银行被动性风险承担行为。此外，现有文献主要还是选取上市银行数据进行研究，不能很好地揭示整个银行业同业发展与风险承担行为的内在规律。对此，本文将从整个银行业角度，从同业资产与同业负债的双重视角，探讨同业资产下银行主动性风险承担与同业负债下银行被动性风险承担的综合协同效应，以此来科学揭示银行同业业务对银行风险承担的影响问题。本文的主要贡献在于：基于资产与负债的双重视角分析了银行同业业务对银行风险承担的影响机理，在此基础上，选取 2006~2017 年中国 100 家银行的年度数据，通过建立动态非平衡面板回归模型，对同业业务对银行风险承担的影响进行了实证分析，并以此为依据，给出了相关建议。本文成果将为中国银行业构建科学高效的同业风险监测机制，以此来防控中国系统性金融风险，提供重要的理论指导与决策参考。本文第二部分是理论分析与研究假设；第三部分是实证研究设计；第四部分是实证检验与结果分析；第五部分是结论与建议。

二、理论分析与研究假设

本文借鉴周再清等（2017）等文献的分类方法，将同业业务划分为传统同业业务与新兴同业业务。银行同业业务按照银行资产负债表的会计记录科目，可以分为拆借类、同业存放类以及买入返售和卖出回购类三类业务形式，其中拆借类和同业存放类属于传统的银行同业业务，买入返售和卖出回购属于新兴的银行同业业务。下面，我们针对上述三类同业业务对银行风险承担的影响进行理论分析，以此来揭示银行同业业务对银行风险承担影响的内在机理，从而为研究假设提出及实证变量设计提供重要的理论依据。

（一）拆借类同业业务对银行风险承担的影响机理分析

同业拆借是银行之间为了调剂短期的资金余缺而发展起来的，往往期限较短，且同业拆借基本上是信用拆借，不需要任何的信用担保措施。同业拆借发展初期，金融机构出于信用考虑，不会公然违约，从而几乎不会出现任何风险。但随着银行信贷规模的管控，银信合作、票据贴现被严格控制，同业拆借逐渐演变出同业代付这一业务形式。同业代付的运行模式如下：由资金需求企业向委托行提出融资申请，委托行以自身名义委托同业机构提供资金，受托行按照委托行的要求在规定日期将资金直接划拨给资金需求企业或者委托行，到期后融资企业还本付息给委托行，委托行再还款给受托行。其中委托行与资金需求方之间是融资关系，而委托行与受托行之间是同业拆借关系。表面上看，该业务降低了客户的融资成本，提高了资金的流动性，实际则是规避了信贷规模限制，实现了信贷业务出表，而且在此项业务中的客户很可能是房地产等受调控限制的风险较高的企业，一旦企业到期无法偿还本息，则会加剧银行的风险承担水平。拆借类业务对银行风险承担的影响机理，如图1所示。

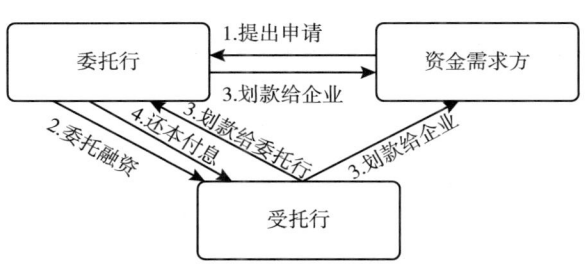

图1 拆借类业务对银行风险承担的影响机理

(二)存放类同业业务对银行风险承担的影响机理分析

同业存放和存放同业是指银行之间或银行与金融机构之间由于支付清算和业务合作等需要而存放在其他金融机构的款项,或者由其他金融机构存放于商业银行的款项,两者是对应的一对概念。起初存放类同业业务的发展不以营利为目的,仅为业务往来需要,然而随着利率市场化的发展,金融创新大量涌现,银行的存款吸收能力也大大减弱,银行为扩大盈利能力,逐渐将目光转向存放类同业业务。商业银行通过成立理财计划,高息揽储,再将筹集到的资金委托信托公司成立信托计划,以较高利率将资金通过信托计划以同业存放的形式存放到信托公司的同业账户中,而信托公司为获得利息补偿,会将资金投放进更高风险行业中以获取更高差价收入。表面来看,是银行应对存款能力下降的一种创新方式,实则银行并不清楚资金最终去向,难以对资金风险进行把控;另一方面,理财产品的期限通常较短,而信托产品的期限往往较长,可能存在严重的期限错配现象,一旦信托产品不能按时偿还本息,则信托公司和银行都将面临流动性危机和信用损失风险,从而提升银行风险承担水平。存放类业务对银行风险承担的影响机理,如图2所示。

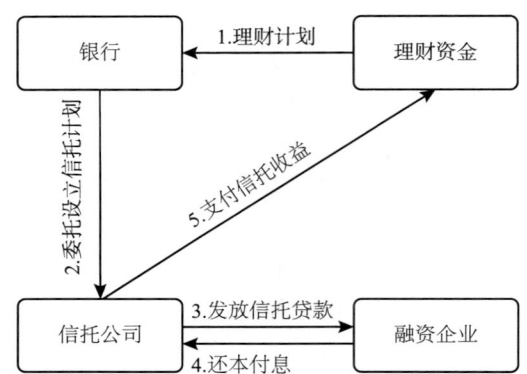

图2 存放类业务对银行风险承担的影响机理

(三)返售和回购类同业业务对银行风险承担的影响机理分析

商业银行返售和回购类业务是由银行票据转贴现等业务演化而来,起初都只是为了缓解银行的流动性,但随着金融市场的创新与发展,买入返售业务逐渐成为银行同业非标资产投资工具,商业银行通过不断地进行买入返售和卖出回购等操作,将资金投资于高风险的非标资产,名为返售和回购类业务,实则是银行规避信贷规模管制,进行监管套利的投资工具。在银行同业业务发展中，买入返售类同业业务长期占据50%左右的较高水平，这也能反映出这类业务很受广大银行的青睐。

以信托贷款收益权为例，当融资企业向银行甲申请贷款时，甲银行由于受到信贷限制而向拥有充足资金的乙银行寻求融资帮助，此时乙银行将资金以存放同业的方式委托信托公司成立信托计划，信托公司以信托贷款的方式向融资企业提供资金，然后乙银行将该信托贷款收益权进行卖出回购操作卖给丙银行，即丙银行进行买入返售操作，最后作为最终兜底银行的甲银行承诺在信托计划到期日的最后一天无条件接受丙银行返售该非标资产。在这类业务模式中，表面上看各个机构都能从该业务中获益，并且充分利用了银行的闲置资金，资金流动性上升，在经济环境向好的背景下，风险较小。但可以看到这类业务在不断创新与演进的过程中，所涉及的环节和机构越来越多，业务链条不断被拉长，业务形式越来越复杂，各金融机构被牢牢地固定在一起。尤其在当前整体经济形势下行压力较大的背景下，实体经济发展受阻，经过层层包装，资金往往都流向了近两年不断暴涨的房地产市场，助长了抵押资产的泡沫，另外我国目前地方政府债务高企，一旦融资企业到期不能按时偿还贷款，那么流动性风险和信用风险会迅速在各个机构之间交叉传染，进行蔓延，风险被不断放大，最终可能会导致严重的系统性风险。返售与回购类业务对银行风险承担的影响机理，如图3所示。

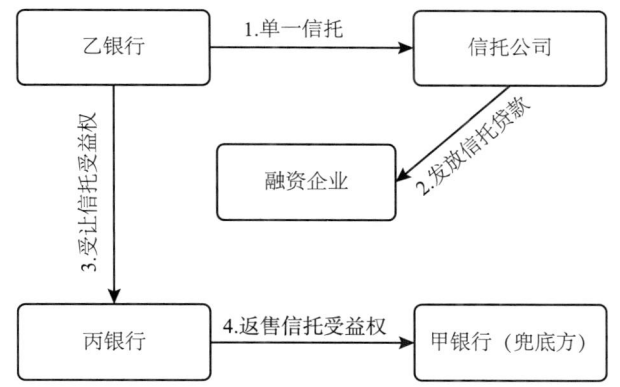

图3　返售与回购类业务对银行风险承担的影响机理

（四）研究假设

依据前面的理论分析发现，相对于银行传统同业业务而言，银行新兴同业业务主要通过配置于非标资产工具拉长了银行业务链条，并通过层层嵌套加强了银行与其他金融机构之间的业务联结，促使银行与其他金融机构之间的交叉风险不断增大，由此增大了银行风险承担水平，从而加剧了金融市场系统性风险。此外，银行作为同业负债方与同业资产方的风险承担机制是完全不同的，这种差异主要表现为：一方面，银行以同业负债方身份参与同业交易，银行将获得新增同业拆入资金，新增同业拆入资金通过转化为银行债务资本，由此增大了银行经营杠杆，出于同业拆入资金成本压力，银行信贷资金出清已成为常态，一旦贷款项目发生风险，银行贷款风险将呈现杠杆效应，从而增大银行风险承担水平。可见，银行作为同业负债方的风险承担机制主要源于新增债务资本引发的杠杆效应。另一方面，银行以同业资产方身份参与同业交易，银行将获得新增贷款资金投向，新增贷款资金投向促使银行沉淀资本转化为银行信贷资产，考虑到银行信贷资产存在一定的风险特征，银行信贷资产的增大将引发银行风险加权资产占比的提高，从而提升银行风险承担水平。可见，银行作为同业资产方的风险承担机制主要源于银行沉淀资本转化所引发的银行风险加权资产占比提升效应。对此，本文提出如下基本假设：

H1：同业资产和同业负债业务对银行风险承担的影响显著为正，即同业资产和同业负债规模的扩张会显著增加银行的风险承担行为。

H2：传统同业资产和同业负债业务对银行风险承担影响显著为正，新兴同业资产和同业负债业务对银行风险承担的影响显著为正。

H3：针对不同类型银行，同业资产和同业负债业务对银行风险承担的影响存在显著的异质性特征。

下面，本文将对同业资产业务与同业负债业务对银行风险承担的影响进行实证分析，并进一步检验不同性质银行同业业务发展对银行风险承担可能存在的异质性影响。

三、实证研究设计

（一）变量设计

本文在参考以往学者关于银行同业业务的反映指标基础上，设计本文研究的相关变量，如表1所示。

1. 解释变量

本文解释变量为同业业务相关变量。首先从总体规模角度分析同业资产和同业负债业务对银行风险承担的影响，选取的指标为：同业资产/总资产，同业负债/总负债。其次将从同业业务结构特性，即传统同业业务和新兴同业业务两个方面进行研究，选取的指标为：传统同业资产/总资产，新兴同业资产/总资产，传统同业负债/总负债，新兴同业负债/总负债。

表1　　　　　　　　　　变量设计与描述

变量性质		变量名称	变量定义
被解释变量		z值	$z=(roa+er)/\sigma(roa)$
		不良贷款率 npl	不良贷款总额/贷款总额
解释变量	同业资产业务	同业资产占比 ina	同业资产/资产总额
		传统同业资产占比 inta	（存放同业＋拆出资金）/资产总额
		新兴同业资产占比 inna	买入返售金融资产/资产总额
	同业负债业务	同业负债占比 inl	同业负债/负债总额
		传统同业负债占比 intl	（同业存放＋拆入资金）/负债总额
		新兴同业负债占比 innl	卖出回购金融资产/负债总额
银行特征变量		银行规模 size	资产总额的自然对数
		资产收益率 roa	净利润/资产总额
		权益比率 er	所有者权益总额/资产总额
		存贷比 ldr	贷款总额/存款总额
		资本充足率 car	
宏观经济变量		GDP 增长率 gdp	
		M2 增长率 m2	
		一年期贷款基准利率 rl	

2. 被解释变量

本文被解释变量为银行风险承担测度指标。本文选取 z 值作为银行风险承担水平的测度指标，其主要原因在于：针对银行风险的测度指标通常包括 z 值、不良贷款率、贷款损失准备率、风险加权资产比率等。其中，不良贷款率和贷款损失准备率主要用来衡量银行信用风险，而风险加权资产比率能够衡量银行全面的风险承担水平，但是，考虑到银行同业业务在银行风险加权资产中的占比较小，对此，用风险加权资产比率指标会低估银行风险承担水平。此外，z 值主要用来衡量银行破产风险，能够衡量银行整体风险承担水平。因此，本文选取 z 值作为银行风险承担水平的测度指标，同时，在稳健性检验中，本文选取不良贷款率（npl）作为银行风险承担水平的测度指标。z 值的计算公式为：$z=(roa+er)/\sigma(roa)$，其中 roa 为银行资产收益率、er 为银行自有资本水平，$\sigma(roa)$ 为资产收益率的标准差。z 值越大，银行用来应对风险的资本就越多，银行的风险承担水平就越低，因此 z 值与银行风险承担水平负相关。

3. 控制变量

(1) 反映银行个体特征的主要变量。反映银行个体特征的主要变量包括：第一，银行规模（size），该变量以总资产的对数值来测度。银行规模越大，可以通过资产多元化分散风险，但我国银行一直存在着大而不能倒的道德风险，银行规模越大，由于政府隐性担保的存在，可能采取更加激进冒险的方式，从而导致风险承担水平上升。第二，盈利状况（roa），该变量以净利润与总资产的比例来测度。风险与收益成正比，往往收益越高，银行要承担的风险也就越大，但银行不良贷款率水平的升高，又会导致银行盈利性的下降。第三，流动性（liq），该变量以存贷比来测度，即用贷款总额/存款总额。虽然目前主要的流动性检测指标改为流动性比例，但存贷比指标作为很长一段时间用来检测银行流动性的变量，其仍然具有代表性。第四，权益比率（er），该变量以所有者权益额/资产总额来测度。银行自有资本占比越高，银行的安全性越高。第五，资本充足率（car），根据巴塞尔协议Ⅲ的监管要求，资本充足率作为银行的重要监管指标之一，本文也加入银行的资本充足率监管指标，将其作为银行的控制变量之一。

(2) 反映宏观经济的主要变量。本文选取 GDP 增长率来衡量经济发展速度，并借鉴大多数学者的研究，将货币政策分为价格型货币政策和数量型货币政策，分别用一年期贷款基准利率（rl）和广义货币供应量 m2 的增速来衡量。需要说明的是，考虑到货币政策环境对银行风险承担可能存在的影响，本文选取货币政策环境作为模型的控制变量。同时，本文采用近 10 年样本数据进行考察，主要是考察对银行风险承担的中长期影响。对此，本文选取一年期贷款基准利率（rl）作为价格型货币政策环境的反映指标。但是，同业拆借或回购利率变动过于频繁，不适合充当价格型货币政策环境的反映指标。

（二）模型构建

依据以往研究发现，银行风险承担行为具有显著的持续性，即前期的风险承担行为会对当期产生显著影响，对此，本文构建动态非平衡面板回归模型如下：

$$z_{it} = \alpha + \theta z_{it-1} + \beta_1 \text{Interbank}_{it} + \beta_2 \text{size}_{it} + \beta_3 \text{roa}_{it} + \beta_4 \text{er}_{it} + \beta_5 \text{ldr}_{it} + \beta_6 \text{car}_{it} + \beta_7 \text{gdp}_{it} + \beta_8 \text{m2}_{it} + \beta_9 \text{rl}_{it} + \mu_i + \nu_{it} \tag{1}$$

式（1）中下标 i（i = 1, …, N）和 t（t = 1, …, T）分别表示个体和时间。z_{it} 表示银行 i 在第 t 年的破产风险。考虑到 z_{it} 与银行风险承担水平之间存在负相关关系，对此，z_{it} 越大，则表示银行风险承担水平就越小。μ_i 表示不可观测到的个体的特殊效应，ν_{it} 表示随机扰动项。z_{it-1} 表示上期的银行风险承担水平，θ 的值应该在 0 和 1 之间，表示银行风险承担行为的持续性。

Interbank$_{it}$表示同业业务变量,既包括同业资产业务规模和结构占比,也包括同业负债业务规模和结构占比。

为检验模型回归结果是否可靠,本文借鉴大多数学者的做法,用不良贷款率作为银行风险承担的替代变量对模型进一步回归。

$$npl_{it} = \alpha + \theta npl_{it-1} + \beta_1 Interbank_{it} + \beta_2 size_{it} + \beta_3 roa_{it} + \beta_4 er_{it} + \beta_5 ldr_{it} \\ + \beta_6 car_{it} + \beta_7 gdp_{it} + \beta_8 m2_{it} + \beta_9 rl_{it} + \mu_i + \nu_{it} \qquad (2)$$

其中,npl_{it}表示银行 i 在第 t 年的不良贷款率,npl_{it-1}表示上期的不良贷款率水平,其他与模型(1)相同。

(三)数据来源与描述性统计

本文以国泰安数据库中2006~2017年281家银行年度数据为初始样本,剔除政策性银行外资银行以及主要变量数据缺失严重且数据少于4年的银行后,最终保留100家银行的年度非平衡面板数据作为实证样本,相关报表基础数据主要来自国泰安数据库,在此基础上,以 WIND 数据库和各银行官方公布的年报作为补充,其余缺漏数据采用插补法进行补全。其他宏观经济数据来自 RESSET 金融研究数据库和 WIND 数据库。本文所有实证均基于 Stata 14 软件做出。主要变量的描述性统计结果如表2所示。

表2 主要变量的描述性统计 单位:%

变量	样本数	均值	标准差	最小值	最大值
z	936	34.7017	19.2834	1.7825	154.4745
npl	936	1.7280	2.4996	0.0000	30.3100
ina	936	12.8670	8.6750	0.4676	53.6656
inta	936	6.6671	5.5497	0.1831	37.3501
inna	936	6.1999	6.4831	0.0000	44.6492
inl	936	16.3945	10.4443	0.0465	54.2449
intl	936	11.2990	9.1478	0.0016	54.2449
innl	936	5.0955	5.1391	0.0000	37.1041
size	936	26.0607	1.7060	22.1792	30.8925
roa	936	0.9215	0.3559	-1.3851	2.8761
er	936	6.6764	2.3015	0.0123	31.3444
ldr	936	65.6026	13.7236	21.0320	180.2068
car	936	12.6744	3.9449	-15.7200	62.0400

续表

变量	样本数	均值	标准差	最小值	最大值
gdp	936	8.7725	2.0709	6.7000	14.2000
m2	936	15.2872	4.6984	8.2000	28.5000
rl	936	5.5629	0.8655	4.3500	7.4700

从统计结果可以看出，样本期间，银行间的风险承担水平差距较大，z值平均水平达到34.7%以上，而z值越小，表明破产风险越大，说明我国银行的总体风险承担水平较高，有必要进行关注；不良贷款率水平平均为1.7%，相对还是偏低的，说明我国银行整体不良贷款率水平较低；同业资产业务总额平均占到资产总额的12.9%，其中传统同业资产业务和新兴同业资产业务占比几乎相等，说明总体来看，传统同业业务和新兴同业业务呈现平均化趋势；而同业负债业务总规模占到负债总额16.4%，其中传统同业负债业务是新兴同业负债业务的两倍以上，说明银行用于放贷的资金除了从存款人处获取之外，还主要通过同业存放、拆入资金等传统同业负债业务从其他银行或金融机构处获得短期资金来源，用以扩大放贷规模；资本充足率平均值为12.6%以上，说明我国大多数银行是满足监管要求的最低资本充足率要求的。

为分析不同属性银行对应变量是否有差异，进一步将样本分为三类即国有控股银行、股份制银行、城农商行，分别对样本进行描述性统计分析对比，如表3所示。

表3　　不同属性银行对应变量的描述性统计　　单位：%

变量	总样本		国有控股银行		股份制银行		城农商银行	
	平均值	标准差	平均值	标准差	平均值	标准差	平均值	标准差
z	34.7017	19.2834	49.9140	24.4808	29.5653	12.0395	34.4586	19.3486
npl	1.7280	2.4996	2.4328	4.0250	1.2994	1.1657	1.7539	2.5167
ina	12.8670	8.6750	6.6206	2.3674	15.1022	8.4573	12.9422	8.8101
inta	6.6671	5.5497	4.2442	2.2245	5.5488	3.3202	7.0836	5.9919
inna	6.1999	6.4831	2.3764	1.5835	9.5533	7.3835	5.8586	6.2768
inl	16.3945	10.4443	11.7745	5.1347	21.7225	9.8047	15.7332	10.5275
intl	11.2990	9.1478	10.8554	4.9468	17.8201	8.3199	10.0631	9.0352
innl	5.0955	5.1391	0.9191	0.8490	3.9024	5.0203	5.6701	5.1719
size	26.0607	1.7060	29.9459	0.6188	27.7939	1.1980	25.4046	1.0738

续表

变量	总样本		国有控股银行		股份制银行		城农商银行	
	平均值	标准差	平均值	标准差	平均值	标准差	平均值	标准差
roa	0.9215	0.3559	1.0411	0.2443	0.8018	0.3228	0.9351	0.3641
er	6.6764	2.3015	6.4947	1.3592	5.4908	2.6949	6.9225	2.2068
ldr	65.6026	13.7236	68.8475	9.0296	74.1772	8.1502	63.6642	14.2170
car	12.6744	3.9449	12.9827	1.6695	11.3514	4.8588	12.9072	3.8301
样本数	936		60		143		733	

通过对比我们可以看到，由于 z 值越大，银行风险承担就越小，因此，国有控股银行的风险承担最小，股份制银行的风险承担水平最大，这说明国有控股银行作为系统性重要银行，其经营相对稳健，而股份制银行由于一直以来的冒险激进的经营模式，使得其风险承担水平较高，甚至大于城市商业银行和农村商业银行等中小银行；而不良贷款率中国有控股银行不良贷款率最高，主要是因为农业银行早期不良贷款率过高导致；同业资产业务占比最高的是股份制银行，其次是城农商银行，传统同业资产业务中城农商银行占比最高，而买入返售同业资产中股份制银行的占比最高；同业负债业务占比最高的同样是股份制银行，其次是城农商银行，传统同业负债业务占比最高的是股份制银行，而卖出回购占比最高的是城农商银行。因此，不同性质银行对应变量的统计属性是存在显著差异的。

四、实证检验与结果分析

（一）全样本面板回归分析

本文运用系统 GMM 方法对模型进行动态回归分析，经检验，一步动态系统 GMM 估计不能通过 sargan 检验，但两步动态系统 GMM 估计可以通过检验。对此，本文选择两步动态系统 GMM 进行模型估计。回归结果具体如表 4 所示。

表 4　　两步动态系统 GMM 估计结果

变量	(1)	(2)	(3)	(4)	(5)	(6)
被解释变量	z	z	z	z	z	z
L.z	0.359*** (0.0123)	0.352*** (0.0120)	0.358*** (0.0120)	0.356*** (0.0123)	0.349*** (0.0125)	0.370*** (0.0132)
ina	−0.0426*** (0.00617)					
inta		−0.0293*** (0.00795)				
inna			−0.0397*** (0.00796)			
inl				−0.0317*** (0.00544)		
intl					0.0203*** (0.00588)	
innl						−0.122*** (0.0130)
size	1.984*** (0.137)	1.928*** (0.145)	2.020*** (0.142)	1.945*** (0.145)	1.915*** (0.144)	1.840*** (0.141)
roa	3.740*** (0.328)	3.739*** (0.354)	3.697*** (0.328)	3.469*** (0.356)	3.812*** (0.355)	3.283*** (0.355)
er	3.752*** (0.0799)	3.817*** (0.0819)	3.776*** (0.0730)	3.783*** (0.0813)	3.850*** (0.0676)	3.647*** (0.0851)
ldr	−0.0103*** (0.00373)	−0.00324 (0.00352)	−0.00719* (0.00376)	−0.000184 (0.00351)	−0.00274 (0.00359)	−0.00518 (0.00402)
car	0.0459 (0.0352)	0.0139 (0.0350)	0.0306 (0.0350)	0.0114 (0.0335)	0.00284 (0.0313)	0.0864** (0.0346)
gdp	0.897*** (0.0419)	0.920*** (0.0445)	0.948*** (0.0399)	0.884*** (0.0449)	0.992*** (0.0438)	0.893*** (0.0477)
m2	−0.0650*** (0.00705)	−0.0722*** (0.00748)	−0.0610*** (0.00734)	−0.0759*** (0.00807)	−0.0678*** (0.00850)	−0.0727*** (0.00974)
rl	−0.513*** (0.0407)	−0.623*** (0.0406)	−0.605*** (0.0376)	−0.582*** (0.0452)	−0.731*** (0.0395)	−0.584*** (0.0459)
Constant	−61.92*** (3.950)	−60.57*** (4.210)	−63.27*** (4.128)	−60.48*** (4.254)	−60.75*** (4.221)	−57.87*** (4.063)

续表

变量	(1)	(2)	(3)	(4)	(5)	(6)
被解释变量	z	z	z	z	z	z
Observations	836	836	836	836	836	836
Num of code	100	100	100	100	100	100
Sargan	0.0485	0.0631	0.0510	0.0850	0.0572	0.0872

注：*** 表示回归系数在1%的水平上显著，括号里为标准误。

表4中列（1）至列（3）是同业资产业务对银行风险承担的影响分析，列（4）至列（6）是同业负债业务对银行风险承担的影响分析，其中列（1）和列（4）是从同业资产和同业负债总体规模角度，检验同业业务对银行风险承担的影响，列（2）和列（5）是从同业业务结构角度探究传统同业业务对银行风险承担的影响，列（3）和列（6）是新兴同业业务对银行风险承担的影响分析。在实证结果中，Sargan检验的P值均大于0.05，表明模型通过了过度识别检验，说明工具变量的选取是合适的，模型回归结果有效。依据上述回归结果，我们得到如下结论：

（1）银行风险承担的z值一阶滞后项均在1%的水平上显著，且显著为正，说明银行的风险承担行为存在显著的连续性，前期的银行风险承担行为会对当期产生显著影响。

（2）同业资产业务对银行风险承担的影响显著。就总规模来看，同业资产业务占总资产的比重对z值的影响为负，且在1%的水平上显著，这说明同业资产业务规模的扩张会显著增加银行的风险承担行为；针对不同特性的同业业务来讲，传统同业资产业务占总资产比重和新兴同业资产业务占总资产比重的系数在1%的水平上均显著为负，且新型同业资产业务的系数绝对值更大，说明不管是传统同业资产业务还是新兴同业资产业务都会显著增加银行的风险承担，且新兴同业资产业务对银行风险承担的影响更大。

（3）同业负债业务对风险承担的影响也显著。同业负债占总负债的比重对z值的影响也在1%的水平上显著为负，说明同业负债业务的扩张也会显著增大银行的风险承担水平；而同业负债的不同特性对银行风险承担的影响存在差别，传统同业负债占总负债比重的系数为正，而新兴同业负债占总负债比重的系数为负，说明银行主要通过传统同业负债业务来调剂资金余缺，改善流动性，从而使银行风险承担水平降低，而随着新兴同业负债业务的扩张，则会加大银行的风险承担。需要说明的是，由描述性统计可知，传统同业负债业务规模大于新兴同业负债业务规模，但是，同业负债业务对银行风险承担的作用方向与新兴同业负债业务对银行风险承担的作用方向趋于一致。其主要原因在于：两种不同类型的同业负债业务对银行风险承担的作用机制存在较大差异，在不同作用机制驱动下，相对于传统同业负债业务而言，新兴同业负债业务对银行风险承担的作用力度更大。此外，在传统同业负债业务与新兴同业负债业务的叠加作用下，同业负债业务对银行风险承担的作用方向显著趋于新兴同业负债业务的作用方向。

（4）银行个体特征对风险承担的影响分析。银行规模、资产收益率、权益比率对 z 值的影响系数显著为正，说明银行规模越大、资产收益率越高、所有者权益占比越高，银行的安全性就越高，经营越稳健，吸收风险的能力更强，银行的风险承担水平就越低；银行流动性水平本文选择的是存贷比率，当贷款规模越大，贷款比例越高，相应的面临贷款违约的风险就越高，风险承担水平就越高；由于资本充足率越高，银行在遇到风险时，可以用自有资本来吸收部分风险，因此，风险水平会越低，但影响并不显著，说明目前资本充足率仅仅是为了满足监管的要求，无法对银行的风险产生显著的影响。

（5）宏观控制变量对风险承担的影响分析。GDP 对 z 值影响显著为正，说明经济越繁荣，z 值越大，银行的风险承担水平就越低，主要是因为经济繁荣时，银行面临的风险也较小，此外银行还可以通过多种渠道来分散风险，从而使得风险承担水平降低。货币政策变量 M2 增速和一年期贷款基准利率对 z 值影响显著为负，说明 M2 增速越快，银行风险承担水平越高，这可能是因为，货币投放量增加，导致银行降低信贷审核要求，从而扩大信贷资产投放，导致不良贷款率上升，银行风险承担水平增加；而贷款基准利率上升，说明货币政策收紧，可能导致经济增速放缓，市场经济下行，贷款违约率增高，从而风险承担水平上升。

（二）分样本面板回归分析

上述全样本回归分析主要考察银行同业业务发展对银行风险承担影响中所呈现的银行业整体规律。但是，考虑到不同性质银行的同业业务发展具有明显不同的特征，这可能意味着不同性质银行的同业业务发展对银行风险承担的影响存在着显著差异，也就是说，银行同业业务发展对银行风险承担可能存在着显著的异质性影响，对此，我们需要将样本银行划分为三类性质，进行进一步地分样本面板回归分析，以此来揭示可能存在的异质性影响，如表 5 至表 7 所示。

表5　　国有控股银行动态模型回归结果

变量	(1)	(2)	(3)	(4)	(5)	(6)
被解释变量	z	z	z	z	z	z
L.z	0.776*** (0.0584)	0.787*** (0.0615)	0.749*** (0.0601)	0.761*** (0.0595)	0.757*** (0.0608)	0.761*** (0.0570)
ina	−0.872*** (0.296)					
inta		−0.786** (0.336)				
Inna			−0.342 (0.380)			
inl				−0.305 (0.226)		
intl					−0.148 (0.232)	
innl						−1.093* (0.567)
size	−2.103 (1.727)	−0.302 (1.582)	−0.243 (1.717)	−1.349 (2.024)	−0.422 (2.068)	0.383 (1.471)
roa	9.648** (4.119)	10.67** (4.300)	8.803** (4.267)	9.205** (4.215)	9.609** (4.349)	6.452 (4.292)
er	2.071** (1.017)	1.892* (1.051)	2.140** (1.049)	2.265** (1.049)	2.107** (1.065)	2.407** (1.013)
ldr	0.195** (0.0940)	0.252*** (0.0979)	0.198** (0.100)	0.312*** (0.117)	0.264** (0.119)	0.234** (0.0921)
car	−0.308 (0.712)	−0.482 (0.724)	−0.710 (0.714)	−0.773 (0.707)	−0.755 (0.722)	−0.841 (0.681)
gdp	0.100 (0.584)	0.807 (0.519)	0.756 (0.589)	0.892* (0.515)	0.973* (0.523)	0.924* (0.487)
m2	−0.0663 (0.129)	−0.151 (0.132)	−0.0916 (0.136)	−0.109 (0.131)	−0.115 (0.135)	−0.145 (0.125)
rl	0.941 (1.009)	0.153 (0.979)	0.139 (1.019)	−0.0751 (0.962)	−0.154 (0.983)	0.124 (0.932)
Constant	42.71 (53.95)	−16.68 (49.34)	−12.31 (54.62)	15.02 (60.76)	−11.15 (61.90)	−32.07 (46.25)
Observations	55	55	55	55	55	55
Num of code	5	5	5	5	5	5

注：*、**和***分别表示回归系数在10%、5%和1%的水平上显著，括号里为标准误。

表 6　　股份制银行动态模型回归结果

变量	(1)	(2)	(3)	(4)	(5)	(6)
被解释变量	z	z	z	z	z	z
L.z	0.461*** (0.0592)	0.456*** (0.0593)	0.475*** (0.0599)	0.474*** (0.0597)	0.465*** (0.0576)	0.484*** (0.0588)
ina	-0.0681*** (0.0247)					
inta		-0.123** (0.0511)				
inna			-0.0495* (0.0279)			
inl				-0.0154 (0.0228)		
intl					-0.0837*** (0.0258)	
innl						-0.166*** (0.0435)
size	2.061*** (0.641)	2.103*** (0.638)	1.980*** (0.646)	1.939*** (0.649)	2.141*** (0.645)	2.322*** (0.647)
roa	9.642*** (2.066)	9.502*** (2.061)	9.986*** (2.080)	10.24*** (2.103)	10.08*** (2.016)	10.95*** (2.052)
er	2.271*** (0.504)	2.244*** (0.504)	2.155*** (0.496)	2.161*** (0.507)	2.010*** (0.478)	2.485*** (0.506)
ldr	0.00409 (0.0521)	-0.00329 (0.0516)	0.00601 (0.0528)	-6.32e-05 (0.0526)	-0.00515 (0.0514)	-0.0447 (0.0546)
car	-0.155 (0.322)	-0.110 (0.319)	-0.0785 (0.316)	-0.0466 (0.316)	0.0175 (0.303)	-0.160 (0.312)
gdp	1.182*** (0.326)	1.135*** (0.321)	1.097*** (0.317)	1.100*** (0.334)	0.958*** (0.308)	1.318*** (0.321)
m2	0.0273 (0.0715)	0.0512 (0.0679)	0.0372 (0.0721)	0.0628 (0.0696)	0.0513 (0.0673)	0.0676 (0.0682)
rl	-1.775** (0.700)	-1.498** (0.636)	-1.573** (0.672)	-1.420** (0.655)	-1.194** (0.604)	-1.935*** (0.643)
Constant	-61.90*** (19.91)	-63.62*** (19.70)	-60.71*** (20.15)	-60.97*** (20.11)	-64.11*** (19.69)	-69.22*** (20.00)
Observations	132	132	132	132	132	132
Numb of code	12	12	12	12	12	12

注：*、** 和 *** 分别表示回归系数在 10%、5% 和 1% 的水平上显著，括号里为标准误。

表7 城农商银行动态模型回归结果

变量	(1)	(2)	(3)	(4)	(5)	(6)
被解释变量	z	z	z	z	z	z
L.z	0.332*** (0.00667)	0.327*** (0.00647)	0.326*** (0.00753)	0.323*** (0.00762)	0.321*** (0.00834)	0.355*** (0.00882)
ina	-0.0375*** (0.00458)					
inta		-0.0482*** (0.00627)				
inna			-0.0210*** (0.00593)			
inl				0.00514 (0.00481)		
intl					0.0689*** (0.00357)	
innl						-0.140*** (0.00989)
size	1.420*** (0.0771)	1.335*** (0.0674)	1.389*** (0.0757)	1.291*** (0.0655)	1.195*** (0.0816)	1.592*** (0.0938)
roa	2.838*** (0.188)	2.804*** (0.190)	2.786*** (0.185)	2.781*** (0.162)	3.124*** (0.174)	2.466*** (0.145)
er	3.860*** (0.0565)	3.892*** (0.0649)	3.906*** (0.0566)	3.922*** (0.0588)	3.901*** (0.0494)	3.669*** (0.0541)
ldr	-0.0186*** (0.00365)	-0.0170*** (0.00309)	-0.0139*** (0.00313)	-0.0127*** (0.00290)	-0.0148*** (0.00374)	-0.0117*** (0.00328)
car	0.0710*** (0.0228)	0.0543** (0.0259)	0.0450** (0.0203)	0.0352* (0.0201)	0.0602*** (0.0171)	0.132*** (0.0272)
gdp	1.067*** (0.0350)	1.060*** (0.0359)	1.120*** (0.0293)	1.130*** (0.0316)	1.229*** (0.0325)	1.145*** (0.0280)
m2	-0.150*** (0.00578)	-0.160*** (0.00618)	-0.150*** (0.00678)	-0.156*** (0.00669)	-0.149*** (0.00682)	-0.161*** (0.00723)
rl	-0.660*** (0.0453)	-0.694*** (0.0438)	-0.790*** (0.0379)	-0.846*** (0.0402)	-1.043*** (0.0389)	-0.742*** (0.0436)
Constant	-45.11*** (2.160)	-42.62*** (1.812)	-44.45*** (2.107)	-41.81*** (1.811)	-40.15*** (2.398)	-49.74*** (2.741)
Observations	650	650	650	650	650	650
Num of code	83	83	83	83	83	83

注：**、***分别表示回归系数在5%、1%的水平上显著，括号里为标准误。

通过将样本分类进行回归,通过回归结果对比分析,我们发现,不同属性的银行间同业业务的发展对风险承担的影响有显著的差异。其中:同业资产业务占比系数均为负,说明同业资产占比越高,z值越小,则银行风险承担水平就越高,这与我们前边分析的均一致,说明我国同业业务的发展会显著增加银行风险承担,有必要对同业业务加强监管,使其更加规范发展。另外,同业资产业务不管是总规模还是传统业务规模均对国有控股银行的风险承担影响更大,股份制银行次之,城农商银行最小,这可能与同业业务的规模有关,国有控股银行由于拥有更多的资源和信息优势,因而在同业业务市场中仍然扮演着重要的角色,但国有控股银行作为系统重要性银行,对金融稳定有着至关重要的作用,应该加强对国有控股银行同业业务的监管。但新兴同业资产业务买入返售资产占比对国有控股银行风险承担影响不显著,对股份制银行的影响大于城农商银行,说明相比国有控股银行来说,股份制银行更多的通过买入返售工具参与同业资产交易。此外,同业负债业务对不同银行风险承担的影响存在较大差异,其中:同业负债业务总规模对银行风险承担的影响均不显著,说明虽然总体上同业负债业务会显著增加银行的风险承担,但分样本来看,这种影响并不显著。传统同业负债业务对国有控股银行的风险承担影响不显著,但传统同业负债业务占比的增加会使得股份制银行的风险承担水平上升,而城农商银行的风险承担水平下降,这是因为城农商银行的同业负债业务规模相比股份制银行还很小,城农商银行因为自身吸收存款能力有限,要借助同业市场获得资金缓解流动性风险,因此,风险承担水平下降;而股份制银行可能将从同业获得的存款进行再投资,投向信贷等领域,从而增加了风险承担。卖出回购业务占比的系数均为负,说明银行通过卖出回购工具参与非标投资等业务,从而显著增加了银行的风险承担。需要特别说明的是,由描述性统计可知,股份制银行的买入返售同业资产业务规模与同业负债业务规模的占比均最大,但股份制银行同业资产与负债业务规模对银行风险承担的影响系数绝对值并非最大,其主要原因在于:银行资产规模、资本充足水平、资产收益水平等微观特征决定着银行经营效率,同业负债与同业资产业务主要是通过银行经营效率的作用渠道对银行风险承担产生影响。同时,银行经营效率的传导过程主要呈现非线性特征,不同类型银行表现出来的微观特征差异将决定着银行经营效率层面的差异,这种差异在银行经营效率的非线性传导作用下,导致股份制银行同业业务对银行风险承担的影响力度与股份制银行同业业务规模占比地位并非完全匹配。

(三) 内生性及稳健性检验

1. 内生性检验

为解决基础模型中可能存在的内生性问题,本文在基础模型的基础上,选取被解释变量 z 值、roa、er 等内生性变量的滞后一阶项与二阶项作为工具变量，采用工具变量法对基础模型进行回归分析，并对回归结果进行了过度识别检验与自相关检验，得到内生性检验结果，具体如表 8 所示。

表 8　　　　　　　　基于工具变量法的内生性检验结果

变量	(1)	(2)	(3)	(4)	(5)	(6)
被解释变量	z	z	z	z	z	z
L.z	0.550*** (0.0117)	0.542*** (0.0106)	0.543*** (0.0118)	0.545*** (0.0103)	0.535*** (0.0110)	0.583*** (0.0116)
ina	-0.166*** (0.0143)					
inta		-0.110*** (0.0253)				
inna			-0.169*** (0.0202)			
inl				-0.112*** (0.0139)		
intl					0.0452*** (0.0134)	
innl						-0.412*** (0.0298)
size	2.407*** (0.223)	2.309*** (0.243)	2.517*** (0.250)	2.549*** (0.224)	2.428*** (0.248)	2.136*** (0.226)
roa	7.012*** (0.666)	7.143*** (0.553)	6.830*** (0.719)	5.738*** (0.700)	7.160*** (0.638)	5.501*** (0.735)
er	1.444*** (0.170)	1.739*** (0.169)	1.734*** (0.167)	1.604*** (0.162)	1.995*** (0.142)	0.937*** (0.163)
ldr	0.0232** (0.00984)	0.0344*** (0.0104)	0.0323*** (0.00897)	0.0459*** (0.0121)	0.0386*** (0.00965)	0.0494*** (0.0109)
car	0.593*** (0.0956)	0.438*** (0.0851)	0.464*** (0.0919)	0.474*** (0.0892)	0.376*** (0.0769)	0.831*** (0.0861)
gdp	0.867*** (0.0887)	1.014*** (0.104)	1.112*** (0.0868)	0.874*** (0.0909)	1.278*** (0.0986)	0.909*** (0.104)
m2	-0.0522** (0.0211)	-0.0859*** (0.0197)	-0.0387* (0.0206)	-0.0942*** (0.0186)	-0.0779*** (0.0198)	-0.136*** (0.0230)

续表

变量	(1)	(2)	(3)	(4)	(5)	(6)
被解释变量	z	z	z	z	z	z
rl	0.156 (0.134)	-0.361*** (0.133)	-0.235 (0.149)	-0.0194 (0.159)	-0.740*** (0.145)	-0.141 (0.153)
Constant	-77.87*** (6.128)	-75.20*** (6.823)	-82.32*** (6.868)	-79.82*** (6.064)	-80.69*** (6.833)	-69.04*** (6.333)
Observations	836	836	836	836	836	836
Number of code	100	100	100	100	100	100
Sargan	0.0755	0.0968	0.0365	0.0816	0.0541	0.0608
Abond(1)	0.0040	0.0044	0.0031	0.0021	0.0053	0.0004
Abond(2)	0.1029	0.0981	0.1307	0.0923	0.1238	0.2375
工具变量个数	68	68	68	68	68	68

注：**、*** 分别表示回归系数在 5%、1% 的水平上显著，括号里为标准误。

上述内生性检验结果表明，在 5% 的显著性水平上接受"所有工具变量均有效"及"扰动项差分的二阶自相关系数为 0"的原假设，说明工具变量法模型回归有效，且与基础模型回归结果基本一致，对此，基础模型不存在内生性问题。

2. 稳健性检验

为进一步验证上述结论是否稳健，本文采用不良贷款率作为银行风险承担的替代变量进行稳健性检验，得到稳健性检验具体结果如表 9 所示。

表 9   稳健性检验结果

变量	(1)	(2)	(3)	(4)	(5)	(6)
被解释变量	npl	npl	npl	npl	npl	risk
L.npl	0.561*** (0.00117)	0.560*** (0.00116)	0.561*** (0.00122)	0.563*** (0.00153)	0.563*** (0.00121)	0.562*** (0.00162)
ina	0.00876*** (0.000858)					
inta		0.0172*** (0.00111)				
inna			0.00106 (0.00127)			

续表

变量	(1)	(2)	(3)	(4)	(5)	(6)
被解释变量	npl	npl	npl	npl	npl	risk
inl				0.0165*** (0.000719)		
intl					0.00401*** (0.000677)	
innl						0.0317*** (0.00146)
size	0.288*** (0.0101)	0.306*** (0.00864)	0.297*** (0.00991)	0.244*** (0.0127)	0.301*** (0.0105)	0.300*** (0.0112)
roa	0.349*** (0.0211)	0.376*** (0.0190)	0.357*** (0.0233)	0.386*** (0.0287)	0.355*** (0.0248)	0.354*** (0.0301)
er	0.0670*** (0.00362)	0.0608*** (0.00371)	0.0629*** (0.00374)	0.0770*** (0.00381)	0.0559*** (0.00385)	0.108*** (0.00518)
ldr	0.00225*** (0.000626)	0.00210*** (0.000610)	0.000730 (0.000594)	0.000369 (0.000589)	0.000623 (0.000587)	0.00158*** (0.000526)
car	-0.135*** (0.00283)	-0.132*** (0.00237)	-0.132*** (0.00339)	-0.133*** (0.00322)	-0.125*** (0.00266)	-0.146*** (0.00345)
gdp	0.0948*** (0.00622)	0.105*** (0.00603)	0.0838*** (0.00619)	0.107*** (0.00698)	0.0912*** (0.00616)	0.0910*** (0.00738)
m2	-0.0156*** (0.00125)	-0.0132*** (0.00113)	-0.014*** (0.00120)	-0.011*** (0.00129)	-0.0139*** (0.00121)	-0.0107*** (0.00157)
rl	-0.250*** (0.00872)	-0.256*** (0.00870)	-0.217*** (0.00876)	-0.254*** (0.0106)	-0.223*** (0.00960)	-0.212*** (0.0104)
Constant	-5.566*** (0.343)	-6.126*** (0.291)	-5.702*** (0.328)	-4.730*** (0.401)	-5.924*** (0.349)	-6.218*** (0.354)
Observations	836	836	836	836	836	836
Num of code	100	100	100	100	100	100
Sargan	0.1634	0.1844	0.1618	0.0777	0.1147	0.0562

注：*** 表示回归系数在1%的水平上显著，括号里为标准误。

上述稳健性检验结果表明，当采用不良贷款率作为被解释变量时，我们得到的实证结论与本文前面的实证结论基本一致，说明稳健性检验结果与实证结论具有较好的一致性，该结果表明本文实证结论具有较好的稳健性及可靠性。

五、结论与建议

本文选取 2006~2017 年中国 100 家商业银行年度数据对同业业务对银行风险承担的影响进行了实证分析。本文主要结论归纳如下：一是银行风险承担的一阶滞后变量系数均显著，说明银行风险运营过程中，其前期风险对其后期风险存在显著的影响，银行风险承担行为存在显著的持续性。二是同业资产业务规模的扩张会显著提升银行风险承担水平；不管是传统同业资产业务还是新兴同业资产业务的扩张均会显著增加银行的风险承担，且新兴同业资产业务扩张对银行风险承担的影响更大。三是同业负债业务的扩张也会显著增大银行的风险承担水平；银行主要通过传统同业负债业务来调剂资金缺口及改善流动性，从而使银行风险承担水平降低，而随着新兴同业负债业务的扩张，则会加大银行风险承担。四是不同属性的银行间同业业务发展对银行风险承担的影响存在显著差异。传统同业资产业务扩张对国有控股银行风险承担的提升力度最大，股份制银行居中，城农商银行最小。主要原因在于，国有控股银行拥有更多的资源和信息优势，在同业业务市场中仍然扮演着重要角色，但国有控股银行作为系统重要性银行，对金融稳定具有至关重要作用，应加强对国有控股银行同业业务的监管。但新兴同业资产业务对国有控股银行风险承担的影响不显著，对股份制银行的提升力度大于城农商银行。说明相比国有控股银行来说，股份制银行倾向于参与风险较大的买入返售类同业资产交易。五是同业负债业务对不同属性的银行风险承担的影响存在较大差异，主要表现为：传统同业负债业务扩展对股份制银行风险承担存在提升作用，对城农商银行风险承担则存在抑制作用，对国有控股银行影响不显著。主要原因在于：城农商银行同业负债业务规模远小于股份制银行，城农商银行因自身吸收存款能力有限，要借助同业市场获得资金缓解流动性风险，从而促使其风险承担水平下降。而股份制银行可能将从同业市场获得的存款进行信贷扩张，从而增加了其风险承担水平。新兴同业负债业务扩张对国有控股银行风险承担的提升力度最大，股份制银行居中，城农商银行最小。

依据上述结论，本文提出如下政策建议：一是在微观层面疏堵结合，既要遏制违规性信贷的不合理增长，又要采取积极措施引导同业业务规范化发展。从"堵"的角度来看，应严格控制部分类型业务的扩张，在风险过大时，可暂停部分业务的发行。从"疏"的角度来看，要对同业业务的发展进行积极引导与疏通，把握好监管强度，对类似于资产证券化产品的买入返售等同业业务，由于其在盘活存量资产，提高资金配置效率及服务实体经济方面发挥着越来越重要的作用，政策层面应积极引导其更加规范化发展，从而更好地服务实体经济。二是宏观审慎层面，应将同业业务纳入监管范畴。银行往往借助同业业务扩大信贷规模，实现资产出表，从而规避信贷监管，同业资产的风险资产计提比重要远远低于信贷资产，因此，应加强对同业风险资产的监管，针对同业业务的不同业务类型的风险特性，调整资本计提标准，合理设置风险权重，将借同业业务变相扩大信贷规模的同业代付、买入返售等业务纳入宏观审慎监管框架，提高该类业务的信贷资本占用要求，从而改善银行防范风险的能力并能有效防止银行的监管套利行为。三是同业业务监管需要进行规模与投向控制以及差别化监管。监管部门应严格限制银行同业业务在总资产中的比重，防止同业业务规模的过度扩张；严格监控同业资金的流向，防止银行通过业务操作规避信贷监管，扩大信贷规模，将资金投向房地产等高风险领域。鉴于银行同业业务发展的异质性特征，监管部门应对银行进行动态化和差别化监管，尤其是对股份制银行买入返售业务的激进式的发展，进行规范化与标准化监管，防范银行为增加盈利水平而过度承担风险的行为，维护银行乃至整个金融体系的安全。

参考文献

1. 陈晖阳、李心丹、王宇超：《银行业运行效率是否存在帕累托改进的空间——商业银行金融同业业务发展模式分析》，载于《南京社会科学》2015年第6期。

2. 邓向荣、张嘉明、李宝伟、张云：《利率市场化视角下货币政策对银行流动性创造的影响——基于银行风险承担的中介效应检验》，载于《财经理论与实践》2018年第1期。

3. 顾海峰：《银保协作、担保投资与银行信用风险分散——基于银保信贷系统的视角》，载于《当代经济科学》2017年第4期。

4. 顾海峰：《银保协作、政府助保贷款与银行信用风险分散——基于信息甄别与信用增进的双重视角》，载于《金融论坛》2018年第8期。

5. 廉永辉：《同业网络中的风险传染——基于中国银行业的实证研究》，载于《财经研究》2016年第9期。

6. 罗中、缪海斌：《商业银行同业资产扩张与风险承担——基于中国银行业的实证研究》，载于《金融监管研究》2013年第8期。

7. 邵汉华、杨俊、廖尝君：《商业银行同业业务扩张与货币政策传导——基于银行信贷渠道的实证检验》，载于《金融经济学研究》2015年第2期。

8. 孙勇：《银行同业业务创新对信贷管制的突破研究》，载于《财经问题研究》2014年第2期。

9. 魏国雄：《有效防范银行同业业务风险》，载于《中国金融》2014年第 8 期。

10. 吴军、黄丹:《商业银行同业业务超常扩张对金融稳定的影响——基于 15 家商业银行的实证分析》,载于《金融论坛》2015 年第 5 期。

11. 吴念鲁、徐丽丽、苗海宾:《我国银行同业之间流动性风险传染研究——基于复杂网络理论分析视角》,载于《国际金融研究》2017 年第 7 期。

12. 肖崎、阮健浓:《我国银行同业业务发展对货币政策和金融稳定的影响》,载于《国际金融研究》2014 年第 3 期。

13. 许余洁:《银行间流动性的同业视角》,载于《中国金融》2014 年第 8 期。

14. 翟光宇、何玉洁、孙晓霞:《中国上市银行同业业务扩张与银行风险——基于 2007 - 2013 年季度数据的实证分析》,载于《投资研究》2015 年第 2 期。

15. 张萌:《银行同业违约情景下的流动性风险压力测试》,载于《经济问题探索》2016 年第 12 期。

16. 赵成珍、宋锦玲:《货币政策风险承担渠道存在性研究——基于新型银行同业业务的视角》,载于《技术经济与管理研究》2017 年第 7 期。

17. 郑超:《商业银行同业业务资产配置、资产收益率和渠道成本研究》,载于《现代管理科学》2015 年第 10 期。

18. 中国人民银行上海总部公开市场操作部课题组、朱沛:《同业创新业务对中小商业银行流动性管理带来的挑战及应对》,载于《上海金融》2015 年第 8 期。

19. 周再清、甘易、胡月:《商业银行同业资产特性与风险承担行为——基于中国银行业动态面板系统 GMM 的实证分析》,载于《国际金融研究》2017 年第 7 期。

20. 朱顺泉、赖少钺:《上市商业银行同业业务的风险承担影响实证研究——来自面板工具变量法的证据》,载于《统计与信息论坛》2019 年第 6 期。

21. Allen, F., and Gale, D., 2000, "Financial Contagion", *Journal of Political Economy*, No. 1, pp. 1 - 33.

22. Castiglionesi, F., Feriozzi, F., and Lóránth, G., 2014, "Liquidity Coinsurance and Bank Capital", *Journal of Money Credit & Banking*, No. 23, pp. 409 - 443.

23. Castiglionesi, F., Feriozzi, F., and Lorenzoni G., 2017, "Financial Integration and Liquidity Crises", *Nber Working Papers*, No. 12, pp. 373 - 382.

24. Freixas, X., Parigi, B. M., and Rochet, J. C., 2000, "Systemic Risk, Interbank Relations, and Liquidity Provision by the Central Bank", *Journal*

of Money Credit & Banking, No. 3, pp. 611 –638.

25. Furfine, C. H., 2003, "Interbank Exposures: Quantifying the Risk of Contagion", *Journal of Money Credit & Banking*, No. 1, pp. 111 –128.

26. Mistrulli, P. E., 2011, "Assessing Financial Contagion in the Interbank Market: Maximum Entropy versus Observed Interbank Lending Patterns", *Journal of Banking & Finance*, No. 5, pp. 1114 –1127.

27. Rochet, J. C., and Tirole, J., 1996, "Interbank Lending and Systemic Risk", *Journal of Money Credit & Banking*, No. 4, pp. 733 –762.

28. Schnabel, I., and Shin, H. S., 2004, "Liquidity and Contagion: The Crisis of 1763", *Journal of the European Economic Association*, No. 6, pp. 929 –968.

29. Sheldon, G., and Maurer, M., 2008, "Interbank Lending and Systemic Risk: An Empirical Analysis for Switzerland", *Swiss Journal of Economics & Statistics*, No. 5, pp. 685 –704.

30. Upper, C., and Worms, A., 2002, "Estimating Bilateral Exposures in the German Interbank Market: Is There a Danger of Contagion?", *Discussion Paper*, No. 4, pp. 827 –849.

31. Wells, S., 2002, "UK Interbank Exposures: Systemic Risk Implications", *Financial Stability Review*, No. 1, pp. 89 –105

Does the Expansion of Interbank Business Increase Commercial Bank Risk-taking?
—Based on Double Perspectives of Assets and Liabilities

GU Haifeng   MA Cong

(Glorious Sun School of Business and Management of Donghua University, 200051)

[**Abstract**] This paper analyzes mechanism of interbank business and risk-taking. We select the annual data of 100 China banks in 2006 – 2017 and establish a dynamic non-balanced panel regression model to analyze the impact of interbank business on bank risk-taking. The result shows that: (1) The expansion of interbank assets and interbank liabilities will significantly increase the bank's risk-taking level, and the emerging interbank assets business will have a greater impact on bank's risk-taking than traditional interbank assets business. (2) Banks mainly use the traditional interbank debt business to adjust the capital gap and improve liquidity, thus helping to reduce their risk-taking level, but the expansion of the emerging interbank debt business will increase the bank risk bearing level. (3) The impact of interbank business on bank risk exposure is heterogeneous. The total scale of traditional interbank assets have a greater impact on the risk-taking of state-owned banks, and the impact of emerging interbank assets on the risk-taking of joint-stock banks is greater than that of urban-funded banks, while has no significant impact on state-owned banks. (4) The expansion of traditional interbank liability business will increase the risk-taking level of joint-stock banks, and reduce the risk-taking level of urban-funded banks, which is not significant for state-owned banks. The emerging interbank debt business has a greater boost to the risk-taking of state-controlled banks than joint-stock banks and urban-funded banks.

[**Key Words**] Interbank Business   Interbank Asset   Interbank Debt   Bank Risk-taking   Dynamic GMM Model

JEl Classifications: G21   G33   C23

产品异质性、生产率与企业出口二元边际*

▶邢　洁　刘国亮**◀

【摘　要】 为了考察产品异质性和生产率对企业出口二元边际的影响，采用 2000~2006 年中国海关数据库与中国工业企业数据库的匹配数据，从微观角度把企业出口增长分解为深度边际和广度边际，以我国 12 个具有代表性的制造业行业出口企业为样本进行实证分析。结果表明，产品异质性和生产率对企业出口二元边际扩张均有显著正向影响。并且，产品异质性和生产率在企业出口二元边际扩张中的相对重要性与目标市场的替代弹性有关。目标市场产品差别化程度越高，加强产品质量、功能以及知名度等产品特性更有利于企业扩大出口二元边际；目标市场产品同质化程度越高，提高生产率降低成本更有利于企业出口二元边际的扩张。

【关键词】 企业异质性　产品异质性　生产率　二元边际　替代弹性

中图分类号：F01　F06　F74　　文献标识码：A

一、引　言

国际贸易领域关于出口二元边际的研究分析，大多是从国家的角度出发，把一国的出口贸易增长分解成深度边际（或集约边际，intensive margin）和广度边际（或扩展边际，extensive margin）。已有文献对深度边际的界定比较

---

* 本文受国家社科基金重大项目"供给侧结构改革、异质性消费者行为与经济增长"（17ZDA038）资助。

** 邢洁：山东大学经济学院博士生；地址：（250100）山东省济南市山大南路 27 号；E-mail：xingjie1213@163.com。刘国亮：山东大学经济学院教授、博士生导师；地址：（250100）济南市山大南路 27 号；E-mail：glliu@sdu.edu.cn。

一致,是指现有出口企业现有产品销量的增长。而关于广度边际,并没有统一的定义。一种观点认为,广度边际主要是指出口国和其他国家建立新的贸易伙伴关系,即目标市场个数的增加,例如赫尔普曼等(Helpman et al.,2008)、菲奥博梅和科勒(Felbermayr & Kohler,2006);第二种观点认为,在对出口总量进行分解之后,出口产品种类的增加即出口的广度边际,例如胡麦勒和科莱诺(Hummels & Klenow,2005)、钱学锋等(2013)。还有的观点认为,广度边际还应该包括在现有出口企业基础上新出口企业的增加,例如曼努瓦和张(Manova & Zhang,2009)。但是,由于所得数据的限制等因素,从单个企业角度出发,把企业出口增长分解为深度边际和广度边际的微观层面的研究并不多。直到伯纳德等(Bernard et al.,2010),把企业出口增长分解为包括出口产品种数和目标市场个数在内的广度边际和以企业出口额代表的深度边际,利用比利时出口企业的微观数据,考察了生产率对企业出口二元边际的重要影响。近几年,欧和李(Aw & Lee,2017)、陈雯和孙照吉(2016)也都是从企业层面出口二元边际角度分析影响企业出口的重要因素。罗伯特等(Roberts et al.,2018)利用中国制鞋业2002~2006年企业层面生产和贸易的微观数据研究发现,企业所面临需求和成本方面的因素对企业出口深度边际有重要影响。沈鸿等(2017)采用1998~2007年企业微观数据研究了开发区设立和产业政策对企业出口二元边际的影响,结果表明开发区设立以及相应产业政策对企业出口的深度边际扩张有积极作用,但并不能促进企业出口广度边际。白东北等(2019)基于企业劳动力成本视角研究了产业集聚与企业出口二元边际之间的关系,发现产业集聚可以抵消劳动力成本上升对企业出口的抑制作用,从而促进企业出口二元边际扩张。张鹏杨等(2019)通过分析产业政策对企业出口二元边际的影响得出:产业政策促进了企业出口广度边际的扩张,对企业出口深度边际的扩张影响不显著。在已有研究的基础上,本文利用我国制造业12个行业2000~2006年企业层面的生产和贸易数据,考察产品异质性和生产率对企业出口二元边际的影响,其中深度边际以企业出口额为衡量指标,广度边际包括企业出口产品种数和目标市场个数。

生产率作为成本方面的企业异质性,由梅利茨(Melitz,2003)引入,在企业出口决策、目标市场选择和国际市场贸易模式等贸易活动中发挥的作用已经得到广泛重视。产品异质性是指同种产品在质量、功能以及知名度等产品特性方面呈现出差异化。主要有两种方法来表示产品异质性:一是用产品质量代替,二是构建需求指数。鲍德温和哈里根(Baldwin & Harrigan,2011)通过对微观数据的研究发现产品质量差异在解释企业异质性时发挥了重要作用。克罗泽特等(Crozet et al.,2012)以香槟制造商的出口产品为研究对象,发现香槟质量越好、出口销量越大且出口价格越高。施炳展

（2014）基于产品质量异质性企业贸易理论的先进研究，利用2000~2006年微观贸易数据，测算了我国企业出口产品质量，并提炼出产品质量越高、出口广度越大等一系列典型化事实。蒋灵多和陈勇兵（2015）构建了离散时间生存分析模型对多产品出口企业内异质产品的出口持续时间进行了分析，并通过使用2000~2006年中国企业出口数据验证得出，与企业边缘产品相比，其核心产品出口持续时间较长。哥瓦斯（Gervais，2015）对产品异质性进行了区分，证明了产品异质性和生产率都对企业出口绩效有着重要影响。

我国企业在寻求出口二元边际扩张的过程中，企业的生产决策是应该侧重于提高生产率降低产品成本，还是应该首要考虑加强产品质量、功能以及知名度等产品特性？也就是说，企业是应该通过生产"价廉"的产品还是"物美"的产品来赢得海外市场？生产"物美"的产品，加强产品质量、功能以及知名度等产品特性，即企业需要投入更好的原材料、更多的研发资金和人力资本以及对产品形象更好的包装，这意味着产品成本的增加，在很长一段时间内企业很难做到"价廉"。而无论是成本更低的产品还是质量等产品特性更强的产品，在企业出口深度边际扩张和广度边际扩张中都有其一定的优势，在不同的市场结构特征下也有不同的表现。本文围绕这一问题展开探讨，采用我国制造业企业的微观数据进行检验。由于企业目标市场的结构特征也影响着企业生产决策，因此，本文还考察了表示市场产品差别化程度的需求弹性与产品异质性和生产率在企业出口二元边际中的交互作用。

本文的创新在于同时考察产品异质性和生产率对企业出口深度边际和广度边际的影响，并且广度边际基于产品种数和目标市场个数两个角度。以往研究，除了欧和李（2017），大多忽略了产品异质性在企业出口二元边际中的作用，而欧和李（2017）以我国台湾地区的出口企业为研究对象，虽然考虑了产品异质性对企业出口的影响，但关于企业出口二元边际只考察了对企业出口参与和产品种类决策的影响，并没有分析深度边际和目标市场广度边际。关于产品异质性，使用需求指数表示。需求指数的数据来源于邢洁和刘国亮（2019）按照欧和李（2017）的估算方法对我国12个代表性行业出口企业的估算结果，在消除了消费者个人偏好、行业特点以及经济环境等企业外部因素的情况下，企业所面临需求由产品价格和产品质量等产品特性决定，以同行业其他企业平均生产率为工具变量，通过两阶段最小二乘法估计企业需求函数的残差，得到每个企业的需求指数。企业需求指数越高，企业所生产产品质量等特性越强。

二、典型化事实

(一) 数据整理

本文采用了两套微观数据：中国工业企业数据库和中国海关交易统计数据库。中国工业企业数据库为企业层面的年度数据，包含了企业生产的有用信息；中国海关交易统计数据库为 8 位 HS 编码产品层面的月度数据，包含了企业贸易的有用信息。按照余淼杰（2010）和阿朴沃德（Upward，2013）的方法对这两套数据进行清理并匹配，得到 2000～2006 年共 263 247 条观测值。需要说明的是，8 位 HS 编码产品层面的月度数据 2000～2006 年数据质量较好，2007 年等其他年份数据出现微观贸易额加总值与统计年鉴宏观数据出入较大、主要变量缺失等问题，因此本文只采用了 2000～2006 年海关数据与工业企业数据进行匹配，得到本文分析的样本数据。本文仍然选择制造业的部分行业的出口企业进行分析验证，所包含的行业有：服装、除服装外的纺织制品、化纤制品、鞋帽、家具、玩具、塑料橡胶制品、陶瓷玻璃、机电音像设备、运输设备、光学医疗等仪器以及化学产品等行业。

本文采用了邢洁和刘国亮（2019）有关企业需求指数、全要素生产率和需求弹性的估算结果。其中，全要素生产率按照莱文松和佩纯（Levinsohn & Petrin，2003）估计所得，简称 LP 方法。这些数据的分布汇总如表 1 所示。

表 1　需求指数、需求弹性和全要素生产率分布汇总

行业	需求指数		需求弹性		全要素生产率	
	Mean	S.D.	Mean	S.D.	Mean	S.D.
服装	0.001	3.839	1.492	0.571	1.624	0.902
除服装外的纺织品	0.003	2.918	1.959	0.281	1.722	0.966
玩具	0.009	4.663	1.486	0.259	2.237	0.981
鞋帽	0.005	1.887	2.624	0.607	1.583	0.890
化纤	0.004	5.541	1.410	0.247	1.649	0.931
塑料橡胶制品	0.095	8.370	1.354	0.614	1.898	1.118
化学产品	0.002	2.496	4.259	1.058	1.495	1.075
陶瓷玻璃制品	-0.002	2.106	4.978	1.852	1.692	1.007
机电音像设备	-0.012	3.042	5.838	0.161	2.328	1.280

续表

行业	需求指数		需求弹性		全要素生产率	
	Mean	S.D.	Mean	S.D.	Mean	S.D.
家具	-0.039	1.840	5.109	0.116	2.301	1.040
光学医疗等仪器	-0.054	2.747	6.945	0.511	2.621	1.286
运输设备	-0.010	2.847	6.177	0.506	2.236	1.147

资料来源：笔者根据邢洁、刘国亮：《产品吸引力、全要素生产率与企业出口市场份额》，载于《产业经济评论》2019 年第 3 期内容整理所得。

（二）需求指数与企业出口二元边际

为获得产品异质性与企业出口二元边际的初步关系，根据已有数据，考察需求指数与企业出口额、出口产品种数以及目标市场个数之间的相关关系，其中出口额作为企业出口深度边际的衡量指标、产品种数和目标市场个数作为企业出口广度边际的衡量指标。所有变量均取 log 形式，结果如表 2 所示。

表 2　　　　需求指数与企业出口二元边际的相关系数

项目	出口额	出口产品种数	目标市场个数
需求指数	0.212	0.068	0.017

注：由 Stata 15.0 完成。

从表 2 中可以看出，需求指数与出口额、产品种数以及目标市场个数的相关系数均为正。由此做出推测，需求指数越高，意味着产品质量越好、产品功能越多或者产品知名度越高，尽管可能由于价格更高而减少一部分出口需求数量，但总体上却增加了出口收益，所以无论从深度边际还是广度边际，企业出口并没有因为价格优势的消失而减少反而进一步扩大。本文的实证部分将进一步具体考察产品异质性对企业出口二元边际的影响。

（三）生产率与企业出口二元边际

表 3 为企业层面的生产率与出口额、出口产品种数和目标市场个数之间的相关系数。除生产率外，出口额、出口产品种数和目标市场个数均取 log 形式。从表中可以看出，具有更高生产率的企业，出口额更大、更倾向于出口多种产品并且出口到多个目标市场。这与已有大量文献的研究结论相一致。

表 3 生产率与企业出口二元边际的相关系数

项目	出口额	出口产品种数	目标市场个数
生产率	0.134	0.019	0.042

注：由 Stata 15.0 完成。

三、实 证 分 析

本文使用所选 12 个制造业行业的合并样本，分别从深度边际和广度边际两个角度考察表示产品异质性的需求指数和由 LP 法所得的全要素生产率对企业出口绩效的影响。

（一）深度边际

深度边际的衡量指标采用企业在目标市场的年度出口额，对于多目标市场企业以出口份额为权重进行加总。被解释变量为出口额，解释变量包括用资本存量衡量的企业规模、前文估计所得的企业需求指数和全要素生产率等。

表 4 汇总了三种企业特征组合的估计结果。从第（1）列至第（2）列，解释变量增加了需求指数之后，生产率的系数从 0.245 下降到 0.230，企业规模的系数从 0.263 下降到 0.194。需求指数提高 1%，出口额增长 15.4%。这表明，从企业出口的深度边际角度，需求指数发挥了重要作用，如果忽略了需求指数的影响，就意味着某种程度高估了提高生产率降低成本对企业出口深度边际的影响。

表 4 深度边际

项目	（1）	（2）	（3）
全要素生产率（LP）	0.245 *** (0.005)	0.230 *** (0.004)	0.043 *** (0.009)
需求指数		0.154 *** (0.001)	0.125 *** (0.002)
企业规模	0.263 *** (0.004)	0.194 *** (0.004)	0.183 *** (0.004)
需求指数×需求弹性			−0.015 *** (0.001)

续表

项目	（1）	（2）	（3）
全要素生产率（LP）×需求弹性			0.048 *** （0.002）
Year dummy	Yes	Yes	Yes
Industry dummy	Yes	Yes	Yes
Observations	100 538	100 538	100 538

注：被解释变量为取 log 形式的企业出口额；估计结果由 Stata 15.0 完成；括号内为标准差；*** 表示参数的估计值在 1% 的统计水平上显著；Yes 表示估计过程中加入了控制变量。

表 4 的第（3）列报告了进一步加入需求指数和生产率与替代弹性的乘积项后的估计结果。需求指数与替代弹性的乘积项系数符号为负，生产率与替代弹性的乘积项系数符号为正。与欧和李（2017）对我国台湾地区的出口企业的考察结果一致，需求指数和生产率对企业出口深度边际影响的相对重要性与替代弹性有关。目标市场的产品差别化程度越高，也就是替代弹性越小，通过加强产品质量等产品特性来扩大出口的效果越明显。这是因为，产品差别化程度较高的市场，替代品较少，顾客对具有某些特征的产品具有一定的依赖性，此时，加强产品质量等产品特性更能巩固并扩大消费群体。

（二）广度边际

广度边际的衡量指标有两个，其一是企业出口产品种数，其二是企业目标市场个数。因为被解释变量均为有序离散变量，所以使用有序概率选择模型（ordered probit model，oprobit）考察企业出口的广度边际。

1. 产品种类广度边际

被解释变量为企业出口产品种数时，样本企业共分为三类：一是出口一种产品的企业（N=1，共 74 670 个观测值），二是出口两种产品的企业（N=2，共 13 716 个观测值），三是出口三种及以上产品的企业（N=3，共 12 152 个观测值）。

表 5 的第一列报告了产品种类广度边际的系数估计结果。生产率和资本存量的系数符号均为正，表明规模越大或者生产率越高的企业更倾向于出口多种产品。这与已有文献的普遍观察结果一致。需求指数的系数符号也为正，为 0.051，表明具有较高需求指数的企业往往也更有可能出口多种产品，需求指数对企业出口产品种类广度边际的影响不容忽视。其次，生产率和需求指数与替代弹性的乘积项符号一正一负，这意味着，尽管需求指数和生产率都对企业出口的产品种类广度边际有着显著影响，但这两者的相对重要性与

目标市场的产品差别化程度有关。目标市场的替代弹性越大,即替代品越多,提高生产率以降低成本越有利于企业增加出口产品种类。另外,切点值(Cut1 和 Cut2)在1%的统计水平上显著区别于0并且彼此显著不同,表明企业出口产品种类的增加是渐进的。

表5的后三列为边际效应。当 N = 1 时,解释变量的边际效应均为负;当 N = 2 和 N = 3 时,边际效应均为正。以需求指数为例,需求指数每提高一个单位,企业选择只出口一种产品的概率减少 0.016,出口多种产品的概率增加 0.016,其中,出口两种产品的概率增加 0.010,出口三种及以上产品的概率增加 0.006。

表5　　　　　　　　　产品种类广度边际

项目	系数	边际效应		
		Pr(N=1)	Pr(N=2)	Pr(N=3)
全要素生产率(LP)	0.059 *** (0.005)	-0.018 *** (0.001)	0.011 *** (0.001)	0.007 *** (0.001)
需求指数	0.051 *** (0.010)	-0.016 *** (0.003)	0.010 *** (0.002)	0.006 *** (0.001)
企业规模	0.112 *** (0.003)	-0.035 *** (0.001)	0.022 *** (0.001)	0.013 *** (0.001)
需求指数×需求弹性	-0.038 *** (0.025)			
全要素生产率(LP)×需求弹性	0.150 *** (0.004)			
切点				
Cut1	1.721 *** (0.023)	Cut2	2.262 *** (0.025)	
Observations	100 538			

注:被解释变量为企业出口产品种数;估计结果由 Stata 15.0 完成;括号内为标准差;*** 表示参数的估计值在1%的统计水平上显著。

2. 目标市场广度边际

被解释变量为企业出口目标市场个数时,样本企业共分为四类:一是出口到一个目标市场(N=1,共37 845个观测值),二是出口到两个目标市场(N=2,共28 644个观测值),三是出口到三个目标市场(N=3,共18 024个观测值),四是出口到四个及以上目标市场(N=4,共16 025个观测值)。结果如表6所示。

表6　目标市场广度边际

项目	系数	边际效应			
		Pr(N=1)	Pr(N=2)	Pr(N=3)	Pr(N=4)
全要素生产率（LP）	0.066*** (0.004)	-0.024*** (0.001)	0.015*** (0.001)	0.008*** (0.001)	0.001*** (0.001)
需求指数	0.136*** (0.009)	-0.050*** (0.003)	0.032*** (0.002)	0.016*** (0.001)	0.002*** (0.001)
企业规模	0.114*** (0.002)	-0.042*** (0.001)	0.027*** (0.001)	0.014*** (0.001)	0.001*** (0.001)
需求指数×需求弹性	-0.228*** (0.022)				
全要素生产率（LP）×需求弹性	0.050*** (0.003)				
切点					
Cut1	0.872*** (0.020)	Cut2	1.631*** (0.020)	Cut3	2.236*** (0.020)
Observations	100 538				

注：被解释变量为企业目标市场个数；估计结果由Stata 15.0完成；括号内为标准差；***表示参数的估计值在1%的统计水平上显著。

需求指数和生产率对企业目标市场广度边际都有着显著影响，且系数均为正，表明产品特性越强、生产率越高，企业越倾向于出口到多个目标市场。以需求指数为例，需求指数每提高一个单位，企业只出口到一个目标市场的概率减少0.050，也就是企业选择出口到多个目标市场的概率增加0.050，其中出口到两个目标市场的概率增加0.032，出口到三个目标市场的概率增加0.016，出口到四个及以上目标市场的概率增加仅为0.002。替代弹性与需求指数和生产率的乘积项则反映了产品异质性和生产率在企业出口目标市场广度边际中的相对重要性。替代弹性越小，即目标市场产品差别化程度越高，加强产品特性相对于提高生产率降低成本会更有利于企业扩大目标市场边际；相反，目标市场产品同质化越高，提高生产率降低成本更有利于企业扩大目标市场边际。

（三）稳健性检验

为检验上述结果的稳健性，以单位价值（unit value）代替需求指数来衡量产品异质性，使用欧雷和皮克斯（Olley & Pakes, 1996）的方法估计所得全要素生产率代替 LP 法全要素生产率,对企业出口的深度边际和广度边际重新进行估计。

表 7 报告了深度边际稳健性检验结果。与表 4 的结果一致,加入单位价值后,生产率和企业规模的系数都减小了,验证了产品异质性在企业出口深度边际中的重要性。单位价值与需求弹性乘积系数为负,生产率与需求弹性乘积系数为正,验证了产品异质性与需求弹性的正向交互作用、生产率与需求弹性的负向交互作用。

表 7　　　　　　　　　　深度边际稳健性检验

项目	(1)	(2)	(3)
全要素生产率（OP）	0.119 *** (0.012)	0.104 *** (0.012)	0.121 *** (0.025)
单位价值		0.113 *** (0.006)	0.081 *** (0.013)
企业规模	0.307 *** (0.008)	0.291 *** (0.008)	0.291 *** (0.008)
单位价值 × 需求弹性			-0.008 *** (0.003)
全要素生产率（OP） × 需求弹性			0.005 *** (0.001)
Year dummy	Yes	Yes	Yes
Industry dummy	Yes	Yes	Yes
Observations	100 538	100 538	100 538

注:被解释变量为取 log 形式的企业出口额;估计结果由 Stata 15.0 完成;括号内为标准差; *** 表示参数的估计值在 1% 的统计水平上显著;Yes 表示估计过程中加入了控制变量。

表 8 为产品种数广度边际稳健性检验结果。无论系数符号还是边际效应符号,均与表 5 结果一致,验证了产品异质性和生产率在企业出口产品种类广度边际中的正向作用,产品异质性和生产率与需求弹性的交互作用是稳健的。

表 8　　　　　　　　　产品种类广度边际稳健性检验

项目	系数	边际效应		
		Pr(N=1)	Pr(N=2)	Pr(N=3)
全要素生产率（OP）	0.105 *** (0.007)	-0.032 *** (0.002)	0.020 *** (0.001)	0.012 *** (0.001)

续表

项目	系数	边际效应		
		Pr(N=1)	Pr(N=2)	Pr(N=3)
单位价值	0.042*** (0.003)	-0.013*** (0.001)	0.008*** (0.001)	0.005*** (0.001)
企业规模	0.118*** (0.003)	-0.036*** (0.001)	0.022*** (0.001)	0.014*** (0.001)
单位价值×需求弹性	-0.049*** (0.013)			
全要素生产率（OP）×需求弹性	0.141*** (0.030)			
切点				
Cut1	1.603*** (0.026)	Cut2	2.145*** (0.026)	
Observations	100 538			

注：被解释变量为企业出口产品种数；估计结果由 Stata 15.0 完成；括号内为标准差；*** 表示参数的估计值在1%的统计水平上显著。

表9报告了目标市场广度边际稳健性检验的结果。产品异质性和生产率在企业出口目标市场广度边际中的显著正向作用是稳健的，产品异质性与需求弹性的负向交互作用以及生产率与需求弹性的正向交互作用也得到了验证。

表9　　目标市场广度边际稳健性检验

项目	系数	边际效应			
		Pr(N=1)	Pr(N=2)	Pr(N=3)	Pr(N=4)
全要素生产率（OP）	0.204*** (0.055)	-0.075*** (0.020)	0.048*** (0.013)	0.024*** (0.007)	0.003*** (0.001)
单位价值	0.140*** (0.026)	-0.051*** (0.009)	0.033*** (0.006)	0.017*** (0.003)	0.001*** (0.001)
企业规模	0.139*** (0.002)	-0.051*** (0.001)	0.033*** (0.001)	0.016*** (0.001)	0.002*** (0.001)
单位价值×需求弹性	-0.135*** (0.103)				
全要素生产率（OP）×需求弹性	0.624*** (0.232)				

续表

项目	系数	边际效应			
		Pr(N=1)	Pr(N=2)	Pr(N=3)	Pr(N=4)
切点					
Cut1	1.018*** (0.022)	Cut2	1.774*** (0.022)	Cut3	2.378*** (0.022)
Observations	100 538				

注：被解释变量为企业目标市场个数；估计结果由 Stata 15.0 完成；括号内为标准差；*** 表示参数的估计值在 1% 的统计水平上显著。

四、结论和建议

本文针对我国 12 个制造业行业考察了企业层面代表产品异质性的需求指数和全要素生产率对企业出口深度边际和广度边际的影响，并且对替代弹性与需求指数和生产率的交互作用进行了实证分析。其中，采用企业在目标市场的年度出口额作为企业出口深度边际的衡量指标，采用企业出口产品种数和目标市场个数作为企业出口广度边际的衡量指标。

结果表明，不仅生产率影响企业出口的深度边际和广度边际，需求指数代表的产品异质性也在企业出口的二元边际中发挥了重要作用。如果忽略了产品异质性的作用，就一定程度地高估了低成本在企业扩大出口深度和广度中的作用。而生产率和产品异质性在企业出口二元边际中的相对重要性又与目标市场的替代弹性有关。目标市场的替代弹性越小，也就是产品差别化程度越高，通过提高产品特性来扩大企业出口二元边际的效果越明显；目标市场的替代弹性越大，也就是产品同质化程度越高，提高生产率以降低成本扩大企业出口二元边际的效果越明显。

企业无论是扩大出口的深度边际还是广度边际，在对生产成本较低和质量等产品特性较强的产品之间进行权衡时，都要充分考虑目标市场产品的差别化程度。目标市场产品差别化程度较高，市场上已有的产品较为多样化，消费者的选择和对产品的要求也较多，这种情况下，企业为扩大出口额和出口产品种数以及寻求更多的出口目的地，比起一味地降低成本，使用更好的原材料、提高生产工艺甚至改进外观设计等都会更加有效，加强产品特性所导致的价格上升引起的损失也会由于吸引到更多挑剔的消费者而得到弥补，甚至在全新的市场脱颖而出，并且，由于产品的独特性较强，所吸引到的消费群体也相对忠诚和稳固。而面对产品较为单一的市场，消费者的偏好也比较单一化，在产品质量、功能和外观都很难有较大差别的情况下，价格优势将为企业赢得更大和更多的市场，这种情况下，企业只有不断提高生产率降低成本才能扩大其出口的二元边际。

总之，文本为产品异质性和生产率在企业出口二元边际中的重要作用提供了中国制造业样本的实证根据。事实上，我国企业无论在寻求海外市场的深度扩张还是广度扩张过程中，只是依靠提高生产率降低成本已经很难成功，并且，不是所有企业都有能力生产并出口质量高、功能强并且价格低的产品。因此，企业扩大海外市场时，不仅要认识到产品异质性在企业出口二元边际中的重要作用，还要根据目标市场的产品差别化程度具体情况具体分析，从而选择更有效的策略。如果目标市场产品趋同，企业要想获得出口二元边际的扩张，仍然要依靠生产率的提高从而降低生产成本。如果目标市场产品差别化程度较高，则加强产品质量、功能以及知名度等产品特性将更有利于企业出口额和出口产品种数的增加甚至出口目的地的扩张。

在未来的研究中，可以从产品异质性细分的角度出发进行扩展，区分产品质量异质性、功能异质性以及知名度异质性等。考察细分后的产品异质性在企业出口二元边际中的作用和相对重要性。细分后的产品异质性的估计将更为复杂，在变量选择上需要做充分的考虑。企业在海外扩张中，应该如何提高产品特性，提高质量但保持单一的功能，还是增加功能放弃较高的质量，这又将是一个需要企业权衡的问题。

参考文献

1. 白东北、张营营、王珏：《产业集聚与中国企业出口行为：基于企业劳动力成本的研究》，载于《世界经济研究》2019年第11期。

2. 陈雯、孙照吉：《劳动力成本与企业出口二元边际》，载于《数量经济技术经济研究》2016年第9期。

3. 蒋灵多、陈勇兵：《出口企业的产品异质性与出口持续时间》，载于《世界经济》2015年第7期。

4. 钱学锋、王胜、陈勇兵：《中国的多产品出口企业及其产品范围：事实与解释》，载于《管理世界》2013年第1期。

5. 沈鸿、顾乃华、陈丽娴：《开发区设立、产业政策与企业出口——基于二元边际与地区差异视角的实证研究》，载于《财贸研究》2017年第12期。

6. 施炳展：《中国企业出口产品质量异质性：测度与事实》，载于《经济学（季刊）》2014年第13期。

7. 邢洁、刘国亮：《产品吸引力、全要素生产率与企业出口市场份额》，载于《产业经济评论》2019年第3期。

8. 余淼杰：《中国的贸易自由化与制造业企业生产率：来自企业层面的实证分析》，载于《经济研究》2010年第12期。

9. 张鹏杨、李众宜、毛海涛：《产业政策如何影响企业出口二元边际》，载于《国际贸易问题》2019 年第 7 期。

10. Aw B. Y., Lee Y., 2017, "Demand, Costs and Product Scope in the Export Market", *European Economic Review*, Vol. 100, pp. 28 – 49.

11. Baldwin R., Harrigan J., 2010, "Zeros, Quality and Space: Trade Theory and Trade Evidence", *American Economic Journal: Microeconomics*, Vol. 3, No. 2, pp. 60 – 88.

12. Bernard A., Beveren I., Vandenbussche H., 2010, "Multi – Produdct Exporters, Carry-along Trade and the Margins of Trade", National Bank of Belgium Working Paper, No. 203.

13. Crozet M., Head K., Mayer T., 2012, "Quality Sorting and Trade: Firm-level Evidence for French Wine", *The Review of Economic Studies*, Vol. 79, pp. 609 – 644.

14. Felbermayr G., Kohler W., 2006, "Exploring the Intensive and Extensive Margins of World Trade", *Review of World Economics*, Vol. 142, No. 4, pp. 642 – 674.

15. Gervais A., 2015, "Product Quality and Firm Heterogeneity in International Trade", *Canadian Journal of Economics*, Vol. 48, No. 3, pp. 1152 – 1174.

16. Helpman E., Melitz M., Rubinstein Y., 2008, "Estimating Trade Flows: Trading Partners and Trading Volumes", *Quarterly Journal of Economics*, 2008, Vol. 123, No. 2, pp. 441 – 487.

17. Hottman C., Redding S. and Weinstein D., 2016, "Quantifying the Sources of Firm Heterogeneity", *Quarterly Journal of Economics*, Vol. 131, No. 3, pp. 1291 – 1364.

18. Hummels D., Klenow P., 2005, "The Variety and Quality of a Nation's Exports", *American Economic Review*, Vol. 95, No. 3, pp. 704 – 723.

19. Manova K., Zhang Z., 2009, "China's Exporters and Importers: Firms, Products and Trade Partners", NBER Working Paper, 2009, No. 15249.

20. Melitz M., 2003, "The Impact of Trade on Aggregate Industry Productivity and Intra-industry Reallocation", *Econometrica*, Vol. 71, pp. 1695 – 1726.

21. Roberts M., Xu D., Fan X., Zhang S., 2018, "The Role of Firm Factors in Demand, Cost and Export Market Selection for Chinese Footwear Producers", *Review of Economic Studies*, Vol. 85, No. 4, pp. 2429 – 2461.

22. Upward R., Wang Z., J. H. Zheng., 2013, "Weighing China's Export Basket: The Domestic Content and Technology Intensity of Chinese Exports", *Journal of Comparative Economics*, Vol. 41, No. 2, pp. 527 – 543.

Product Heterogeneity, Productivity and the Two Margins of Firm Export

XING Jie　LIU Guoliang

(School of Economics, Shandong University, 250100)

[**Abstract**] In order to examine the impact of product heterogeneity and productivity on the intensive and extensive margins of firm export performance, this paper uses data for a sample of large Chinese firms in twelve manufacturing industries from 2000 to 2006. Our empirical results show that both product heterogeneity and productivity are important to explain the two margins of firm export performance. Moreover, the relative importance of product heterogeneity and productivity in the intensive and extensive margins is related to the elasticity of substitution of the target market. The product appeal will be more conducive to expansion of the two margins in the market which has a higher degree of product differentiation. In order to expand the export margins, it is more effective to enhance product features in the market with low demand elasticity. If the products of the market are more homogeneous, improving productivity is more effective.

[**Key Words**] Firm Heterogeneity　Product Heterogeneity　Productivity　Two Margins of Firm Export　Elasticity of Substitution

JEl Classifications: F14　L11　L15

人情消费与政府信任

李新荣　刘奕汝　左志辉

【摘　要】 规避"塔西佗陷阱"对于一国的经济社会发展具有重要意义。自2014年以来，公众对政府机构的信任水平与2011年相比全面回升。那么政府机构做对了什么是值得研究的。与以往解释不同，我们尝试从中国特有的乡土社会人情文化角度研究个体人情消费对其政府信任的影响。我们使用2010年中国综合社会调查（CGSS）数据，对此问题进行了详尽分析。研究表明，人情消费支出确实会导致其对政府不信任程度加剧。人情消费占收入比增加1%，完全信任中央政府、法院和公安机关的概率分别下降78.4%、57.1%和113.6%。因此，厘清人情文化的界限，对于提升我国居民尤其是弱势群体的政府信任水平有着十分重要的现实意义。

【关键词】 人情消费　政府信任　乡土社会　人情文化

中图分类号：F063.2　　文献标识码：A

一、前　言

2014年3月18日，习近平在河南省兰考县委常委扩大会议上曾表示，

---

* 感谢教育部人文社会科学研究青年基金项目（15YJC630063）、中央高校基本科研业务费专项资金和中央财经大学科研创新团队支持计划的资助。感谢陈斌开和史宇鹏教授对本文的改进建议。本文在第二届文化与经济论坛、首都经贸大学金融学院学术论坛等学术会议报告过，感谢王海港、尹志超等与会学者的有益评论。感谢匿名审稿人的宝贵意见，当然文责自负。

** 李新荣，中央财经大学经济学院副教授，硕士生导师，地址：（102206）北京市昌平区沙河高教园中央财经大学11号楼413，E-mail：xinrong_econ@126.com。刘奕汝（通讯作者），国家信息中心经济咨询中心分析师，地址：（100045）北京市西城区三里河路58号，E-mail：liuyiru@sic.gov.cn。左志辉，唐山师范学院经济管理系兼职教授，地址：（063000）河北省唐山市高新区建设北路158号南校区主楼14层，E-mail：zhihui_zuo@163.com。

绝不容许党掉入"塔西佗陷阱"。所谓"塔西佗陷阱"是由古罗马历史学家塔西佗提出的，是指当公权力遭遇公信力危机时，无论说真话还是假话，做好事还是坏事，都会被认为是说假话、做坏事。无独有偶，《论语》中的"子贡问政"① 同样强调要取信于民。政府信任对于促进经济增长、构建社会信任、影响居民消费行为和公共政策制定参与等都具有重要作用（Knack & Keefer，1997；Zak & Knack，2001；仇焕广等，2007；李新荣等，2014；史宇鹏等，2011；孙文凯和周业安，2011；张川川和胡志成，2016）。

令人欣喜的是，中国社会科学院发布《社会心态蓝皮书：中国社会心态研究报告（2014）》称，公众对政府机构的信任水平与2011年相比全面回升。那么，找出目前我国居民政府信任水平提升的原因不仅具有重大的理论价值，更具有现实意义。

学术界对于政府信任影响因素的研究已经从多个角度进行了深入探讨，例如纽顿和诺里斯（Newton & Norris，2000）、纽顿（Newton，2001）指出，如果一个政府行为能增加民生福利、控制腐败，那么较高的政府信任则未来可期；米什勒和罗斯（Mishler & Rose，2001）、肯尼迪（Kennedy，2009）与叶敏和彭妍（2010）均认为社会文化的差异和媒体话语权的差异是政府信任在不同国家、社会和群组之间区别的主要原因；帕特南（Putnam，1993）、胡荣等（2011）和邹宇春等（2012）侧重于说明个体社会资本构建越密集，其政府信任水平越高。

相较于以往的研究，很少有学者从中国特有的乡土社会人情文化角度研究个体人情消费对其政府信任的影响。一方面人情消费的扩大，可能催生腐败横行，侵蚀政府信任；另一方面人情消费的扩大，标志个体社会资本构建越密集，导致其政府信任水平被提高。本文利用中国综合社会调查（CGSS）2010年的数据预期验证上述两个猜想的真伪。

值得强调的是，选择人情消费作为研究中心具有较强的现实意义。人情往来不仅在华人社会尤为盛行②，而且人情支出的水平不低，中国家庭人情支出占到家庭收入的15.53%；对于收入最低20%的家庭，该项比例更是高达46.99%（周广肃和马光荣，2015）。

相对于以往的研究，本文的贡献体现在研究视角与实证方法两个方面。就研究视角而言，我们打通并拓展了人情消费与信任这两类文献。政府信任文献在分析其影响因素时，基本都忽视了中国特有的乡土社会人情文化，

---

① 子贡问政。子曰："足食，足兵，民信之矣。"子贡曰："必不得已而去，于斯三者何先？"曰："去兵。"子贡曰："必不得已而去，于斯二者何先？"曰："去食。自古皆有死，民无信不立。"

② 2014年1月，微信红包功能上线，迅速成长，当年除夕夜万人空巷抢红包，阿里巴巴集团董事长马云直言不讳地指出"微信红包确实打得我们满地找牙"。到了2015年，微信红包与春节联欢晚会的互动，让其成了年夜饭的主菜单，小小的红包甚至不小心抢了春晚的风头。由此可见红包文化的根深蒂固。

并没有注意到人情文化对制度建设的侵蚀。人情消费文献更多关注的是其对民间借贷、工资水平、收入差距等的影响,但极少考虑人情消费对政府信任的影响。本文通过引入人情消费作为政府信任的影响因素,使以往割裂的两类文献联系起来并得到了进一步的发展。就实证方法而言,我们考虑了人情消费的内生性问题。居民的人情消费数量可能受到其政府信任水平的影响,本文构造了检验与处理人情消费内生性的工具变量计量模型并实证分析,进一步利用移民样本进行稳健性分析,从而得到了更加全面和可靠的研究结论。

二、文献综述与假说

学术界关于政府信任形成机制的研究主要集中在政治学和社会学领域。借鉴罗家德等(2017)的分类,将影响因素归并为制度、文化和社会资本三类。

在影响居民政府信任的制度因素方面,纽顿和诺里斯(2000)、纽顿(2001)从理性人的假设展开研究,指出居民依据政府的表现来判断其是否值得信任。就经济发展而言,经济增长对民众的政府信任有显著的正向影响(Chanley et al.,2000;Citrin & Green,1986;Citrin & Luks,1998;Feldman,1983;Hetherington,1998;Lawrence,1997;Miller & Borrelli,1991;Stoneman,2008;Shi,2001;Plasser & Ulram,1996;胡荣等,2011;孟天广和杨明,2012;刘勇政和冯海波,2015)。就民生福利和公共品供给而言,例如食品安全、住房保障、农村最低生活保障等,一般来说居民对此类公共政策越满意,其对政府信任水平越高(Stoneman,2008;孟天广和杨明,2012;卢海阳等,2016;谢治菊,2013;高学德和翟学伟,2013)。孟天广和杨明(2012)进一步指出民生福利和纯公共产品的供给对其政府信任的边际效应正在变大,甚至超过了经济增长的边际效应,而谢治菊(2013)发现公共政策的异质性效果,例如低保制度在提高低保户对政府的信任的同时却削弱了非低保户对政府的信任。就政府腐败而言,一般来说政府腐败程度恶化会导致政府信任的流失(Garment,1991;Orren,1997;刘勇政和冯海波,2015;卢海阳等,2016)。总体而言,个体对政府职能和其绩效的满意度与其政府信任程度正相关。

在影响居民政府信任的文化因素方面,米什勒和罗斯(Mishler & Rose,2001)研究表明居民的政府信任是其人际信任的扩展,来自其早期的社会生活。就传统文化而言,传统中国的儒家文化(Tong,2011)、威权主义倾向(高学德和翟学伟,2013)和社会价值观(钟杨和王奎明,2015)对居民的政府信任水平都有较强的解释力，民事纠纷解决机制（高学德和翟学伟，2013）仅对农村居民政府信任有影响，而宗教信仰（钟杨和王奎明，2015）的解释力并不显著。就媒体开放程度而言，肯尼迪（Kennedy，2009）指出，国家对媒体的控制会对政府信任产生影响，张洪忠等（2016）则发现网民媒介接触对其政府信任存在异质性，接触国内新媒体对其政府信任会产生正向影响。

在影响居民政府信任的社会资本因素方面，经济学界和社会学界认同的关于社会资本的定义是帕特南（Putnam，1993）提出的，"社会资本能够通过协调的行动来提高经济效率的网络、信任和规范。"其对政府信任的影响是不一致的。基于美国宏观数据，基尔（Keele，2007）发现社会资本是导致政府信任下降的主要因素，纽顿（1999）、纽顿和诺里斯（2000）却没有发现社会资本与政府信任存在关系。基于我国城市居民调查数据，胡荣等（2011）发现"社团参与"因子对政府信任的影响是负面的，但"公共事务参与"因子对于政府信任有正向显著影响。就社会网络而言，社会网络对城乡居民的政府信任具有显著负向影响（胡荣等，2011；邹宇春等，2012），但是对农民工的流入地政府信任有显著正向影响（刘茜和杜海峰，2012）。罗家德等（2017）进一步发现居民社会网络对高层和基层政府信任落差有显著负向作用。就社会信任而言，一般认为个人的社会信任将会对其政府信任产生正向影响（Schyns & Koop，2010；胡荣等，2011）。就社会参与而言，其对城市居民的政府信任有显著正向影响（胡荣等，2011），对农民工的流入地政府信任有显著负向影响（刘茜和杜海峰，2012）。总体而言，个体社会资本构建越密集，其政府信任水平越高。

那么是否存在一种特殊因素是中国独有的？答案是肯定的。乡土社会的人情文化对政府信任的影响并没有被研究过。制度因素中腐败侵蚀政府信任的影响已经得到理论和实践[①]的支持。进一步，腐败的成因除了制度漏洞和市场诱惑之外，基于各国的文化传统与心理结构各不相同。中国式腐败的特殊因素是人情因素，章忠民和谭志坤（2017）指出乡土社会的底色催生人情社会，而人情的庸俗化与异化成为腐败最好的载体，张咏梅和刘子馨（2012）通过对腐败案件的分析发现人情网络经常是诱发腐败行为的起点，同时，鉴于腐败行为的隐蔽性，人情支出恰与当地腐败程度显著正相关（于铁山，2015），那么，人情消费自然成为腐败的代理变量。本文的假说一：如果欠人情债和礼尚往来成为连接权力的主要手段，送礼者通过人情消费得以规避制度约束，争夺有限的资源，收礼者通过人情往来使其手中权力变现，最终不论送礼者、收礼者还是利益受损者都会产生对政府机构的不信任感。

---

① 中国社会科学院社会学研究所的社会心态蓝皮书《中国社会心态研究报告 2012–2013》。

人情消费具有多重属性，在经济学的研究中，一般将人情支出作为个体社会资本的测度，例如章元和陆铭（2009）采用送礼的数额和礼金的数量；赵剑治和陆铭（2009）用"去年婚丧嫁娶、生日送礼支出"和"去年春节购买礼品支出"；何军等（2005）用"亲友随礼金额"；而杨汝岱等（2011）更指出对于欠发达地区，"礼金支出"是个比较合适的关于个体社会资本的测度指标。本文假说二：人情支出扩大，表明个体社会资本构建越密集，其政府信任水平越高（Putnam，1993；胡荣等，2011；邹宇春等，2012）。本文利用CGSS 2010年的数据预期验证上述假说一和假说二的真伪。

三、数据、变量与统计分析

本文使用的数据有四个来源。来源一是中国人民大学中国调查与数据中心的中国综合社会调查（CGSS）2010年的数据①，数据涵盖了全国31个省（市、自治区）90个市（地区、自治州、盟）的5 718个城镇居民和6 045个农村居民，记录了受访者的住户成员、个人基本情况、户口变动、家庭情况、社会交往、教育经历、职业经历、评价与认同和行为与态度等多方面的信息；数据来源二是《中国城市统计年鉴》和《中国人口和就业统计年鉴》，我们采用2010年31个省（市、自治区）354个市（地区、自治州、盟）的城镇登记失业人数、年末总人口、人均地区生产总值和按户籍划分的年末农业人口和非农业人口比重。我们将中国综合社会调查数据与市经济统计数据合并，选出那些既有居民微观数据又有居民所在地经济统计数据的样本构成研究样本，最终总样本量为6 672个。

（一）主要变量定义及其测量

1. 被解释变量

被解释变量"政府信任水平"（Trust）是我们根据被访者对相关问题的回答所构造的。需要注意的是：一方面，政府信任就其具体内涵而言，可以分为对物的信任和对人的信任两大方面（Berg，2005；胡荣等，2011）。前者是居民对政权运作的方式和制度的信任，后者是居民对政府工作人员的信任。另一方面，中央和地方政府信任是有差别的（罗家德等，2017；叶敏和彭妍，

---

① CGSS 2011年、2013年和2015年的家庭调查数据没有调查居民对政府信任程度。CGSS 2012年问卷中关于居民政府信任的问题是"您对地方政府官员、中央政府官员、警察、军官、法官的信任程度如何？"，与2010年问卷问题差异较大，也与通用的刻画居民政府信任的问题有很大差别，因此本文没有采用。

2010)。故而本文将居民对中央政府、地方政府、公安和法院这4类对象的信任水平作为政府信任的测量纬度。2010年调查问卷中询问受访者政府信任水平的问题是"您对于下面这些机构的信任程度怎么样：（1）完全不可信；（2）比较不可信；（3）居于可信与不可信之间；（4）比较可信；（5）完全可信"。对于那些回答"不知道""不适用"或者缺失观测值的样本，本文将其从最终的回归样本中剔除出去。

2. 解释变量

（1）人情消费支出比例（Spendingratio）。我们通过家庭年人均人情消费支出与其年人均可支配收入的比值衡量该个体社会资本状况，即 Spending Ratio = 家庭年人均人情支出/家庭年人均总收入，其中家庭年人情支出的数据来源于调查问卷中"在您全家上年全年的总支出中，人情送礼支出有多少？"这一问题。解释变量Spendingratio衡量个体社会资本状况，其数值越大，说明相对于居民的收入而言其通过自身社会资本可以得到的资源越充足。

（2）考虑到居民对政府信任程度还受到其他因素的影响，为了尽可能地刻画受访者的各种异质性特征，我们参考相关文献选取了居民的个人特征以及社会因素等方面的一系列变量作为控制变量。这些变量包括：性别变量，当居民是男性时变量赋值为1，反之为0；居民年龄，为其接受调查年份时的周岁；考虑到居民年龄对其制度信任影响的非线性，我们还构造了居民年龄的平方项；居民受教育年限，为其接受教育的年数，没有上过学其受教育年限变量赋值为0，私塾文化程度赋值为1，小学文化程度赋值为5，初中文化程度赋值为8，高中、技校或中专文化程度赋值为11，大专文化程度赋值为14，本科文化程度赋值为15，硕士及以上文化程度赋值为18；居民婚姻状况，若居民已婚、离婚后再婚或丧偶后再婚，婚姻状况变量赋值为1，反之为0；宗教信仰变量，当居民有宗教信仰时赋值为1，反之为0；居民健康状况，当居民自评健康状况很不健康时赋值为1，比较不健康时为2，一般为3，比较健康为4，很健康为5；居民户口，当居民是城镇户口或蓝印户口时赋值为0，反之为1；居民的政治身份，当居民是中共党员时赋值为1，反之为0；居民的工作状态，当居民有工作时赋值为1，反之为0；居民的职业性质，当居民在党政机关、事业单位、军队以及国有企业内工作，即获取体制内职位时赋值为1，反之为0；居民家庭人均年收入，为家庭过去一年内的全部收入与家庭成员数比值的对数；家庭人均住宅面积，为家庭过去一年内的居住面积与家庭成员数比值的对数。

（3）目前我国经济发展状况呈现异质性，借鉴赵向阳等（2015）的研究，依据中国各地区文化价值观与文化习俗的异同，将大陆地区分为十个地区①控制地区固定效应。地级市层面的固定效应使用人均GDP水平、非农人口比率来控制。

（4）借鉴冯必扬（2011）和陈希等（2011）的方法，我们把人情消费的动机归并为三类：情感表达，防范风险和不当求利。本文关注的是人情支出的不当求利动机对其政府信任水平的影响，因此我们选取关于情感表达和风险防范两方面的问题作为控制变量。其中关于人情支出的情感表达动机的测度来自问卷中"过去一年，您是否经常在空闲时间与朋友聚会"和"过去一年，您是否经常在空闲时间与不住在一起的亲戚聚会"这两个问题，其数值越大，说明该居民个体与其亲戚朋友的联系更加紧密，人情往来更加频繁。关于人情支出的风险防范动机的测度来自问卷中的三个问题，第一个是"您目前是否参加了社会保障项目②？"；第二个是"您目前是否有商业医疗保险？"；第三个是"您目前是否从事投资活动③？"其肯定答复越多，说明该居民个体通过人情支出防范风险的动机越弱。

（二）变量描述性统计

我们按照调查问卷计算了各省居民对政府信任程度的平均水平，其数值越大说明对政府的信任水平越高。以对法院和司法机关信任维度为例，表1显示各省份居民政府信任的平均水平差异较大。其中，新疆和西藏的平均信任水平最高，均超过4.1，即接近完全信任水平，而青海和天津的平均信任水平最低，都低于3.5，即介于信任与不信任之间，其他省份的平均水平介于前述两者之间。

---

① 地区的划分不以绝对的地理位置为标准，而是以文化上的相近程度为标准。这九个地区分别为：黄土高原文化圈，包括陕西、甘肃和内蒙古中部；华北平原文化圈，包括天津、河北、山西、山东、河南和苏北地区；长江中游文化圈，包括湖南、湖北、江西和安徽；长江下游文化圈，包括浙江和苏南地区；西南山地文化圈，包括重庆、四川除西北部、云南除西北部、贵州、广西北部和海南；草原、绿洲、沙漠文化圈，包括青海北部、新疆和宁夏；东南沿海海洋性文化圈，包括福建、广东和广西除北部地区；东北森林与农耕文化圈，包括黑龙江、吉林、辽宁和内蒙古东部地区；国际化大都市文化圈，包括北京、上海、广州和深圳。与原作者不同的是，这里将辽宁归为东北森林与农耕文化圈，并创建了第十个地区——青藏高原文化圈，包括西藏、青海南部和四川西南部。

② 社会保障项目指城市基本医疗保险/新型农村合作医疗保险/公费医疗、城市/农村基本养老保险。

③ 投资活动包括从事股票、基金、债券、期货、权证、炒房、外汇投资及其他投资活动。

表1　　　　各省份对法院及司法机关平均信任水平的排序

省份	平均信任水平	省份	平均信任水平	省份	平均信任水平
新疆	4.60	黑龙江	4.02	浙江	3.72
海南	4.35	河南	4.02	江苏	3.70
云南	4.33	宁夏	3.98	广东	3.62
广西	4.29	吉林	3.95	湖南	3.60
重庆	4.29	山西	3.94	上海	3.60
辽宁	4.28	江西	3.92	内蒙古	3.59
甘肃	4.16	北京	3.88	贵州	3.57
安徽	4.14	河北	3.88	山东	3.50
西藏	4.10	湖北	3.87	青海	3.42
四川	4.10	福建	3.75	天津	3.39
陕西	4.07				

表2分别给出了2010年样本的描述性统计，我国居民对中央政府信任水平均值为4.424，对地方政府信任水平是3.272，符合罗家德等（2017）发现政府信任"央强地弱"的趋势，对法院、司法系统和公安部门信任水平的均值是3.937，家庭人均人情支出的收入比是0.095。从性别构成上看，男性居民的比例大约为49%；从年龄构成上看，年龄均值为45岁左右，年龄范围从17～94岁；考虑到居民年龄对其政府信任影响的非线性，我们还构造了居民年龄的平方项；在居民的教育程度构成中，居民的平均受教育年限为8.12年，基本完成义务教育；已婚居民的比例是84.5%；有宗教信仰的人口约占调查对象的12.4%左右；居民的平均健康水平是3.717；农村户口的比例为54%；中共党员约占调查对象的13.1%；关于工作状态，70.5%的调查对象是有工作的，而且13.9%的样本是在体制内工作；关于风险防范，90.4%的调查对象参加社会保障项目，但是只有2.8%的居民参加商业医疗保险，8.3%的个体从事投资；关于人情往来，与亲戚和朋友聚会的平均水平是3.778，即接近比较经常。

表2　　　　2010年样本的描述性统计

变量	观测值	均值	标准差	最小值	最大值
对中央政府的信任	6 695	4.424	0.765	1	5
对本地政府的信任	6 672	3.272	0.974	1	5
对法院及司法系统的信任	6 681	3.937	1.025	1	5

续表

变量	观测值	均值	标准差	最小值	最大值
对公安部门的信任	6 692	3.939	1.013	1	5
家庭人均人情支出的收入比	6 707	0.095	0.102	0.0003	0.688
家庭人均服装支出的收入比	6 707	0.073	0.071	0.0004	0.686
是否男性	6 707	0.490	0.500	0	1
年龄	6 707	45.13	14.122	17	94
年龄的平方	6 707	2 235.765	1 356.45	289	8 836
受教育年限	6 707	8.120	4.196	0	18
是否已婚	6 707	0.845	0.362	0	1
是否有宗教信仰	6 707	0.124	0.329	0	1
健康状况	6 707	3.717	1.077	1	5
是否为农村户口	6 707	0.540	0.498	0	1
是否为党员	6 707	0.131	0.337	0	1
是否有工作	6 707	0.705	0.456	0	1
是否在体制内工作	6 707	0.139	0.345	0	1
家庭成员人数	6 707	3.752	1.473	1	15
ln(家庭人均年收入)	6 707	8.958	1.012	5.211	13.122
ln(家庭现有住房人均住宅面积)	6 707	3.291	0.637	-0.223	6.551
是否参与社会保障项目	6 707	0.904	0.294	0	1
是否有商业医疗保险	6 707	0.028	0.165	0	1
是否从事投资	6 707	0.083	0.276	0	1
与不住在一起的亲戚聚会的频率	6 707	3.778	0.677	1	5
与朋友聚会的频率	6 707	3.674	0.918	1	5
ln(地级市人均GDP)	6 707	10.268	0.625	8.881	11.579
当地群体活动数均值	6 707	0.464	0.438	0	2.577

四、模型设定与估计

(一)基准模型设定

由于本文的被解释变量——"政府信任水平"的取值具有离散且有序的

特点，因此我们采用有序（Ordered）Probit 模型进行回归分析。有序 Probit 模型的设定如下：

$$\text{Trust}_{ic}^* = \beta_0 + \beta_1 \text{Spendingratio}_{ic} + \delta X_{ic} + \pi_c + \mu_{ic}$$

$$\text{Trust}_{ic} = \begin{cases} 1 & \text{if} \quad \text{Trust}_{ic}^* \leq \alpha_1 \\ 2 & \text{if} \quad \alpha_1 < \text{Trust}_{ic}^* \leq \alpha_2 \\ 3 & \text{if} \quad \alpha_2 < \text{Trust}_{ic}^* \leq \alpha_3 \\ 4 & \text{if} \quad \alpha_3 < \text{Trust}_{ic}^* \leq \alpha_4 \\ 5 & \text{if} \quad \alpha_4 < \text{Trust}_{ic}^* \end{cases} \quad (1)$$

其中：Trust_{ic}^* 是不可观测的 c 地区 i 居民的政府信任水平；X_{ic} 是居民特征变量，包括居民的性别、年龄、年龄的平方、是否有宗教信仰、是否健康、是否农村户口、是否结婚、受教育年限、家庭人口数量、年收入、人均住宅面积、是否加入共产党、是否在居委会投票、是否参与社会保障项目、是否有商业医疗保险、是否从事投资和与亲戚朋友聚会的频率的变量。π_c 为地区固定效应，采用 89 个地级市虚拟变量，μ_{ic} 是随机扰动项。β_1 是我们关心的变量，表示居民人情消费收入比对其政府信任水平的影响。依据之前的探讨，我们预测居民人情消费占收入比值越高，居民对政府的信任程度越低，即 $\beta_1 < 0$。

（二）回归结果分析

1. 人情消费收入比对居民政府信任水平的总体影响

表 3 是采用有序 Probit 回归得到的人情消费收入比例对其中央政府和地方政府信任水平影响的结果，表 4 是人情消费收入比例对其法院及司法系统、公安机关信任水平影响的结果。其中表 3 第 2 列（模型 1）显示控制居民个体特征变量（性别、年龄、年龄平方、民族等）后人情消费收入比例对其中央政府信任水平的回归结果，第 3 列（模型 2）展示在模型 1 基础上继续加入地区虚拟变量后人情消费收入比例对其中央政府信任水平的回归结果。表 3 的第 4 列和第 5 列显示人情消费收入比例对其地方政府信任水平的模型 1 和模型 2 回归结果。表 4 从第 2 列到第 5 列分别说明人情消费收入比例对其法院及司法系统、公安机关的模型 1 和模型 2 回归结果。从表 3 的结果中，我们可以看到居民人情消费占收入比值越高，居民对法院和公安机关的信任程度越低，至少在 10% 的显著水平下显著，但是居民人情消费对中央政府和地方政府的信任程度没有显著影响。

表 3　人情消费收入比对中央政府、地方政府信任水平的影响：有序 Probit 回归

信任对象	中央政府		地方政府	
模型	控制居民个体特征	继续加入地区变量	控制居民个体特征	继续加入地区变量
家庭人均人情支出对收入比	-0.132 (0.163)	-0.154 (0.165)	-0.232 (0.143)	-0.151 (0.141)
是否参与社会保障项目	0.0181*** (0.048)	0.133*** (0.048)	0.082* (0.044)	0.089** (0.043)
是否有商业医疗保险	0.004 (0.084)	0.029 (0.084)	0.011 (0.078)	-0.001 (0.076)
是否从事投资	-0.276*** (0.053)	-0.236*** (0.053)	-0.066 (0.046)	-0.084* (0.046)
与不住在一起的亲戚聚会的频率	0.037 (0.024)	0.030 (0.025)	-0.028 (0.023)	-0.023 (0.023)
与朋友聚会的频率	0.020 (0.019)	0.028 (0.020)	0.058 (0.018)	0.050*** (0.018)
地区虚拟变量	是	是	是	是
拟合系数	0.0493	0.0688	0.0167	0.0093
观测值	6 695		6 672	

注：*、** 和 *** 分别表示在 10%、5% 和 1% 的水平下显著；括号内是标准差。下同。

表 4　人情消费收入比对法院和公安机关信任水平的影响：有序 Probit 回归

信任对象	法院及司法系统		公安机关	
模型	控制居民个体特征	继续加入地区变量	控制居民个体特征	继续加入地区变量
家庭人均人情支出对收入比	-0.212 (0.150)	-0.266* (0.151)	-0.260* (0.146)	-0.334** (0.147)
是否参与社会保障项目	0.114** (0.046)	0.106** (0.047)	0.101** (0.047)	0.087* (0.047)
是否有商业医疗保险	0.029 (0.081)	0.049 (0.081)	-0.022 (0.082)	-0.021 (0.083)
是否从事投资	-0.134*** (0.047)	-0.116** (0.048)	-0.123** (0.048)	-0.133*** (0.049)

续表

信任对象	法院及司法系统		公安机关	
模型	控制居民个体特征	继续加入地区变量	控制居民个体特征	继续加入地区变量
与不住在一起的亲戚聚会的频率	0.040 * (0.023)	0.031 (0.024)	0.019 (0.023)	0.015 (0.023)
与朋友聚会的频率	0.039 ** (0.018)	0.044 ** (0.018)	0.045 ** (0.018)	0.053 *** (0.018)
地区虚拟变量	是	是	是	是
拟合系数	0.0273	0.0353	0.0243	0.00327
观测值	6 681		6 692	

对于有序 Probit 回归模型，回归系数并不代表其边际效应，表 5 是模型 2 回归后计算得到的人情消费收入比对居民政府信任水平影响的边际效应。从表 5 第 4 列和第 5 列可以看出，在控制个体特征变量和地区虚拟变量后，人情消费收入比上升 1% 时，居民非常不信任法院和公安机关分别显著上升 1.6% 和 2.1%，比较不信任法院和公安机关的概率分别显著上升 3.1% 和 3.6%，对法院和公安机关无所谓信任不信任的概率分别显著上升 3.3% 和 4.6%，对法院和公安机关完全信任的概率显著下降 9.1% 和 11.5%，所有的结果至少在 10% 的显著性水平上统计显著。这表明，居民人情消费占收入比值越高，居民对法院和公安机关的信任程度越低，初步证实了我们的部分猜测，但是居民人情消费对中央政府和地方政府的信任水平没有显著影响。实证结果和理论猜想有部分差异，我们怀疑是忽略人情消费的内生性问题使得我们的估计结果有偏，还需要进一步检验。

表 5　人情消费收入比对政府信任水平影响的边际效应

信任对象	中央政府	地方政府	法院及司法系统	公安机关
完全不可信	0.003 (0.003)	0.022 (0.014)	0.016 * (0.010)	0.021 ** (0.009)
比较不可信	0.006 (0.007)	0.041 (0.026)	0.031 * (0.018)	0.036 ** (0.016)
一般	0.014 (0.015)	0.026 (0.016)	0.033 * (0.019)	0.046 ** (0.020)
比较可信	0.032 (0.034)	-0.055 (0.034)	0.011 * (0.006)	0.012 ** (0.006)

续表

信任对象	中央政府	地方政府	法院及司法系统	公安机关
完全可信	-0.055 (0.059)	-0.033 (0.021)	-0.091** (0.052)	-0.115** (0.050)
观测值	6 695	6 672	6 681	6 692

注：计算边际效应时，连续变量在均值处计算，离散变量取 0 到 1 之间的变化。下同。

其他控制变量的回归系数均比较符合预期。以模型 2 为例，表 3 第 3 列和第 5 列和表 4 第 3 列和第 5 列的结果显示，居民如果参加社保项目将显著提升其对政府机构的信任水平，如果从事投资反而显著降低其对政府机构的信任水平，与朋友聚会越频繁，则显著提升其对除中央政府外的其他政府机构的信任水平。

2. 考虑内生性后，人情消费收入比对居民社会信任水平的总体影响

估计方程（1）面临的主要问题是家庭人情消费支出比（Spendingratio）可能与残差项相关，即人情消费收入比变量的内生性问题。关于人情消费内生性的来源，一种可能是由遗漏变量（omitted variables）引起。比如，人情支出的数量会受到个人透过社会网络可获得的资源或能力的影响，而这种能力同样也会影响居民个体的政府信任水平，但这种能力往往不可观察。内生性的另一个来源是反向因果（reverse causality），即居民因为对政府不信任，从而导致其通过人情交换来规避规则，意图寻求捷径。这种情况下，处理内生性的通常办法是寻找工具变量采用两阶段估计以获得无偏的结果。为此，我们选择家庭服装支出占家庭总收入之比（简称"服装消费"）作为居民人情消费的工具变量①。人情支出的多寡受到地位寻求和同群效应的影响（Chen et al., 2011），而服装能直接地展现穿着者的社会地位、职业、婚姻状况等信息，在社会交往中，人们经常会根据对方的衣着品位来对对方的身份进行解读和判断，服装消费具有地位寻求的特征②，即工具变量（服装消费）与内生变量（人情消费）直接相关。本文通过服装消费与人情消费的散点拟合图（如图 1 所示）发现两者确实存在正相关性。回归结果显示二者相关系数为 0.2376，在 1% 水平上显著。但是服装消费的多寡不足以改变居民的政府信任水平，即工具变量与被解释变量不直接相关，分析数据发现政府信任水平和服装消费的相关性系数绝对值不超过 0.05。同时本文注意到工具

---

① 服装支出的数据同样来源于 CGSS 2010 中的问题，"在您全家上年全年的总支出中，服装支出有多少？"。

② 除了服装消费之外，其他消费行为同样具有地位寻求的特征，如耐用消费品支出、文娱休闲支出等，但这些消费支出的广泛性却远不如服装消费，导致可用的样本量锐减，当选用文娱休闲支出作为工具变量后，可用来估计的样本量仅有 2 111 条记录。

变量影响被解释变量只能通过服装消费承担人情消费的功能这一渠道,即通过内生变量的渠道。

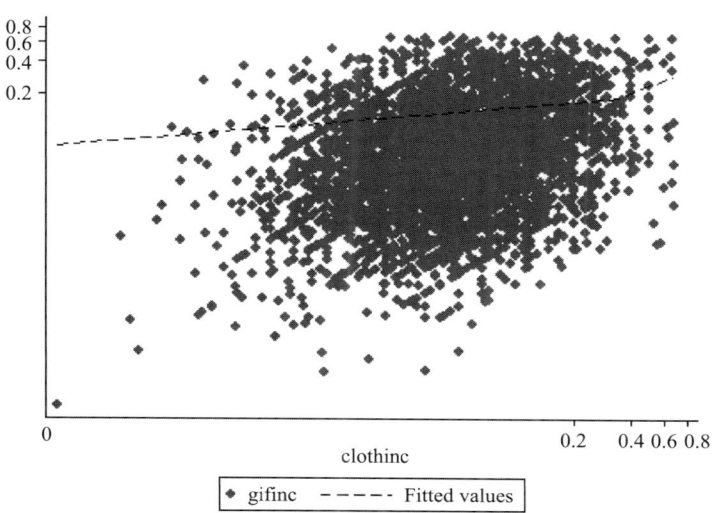

图1 服装消费收入比与人情消费收入比的散点拟合图

从第一阶段弱工具变量检验结果可知,用服装消费作为工具变量,弱工具变量检验 Cragg – Donald F 统计量为 121（如表6所示）,远大于 10% 偏误下的临界值 16.38,即拒绝弱工具变量的假设。因此,选用上述工具变量估计人情消费对政府信任的影响是必要且合适的。

表5汇报了考虑到人情消费支出比（Spendingratio）的内生性后的回归结果。其中表6说明控制个体特征变量和地区虚拟变量后的第二阶段回归结果,人情消费支出比的系数 β_1 由之前的对中央政府不显著下降到 -2.182,且统计显著,而对法院的 β_1 由 -0.266 下降到 -1.662,在 10% 的显著性水平上统计显著,对公安机关的 β_1 由 -0.334 下降到 -3.313,在 1% 的显著性水平上统计显著。表7是考虑内生性后,人情消费收入比对居民政府信任水平影响的边际效应,其计算依据来自相对应的表6的回归结果。以表7中第2列为例,说明控制个体特征变量和地区虚拟变量后,借助工具变量两阶段估计后,人情消费支出比增加 1%,居民非常不信任中央政府的概率上升 4.1%,居民比较不信任中央政府的概率上升 9.2%,对中央政府一般信任的概率上升 19.6%,对中央政府完全信任的概率下降 78.4%。人情消费支出比增加 1%,居民完全信任法院的概率下降 57.1%,完全信任公安机关的概率下降 113.6%。

表 6 使用工具变量后人情消费收入比对政府信任水平的影响：有序 Probit 回归

工具变量	信任对象			
	中央政府	地方政府	法院及司法系统	公安部门
家庭人均人情支出对收入比	-2.182 ** (0.910)	-1.124 (0.807)	-1.662 * (0.847)	-3.313 *** (0.815)
是否参与社会保障项目	0.148 *** (0.049)	0.088 ** (0.044)	0.116 ** (0.047)	0.108 ** (0.047)
是否有商业医疗保险	0.030 (0.084)	0.012 (0.078)	0.050 (0.081)	-0.019 (0.082)
是否从事投资	-0.212 *** (0.055)	-0.0553 (0.048)	-0.099 ** (0.049)	-0.096 * (0.050)
与不住在一起的亲戚聚会的频率	0.022 (0.025)	-0.032 (0.023)	0.025 (0.025)	0.002 (0.023)
与朋友聚会的频率	0.022 (0.020)	0.056 *** (0.018)	0.041 ** (0.018)	0.045 ** (0.018)
地区虚拟变量	是	是	是	是
拟合系数	0.0692	0.0166	0.0353	0.0334
一阶段 F 值	121.56			
观测值	6 695	6 672	6 681	6 692

表 7 使用工具变量后人情消费收入比对政府信任水平影响的边际效应

被信任程度	被信任对象			
	中央政府	地方政府	法院及司法系统	公安机关
完全不可信	0.041 ** (0.018)	0.107 (0.077)	0.102 ** (0.053)	0.204 *** (0.061)
比较不可信	0.092 ** (0.038)	0.201 (0.131)	0.194 ** (0.106)	0.359 *** (0.100)
一般	0.196 ** (0.082)	0.124 (0.089)	0.209 ** (0.107)	0.451 *** (0.105)
比较可信	0.455 ** (0.190)	-0.268 (0.057)	0.066 ** (0.035)	0.122 *** (0.033)
完全可信	-0.784 ** (0.326)	-0.164 (0.118)	-0.571 ** (0.291)	-1.136 *** (0.291)
观测值	6 695	6 685	6 681	6 692

3. 稳健性分析：考虑人情消费文化后人情消费收入比对政府信任的影响分析

一般而言，造成一个地区的人情消费数量差异的一个主要原因是人情消费文化，即"同群效应"（Chen et al.，2011），比如在搭礼、随份子时，人们往往很在意自己所赠予的礼金价值是否"恰当"，而这种"恰当"主要体现在自己赠予的礼金数目与同等地位、同等交情的赠予者相比较是否过高或者过低，过高的人情支出对于家庭尤其是中低收入家庭而言带来明显的流动性约束，相反过低的礼金数额则会导致被群体中其他成员排斥。相应地，人情文化也会影响到居民个体的政府信任水平。显然，居民的政府信任水平与其同群成员的人情消费支出均受到当地人情消费文化的影响，内生性问题不可避免。因而我们选取移民样本做稳健性分析，目的是将样本的政府信任形成机制与其当地人情文化分离开来。其估计模型如下：

$$Trust_{ic}^* = \beta_0 + \beta_1 \overline{Spendingratio}_{-i} + \delta X_{ic} + \pi_c + \mu_{ic}$$

$$Trust_{ic} = \begin{cases} 1 & \text{if } Trust_{ic}^* \leq \alpha_1 \\ 2 & \text{if } \alpha_1 < Trust_{ic}^* \leq \alpha_2 \\ 3 & \text{if } \alpha_2 < Trust_{ic}^* \leq \alpha_3 \\ 4 & \text{if } \alpha_3 < Trust_{ic}^* \leq \alpha_4 \\ 5 & \text{if } \alpha_4 < Trust_{ic}^* \end{cases}$$

其中 $\overline{Spendingratio}_{-i}$ 是移入地人情消费文化，等于参照组（同群样本中剔除研究样本本身）的平均人情支出收入比，简称参照组人情支出。所谓"同群"是指生活空间范围相近且收入水平相近的人群。限于数据的局限性，生活空间范围是以地级市为界限。而对于收入水平，本文将每个地级市的样本按家庭人均收入水平排序，依据排序结果从高到低划分为三个收入阶层。"同群"样本即为研究样本所居住的地级市中与其处在相同收入阶层的人群。

需要特别指出研究对象是移民样本，即移出地和移入地为不同地级市的样本，且移民在移入新的常住地之前，已经形成了较为稳定的价值观和世界观，这种稳定的心理状态不会轻易随生活环境的改变而改变。按照现代发展心理学的观点，童年期（7~11岁）和青少年期（12~18岁）是儿童认识和理解世界、保存永久性记忆和性格形成的最关键阶段（张向葵，2002）。同时，我们注意到若在移入地居住时间较长，则深度地融入当地社会文化生活，构建相关社会网络的可能性增加，内生性问题仍然无法避免。由此，本文选择的移民样本满足三个条件：第一，移出地和移入地为不同地级市；[①] 第二，

[①] 移出地来源于问卷问题"您是从哪里（常住地）来到本地（本区/县/县级市）居住的"。若移出地与移入地（调查地点）属于不同的地级市，则可定义为移民。

成年后移民；第三，在移入地开始生活时间与问卷调查时间间隔不能超过10年。①

表8是对移民样本采用有序Probit回归得到的参照组人情消费收入比对其中央政府、地方政府、法院和公安机关信任水平影响的结果。在控制个体特征变量和地区固定效应后，参照组人情消费收入比的上升导致对中央政府和地方政府的信任水平在5%显著水平下的下降，对公安机关的信任水平在1%显著水平下的下降，同时对法院的信任水平在10%显著水平下的下降。具体就边际效应分析（如表9所示），参照组人情消费占收入比上升1%导致居民完全信任中央政府、地方政府、法院和公安机关概率依次显著下降200.1%、138.2%、127.3%和175.8%，与本文之前的估计结果基本一致。

表8 移民时间不超过10年的子样本，参照组人情消费收入比对政府信任水平的影响：有序Probit回归

项目	信任对象			
	中央政府	地方政府	法院及司法系统	公安机关
参照组平均人情收入比	-6.095** (2.922)	-6.206** (2.611)	-4.921* (2.876)	-6.983*** (2.558)
拟合系数	0.1082	0.0638	0.0630	0.1110
观测值	268	268	267	268

表9 移民时间不超过10年的子样本，参照组人情消费收入比对政府信任水平影响的边际效应

信任程度	信任对象			
	中央政府	地方政府	法院及司法系统	公安机关
完全不可信	0.322* (0.186)	0.570** (0.271)	0.326 (0.210)	0.380** (0.177)
比较不可信	0.330* (0.181)	0.844** (0.363)	0.665* (0.392)	0.827*** (0.314)
一般	0.551** (0.270)	0.765** (0.322)	0.606* (0.359)	0.919*** (0.348)
比较可信	0.799** (0.378)	-0.796** (0.349)	-0.324 (0.223)	-0.369* (0.194)

---

① 迁移年份来源于问卷问题"您是哪一年来到本地（本区/县/县级市）居住的"。

续表

信任程度	信任对象			
	中央政府	地方政府	法院及司法系统	公安机关
完全可信	-2.001** (0.926)	-1.382** (0.581)	-1.273* (0.737)	-1.758*** (0.642)
观测值	268	268	267	268

4. 稳健性分析：人情消费收入比对政府信任影响的户籍异质性分析

费孝通（2008）认为中国传统社会是基于复杂庞大的关系网产生的熟人社会，而基于制度和规则产生的"陌生人社会"才是现代社会。随着城市化的进程，中国正在从熟人社会转型到陌生人社会，农村中熟人社会的比重更大，相反城市中陌生人社会的比重更大，因而人情消费收入比的状况对不同户籍的居民个体影响是不同的，我们猜测相对于城市居民而言，人情消费收入比上升导致农村户籍居民的政府信任水平变化更加显著。表10和表11中第2和第4列显示农村户籍样本使用工具变量估计方程（1）的结果，我们看到农村居民人情消费收入比对中央政府、法院和公安机关的影响均为负显著，第3和第5列结果显示非农村户籍样本使用工具变量估计方程（1）的结果，变量人情消费收入比的系数 β_1 不显著，即人情消费对城市居民政府信任水平没有显著性的影响。就边际效应而言（如表12所示），人情消费占收入比上升1%导致农村居民完全信任中央政府、法院和公安机关概率依次显著下降107.1%、69.8%和96%。

表10　使用工具变量后农村户籍与非农村户籍样本的人情消费收入比对政府信任水平的影响

工具变量	信任对象			
	中央政府		地方政府	
样本	农村户籍	非农村户籍	农村户籍	非农村户籍
家庭人均人情支出对收入比	-3.058*** (1.131)	-1.154 (1.611)	-1.014 (1.028)	-1.490 (1.483)
是否参与社会保障项目	0.164** (0.068)	0.134* (0.070)	0.158** (0.0625)	0.049 (0.065)
是否有商业医疗保险	0.238 (0.178)	-0.022 (0.100)	-0.007 (0.171)	0.011 (0.091)
是否从事投资	-0.174 (0.150)	-0.216*** (0.060)	0.050 (0.116)	-0.088 (0.056)

续表

工具变量	信任对象			
	中央政府		地方政府	
样本	农村户籍	非农村户籍	农村户籍	非农村户籍
与不住在一起的亲戚聚会的频率	0.064* (0.036)	-0.029 (0.036)	-0.043 (0.033)	-0.032 (0.033)
与朋友聚会的频率	-0.035 (0.027)	0.084*** (0.030)	0.036 (0.024)	0.081*** (0.027)
地区虚拟变量	是	是	是	是
拟合系数	0.0562	0.0616	0.0165	0.0225
一阶段F值	72.49	46.53	72.49	46.53
观测值	3 613	3 082	3 596	3 076

表11 使用工具变量后农村与非农村户籍样本的人情消费收入比对法院及公安信任水平的影响

信任对象	法院及司法系统		公安机关	
样本	农村户籍	非农村户籍	农村户籍	非农村户籍
家庭人均人情支出对收入比	-1.861* (1.057)	-1.342 (1.567)	-2.607** (1.047)	-4.302*** (1.441)
是否参与社会保障项目	0.043 (0.068)	0.193*** (0.067)	0.107 (0.068)	0.118* (0.066)
是否有商业医疗保险	0.107 (0.180)	0.020 (0.093)	0.030 (0.193)	-0.063 (0.092)
是否从事投资	-0.015 (0.139)	-0.137** (0.055)	-0.055 (0.134)	-0.130** (0.056)
与不住在一起的亲戚聚会的频率	0.009 (0.035)	0.027 (0.034)	0.002 (0.034)	-0.008 (0.033)
与朋友聚会的频率	0.013 (0.024)	0.076*** (0.028)	0.029 (0.024)	0.059** (0.027)
地区虚拟变量	是	是	是	是
拟合系数	0.0247	0.0264	0.0294	0.0247
一阶段F值	72.49	46.53	72.49	46.53
观测值	3 605	3 076	3 612	3 080

表12　使用工具变量后的农村户籍样本人情消费收入比对政府信任水平影响的边际效应

被信任程度	被信任对象			
	中央政府	地方政府	法院及司法系统	公安机关
完全不可信	0.040** (0.017)	0.099 (0.101)	0.094* (0.054)	0.136** (0.056)
比较不可信	0.097*** (0.037)	0.174 (0.176)	0.176* (0.100)	0.238** (0.096)
一般	0.219*** (0.083)	0.120 (0.121)	0.223* (0.127)	0.322** (0.129)
比较可信	0.715*** (0.264)	-0.215 (0.218)	0.204* (0.116)	0.265** (0.107)
完全可信	-1.071*** (0.395)	-0.177 (0.180)	-0.698* (0.396)	-0.960** (0.384)
观测值	3 613	3 596	3 605	3 612

五、机 制 分 析

由上述分析可知，在排除了各种干扰因素之后，人情消费收入比对其政府机构信任有负向影响的结论依然成立。那么，假说一可能是成立的，即人情消费对政府机构信任的负向影响的渠道很可能通过灰色交易的显著提升，进而降低政府机构信任水平。

表13是人情消费收入比对当地群体活动数均值的估计结果，表明人情消费收入比对当地群体活动数均值有正向影响，且在1%的显著性水平上显著。表14汇报了加入当地群体活动数均值控制变量后人情消费收入比对政府机构信任水平的回归结果。可以看出，人情消费收入比的估计系数仍然显著为负，但与表15相比其边际效应降低，人情消费收入比上升1%，对中央政府、法院和公安机关完全信任的概率显著下降78.0%、55.4%和112.5%，与不控制当地群体活动平均数（表7）相比，人情消费收入比对中央政府、法院和公安机关完全信任的概率分别降低了0.4%、1.7%和1.1%。这说明人情消费对政府信任水平的影响，至少部分是通过改变当地群体活动来实现的。

表 13　人情消费收入比对当地群体活动数回归
（控制居民个体特征与加入地区变量）

工具变量	当地群体活动数均值
家庭人均人情支出对收入比	0.211 *** (0.054)
是否参与社会保障项目	0.009 (0.017)
是否有商业医疗保险	-0.050 * (0.029)
是否从事投资	0.004 (0.018)
与不住在一起的亲戚聚会的频率	-0.006 (0.095)
与朋友聚会的频率	-0.020 *** (0.007)
地区虚拟变量	是
拟合系数	0.392
观测值	6 672

表 14　使用工具变量后人情消费收入比对政府信任水平的影响：有序 Probit 回归

工具变量	信任对象			
	中央政府	地方政府	法院及司法系统	公安部门
家庭人均人情支出对收入比	-2.171 ** (0.913)	-0.956 (0.827)	-1.618 * (0.852)	-3.298 *** (0.821)
当地群体活动数均值	-0.052 (0.039)	-0.337 *** (0.035)	-0.263 *** (0.034)	-0.236 *** (0.036)
是否参与社会保障项目	0.149 *** (0.049)	0.104 *** (0.045)	0.120 ** (0.047)	0.112 ** (0.047)
是否有商业医疗保险	0.027 (0.084)	-0.041 (0.073)	0.036 (0.081)	-0.032 (0.082)
是否从事投资	-0.212 *** (0.055)	-0.066 (0.049)	-0.099 ** (0.049)	-0.096 * (0.050)
与不住在一起的亲戚聚会的频率	0.021 (0.025)	0.008 (0.023)	0.024 (0.024)	0.001 (0.023)

续表

工具变量	信任对象			
	中央政府	地方政府	法院及司法系统	公安部门
与朋友聚会的频率	0.021 (0.020)	0.022 (0.018)	0.035** (0.018)	0.040** (0.018)
地区虚拟变量	是	是	是	是
拟合系数	0.0695	0.0256	0.0393	0.0371
一阶段 F 值	121.65			
观测值	6 695	6 685	6 681	6 692

表 15　使用工具变量后人情消费收入比对政府信任水平影响的边际效应

被信任程度	被信任对象			
	中央政府	地方政府	法院及司法系统	公安部门
完全不可信	0.041** (0.018)	0.087 (0.076)	0.099* (0.053)	0.201*** (0.051)
比较不可信	0.091** (0.038)	0.141 (0.122)	0.186* (0.098)	0.354*** (0.090)
一般	0.195** (0.081)	0.112 (0.097)	0.202* (0.107)	0.446*** (0.111)
比较可信	0.452** (0.187)	-0.059 (0.051)	0.066 (0.035)	0.122*** (0.034)
完全可信	-0.780** (0.324)	-0.282 (0.244)	-0.554* (0.291)	-1.125*** (0.279)
观测值	6 695	6 672	6 681	6 692

六、结论与政策建议

本文利用 2010 年中国综合社会调查（CGSS）数据，首次系统考察了人情消费对居民政府信任的影响。考虑到遗漏变量（个人透过社会网络可获得的资源或能力）和反向因果导致人情消费可能内生于政府信任，我们选择家庭服装支出占家庭总收入之比作为工具变量。研究表明，人情消费支出确实会导致我国居民尤其是弱势群体对政府产生不信任感。进一步，选择移民样本作为研究对象，结果依然稳健。进一步的机制分析表明，人情消费对政府机构信任的负向影响的渠道很可能通过灰色交易的显著提升，进而降低政府机构信任水平。

基于以上发现，我们认为，为了提升我国居民的政府信任水平，特别是弱势群体的政府信任水平，应当对人情文化进行适当的矫正，厘清人情文化的界限，把人情消费中不当求利的动机扼杀在摇篮里，降低权力寻租的可能。

参考文献

1. 费孝通：《乡土中国》，人民出版社2008年版。

2. 冯必扬：《人情社会与契约社会——基于社会交换理论的视角》，载于《社会科学》2001年第9期。

3. 高学德、翟学伟：《政府信任的城乡比较》，载于《社会学研究》2013年第2期。

4. 何军、宁漫秀、史清华：《农户民间借贷需求及影响因素实证研究——基于江苏省390户农户调查数据分析》，载于《南京农业大学学报（社会科学版）》2005年第4期。

5. 胡荣、胡康、温莹莹：《社会资本、政府绩效与城市居民对政府的信任》，载于《社会学研究》2011年第1期。

6. 李新荣、李涛、刘胜利：《政府信任与居民通货膨胀预期》，载于《经济研究》2014年第6期。

7. 梁枫、张东红、任荣明：《教育程度、地区腐败与群体性事件参与》，载于《教育与经济》2017年第6期。

8. 刘茜、杜海峰：《社会资本对农民工信任流入地政府的影响研究》，载于《中国行政管理》2012年第1期。

9. 刘勇政、冯海波：《中国的财政分权与政府信任》，载于《政治学研究》2015年第1期。

10. 卢海阳、郑逸芳、黄靖洋：《公共政策满意度与中央政府信任——基于中国16个城市的实证分析》，载于《中国行政管理》2016年第8期。

11. 罗家德、帅满、杨鲲昊：《"央强地弱"政府信任格局的社会学分析——基于汶川震后三期追踪数据》，载于《中国社会科学》2017年第2期。

12. 孟天广、杨明：《转型期中国县级政府的客观治理绩效与政治信任——从"经济增长合法性"到"公共产品合法性"》，载于《经济社会体制比较》2012年第4期。

13. 仇焕广、黄季焜、杨军：《政府信任对消费者行为的影响研究》，载于《经济研究》2007年第6期。

14. 史宇鹏、李涛、丁彦超：《政府行为与社会信任：来自中国省级层面的经验证据》，载于2011年（第九届）"中国法经济学论坛"论文集。

15. 孙文凯、周业安：《居民呼吁方式的影响因素——基于城市居民调查数据的分析》，载于《世界经济文汇》2011 年第 1 期。

16. 谢治菊：《农村最低生活保障制度与农民对政府信任的关系研究——来自两次延续性的调查》，载于《中国行政管理》2013 年第 6 期。

17. 杨汝岱、陈斌开、朱诗娥：《基于社会网络视角的农户民间借贷需求行为研究》，载于《经济研究》2011 年第 11 期。

18. 叶敏、彭妍：《"央强地弱"政治信任结构的解析——关于央地关系一个新的阐释框架》，载于《甘肃行政学院学报》2010 年第 3 期。

19. 于铁山：《家庭人情消费的地区分化研究——基于 CFPS（广东）2010 调查数据》，载于《华南理工大学学报（社会科学版）》2015 年第 6 期。

20. 章元、陆铭：《社会网络是否有助于提高农民工的工资水平?》，载于《管理世界》2009 年第 3 期。

21. 张川川、胡志成：《政府信任与社会公共政策参与——以基层选举投票和社会医疗保险参与为例》，载于《经济学动态》2016 年第 3 期。

22. 张洪忠、马思源、韩秀：《中央与地方：网民的政府信任度比较》，载于《新闻与传播研究》2016 年增刊。

23. 张向葵：《发展心理学》，东北师范大学出版社 2002 年版。

24. 张咏梅、刘子馨：《中国人情网络里的腐败行为——基于负债感的分析》，载于《兰州学刊》2012 年第 2 期。

25. 章忠民，谭志坤：《腐败的人情成因及其批判》，载于《社会科学》2017 年第 4 期。

26. 赵剑治、陆铭：《关系对农村收入差距的贡献及其地区差异———项基于回归的分解分析》，载于《经济学（季刊）》2009 年第 1 期。

27. 赵向阳、李海、孙川：《中国区域文化地图："大一统"抑或"多元化"?》，载于《管理世界》2015 年第 2 期。

28. 钟杨、王奎明：《关于民众对中央政府信任度的多维度分析》，载于《政治学研究》2015 年第 6 期。

29. 周广肃、马光荣：《人情支出挤出了正常消费吗？——来自中国家户数据的证据》，载于《浙江社会科学》2015 年第 3 期。

30. 邹宇春、敖丹、李建栋：《中国城市居民的信任格局及社会资本影响——以广州为例》，载于《中国社会科学》2012 年第 5 期。

31. Berg, A. M., 2005, "Creating Trust? A Critical Perspective on Trust - Enhancing Efforts in Public Services", *Public Performance & Management Review*, Vol. 28, No. 4, pp. 465 – 486.

32. Chanley, V. A., T. J. Rudolph and W. M. Rahn, 2000, "The Origins and Consequences of Public Trust in Government - A Time Series Analysis", *Pub-*

lic Opinion Quarterly, Vol. 64, No. 3, pp. 239 – 256.

33. Chen, X., R. Kanbur, and X. Zhang, 2011, "Peer Effects, Risk Pooling, and Status Seeking", *International Food Policy Research Institute Discussion Paper*.

34. Citrin, J., and D. P. Green, 1986, "Presidential Leadership and the Resurgence of Trust in Government", *British Journal of Political Science*, Vol. 16, No. 4, pp. 431 – 453.

35. Citrin, J., and S. Luks, 1998, "Political Trust Revisited: Déjà Vu All Over Again?", *Paper Presented at the* 1998 *Hendricks Symposium on Public Dissatisfaction with Government*. University of Nebraska, Lincoln.

36. Feldman, S., 1983, "The Measure and Meaning of Trust in Government", *Political Methodology*, Vol. 9, No. 3, pp. 341 – 354.

37. Garment, Suzanne, 1991, Scandal: The Crisis of Mistrust in American Politics. *NY: Random House*.

38. Hetherington, M. J., 1998, "The Political Relevance of Political Trust", *American Political Science Review*, Vol. 92, No. 4, pp. 791 – 808.

39. Keele, L., 2007, "Social Capital and the Dynamics of Trust in Government", *American Journal of Political Science*, Vol. 51, No. 2, pp. 241 – 254.

40. Kennedy, J. J., 2009, "Maintaining Popular Support for the Chinese Communist Party: The Influence of Education and the State – Controlled Media", *Political Studies*, Vol. 57, No. 3, pp. 517 – 536.

41. Knack, S., and P. Keefer, 1997, "Does Social Capital Have an Economic Payoff? A Cross – Country Investigation", *Quarterly Journal of Economics*, Vol. 112, pp. 1251 – 1288.

42. Lawrence, R. Z., 1997, "Is It Really the Economy, Stupid?" In Nye, J. S., P. D. Zelikow and D. C. King, Eds. *Why People Don't Trust Government*. Cambridge, MA: Harvard University Press.

43. Miller, A. H., and S. A. Borrelli, 1991, "Confidence in Government During the 1980s", *American Politics Quarterly*, Vol. 19, No. 2, pp. 147 – 173.

44. Mishler W., and Rose R., 2001, "What Are the Origins of Political Trust? Testing Institutional and Cultural Theories in Post-communist Societies", *Comparative Political Studies*, Vol. 34, No. 1, pp. 30 – 62.

45. Newton, K., 1999, "Social and Political Trust in Established Democracies", In Critical Citizens. *Global Support for Democratic Governance*, Oxford University Press.

46. Newton, K., and Norris, P., 2000, "Confidence in Public Institu-

tions: Faith, Culture, or Performance?", Princeton University Press.

47. Newton, K., 2011, "Social Trust and Political Disaffection: Social Capital and Democracy", Paper prepared for the EURESCO Conference on Social Capital: Inerdisciplinary Perspectives Exeter.

48. Orren, G., 1997, "Fall from Grace: the Public's Loss of Faith in Government", In Why People Don't Trust Government, edited by N. Nye et al. Cambridge, MA: Harvard University Press.

49. Plasser, Fritz, and Peter Ulram, 1996, "Measuring Political Culture in East Central Europe: Political Trust and Support" in Fritz Plasser and Andreas Pribersky eds. Political Culture in East Central Europe. Aldershot: Avebury.

50. Putnam, R., 1993, "Making Democracy Work: Civic Traditions in Modern Italy", NJ: Princeton University Press.

51. Schyns, P., and C. Koop, 2010, "Political Distrust and Social Capital in Europe and the USA", *Social Indicators Research*, Vol. 96, No. 1, pp. 145 – 167.

52. Shi, T., 2001, "Cultural Values and Political Trust: A Comparison of the People's Republic of China and Taiwan", *Comparative Politics*, Vol. 33, No. 4, pp. 401 – 419.

53. Stoneman, P., 2008, "This Thing Called Trust: Civic Society in Britain". UK: Palgrave Macmillan.

54. Tong, L., 2011, "A Passion for Facts: Social Surveys and the Construction of the Chinese Nation – State, 1900 – 1949", University of California Press, Vol. 105, No. 2, pp. 224.

55. Zak, P., and S. Knack, 2001, "Trust and Growth", *The Economic Journal*, Vol. 111, No. 470, pp. 295 – 321.

Gift Spending and Government Trust

LI Xinrong

(School of Economics, Central University of Finance and Economics, 102206)

LIU Yiru

(Business Consulting Center, State Information Center, 100045)

ZUO Zhihui

(Department of Economics and Management,
Tangshan Normal University, 063000)

[**Abstract**] Avoiding the "Tacitus trap" has always been the focus of academics. Unlike previous explanations, we firstly try to study the impact of human cultures on the government trust from the perspective of economics. Based on the data of the 2010 Chinese General Social Survey (CGSS), we find that the gift spending is a significantly negative factor to the individual's government trust. This paper empirically shows: if the ratio of gift spending to income increases by 1%, the probability of full trust in the central government, courts and police decrease by 78.4%, 57.1% and 113.6%, respectively. Therefore, clarifying the boundary of human culture significantly enhances the government trust of our residents, especially the vulnerable groups.

[**Key Words**] Gift Spending   Government Trust   Local Society   Human Cultures

JEl Classifications: D14   H11   Z13

农村五保老人分散供养综合型保障体系构建研究*

——基于山东欠发达县市区的调查研究

齐 鹏 李学迎**

【摘 要】 分散供养五保老人是农村五保供养的主体。由于农村社会结构以及农民价值观念变革的冲击、供养政策建设及其实施缺陷、社区服务建设滞后以及以居民为主体的社区组织缺失、对农村敬老院以及分散供养老人的部分财产创新利用不足，农村五保分散供养还面临患病老人多且医治困难、照护服务不足以及老人社会关爱少、情绪消极、临终关怀缺失等困境。鉴于此，必须建立以政府为主导、以社区为依托以及以居民参与为主体的分散供养保障体系，主要是完善分散供养经费多元投入以及正常增长机制、建立大病医治以及救助的特殊机制、构建照护服务以及社会关爱服务体系、健全临终关怀服务机制、加强农村五保分散供养工作监管以及老人权利保障等。

【关键词】 农村 五保 分散供养 综合保障

中图分类号：**C923** 文献标识码：**A**

---

* 国家社会科学规划基金资助项目"居家养老、社区养老、机构养老一体化发展研究"（18BRK029）；山东省社会科学规划基金资助课题"农村幸福院运行机制与优化路径研究"（17CRKJ01）研究成果；2019 年度山东社科院博士基金资助项目"农村五保分散供养：现状、困境及对策"。

** 齐鹏，管理学博士，山东社会科学院人口学研究所助理研究员；地址：（250014）济南市玉函路 10 号，山东社会科学院北院。李学迎，经济学博士，中共山东省委党校（山东行政学院）校刊部教授，《山东行政学院学报》编辑室主任；地址：（250014）中共山东省委党校（行政学院）校刊编辑部。

一、研究背景与文献综述

　　分散供养是我国农村五保供养政策的两种供养形式之一,适用的对象主要是农村中不愿入住敬老院、无劳动能力、无生活来源、无法定赡养或抚养义务的老年人以及未满16周岁的未成年人,政策实施的目的是尊重养老或生活选择权利以及保障这些人的基本生活,具体内容为穿衣、吃饭、居住、医疗、丧葬以及接受义务教育等。由于农村地区失去父母的未成年人占农村人口的比例很小,因此农村五保分散供养政策保障的主要对象是农村无劳动能力、无生活来源以及无法定赡养的年满60周岁以上的老年人(罗锐和谢圣远,2011),顾名思义称之为"农村分散供养五保老人"。截至2017年底,全国农村五保供养对象466.8万人,其中,分散供养367.2万人,占全国农村五保供养人数的78.6%[①]。分散供养是我国农村五保供养以及社会救助事业的重要部分,长期以来各级政府高度重视。2006年,为解决农村五保供养经费及政策落实困难问题,中央对农村五保供养制度进行了改革,确立了供养经费财政预算制度、协议供养制度以及鼓励社会和个人提供捐助和服务的制度等。2014年,国务院颁布的《社会救助暂行办法》又把农村五保老人纳入城乡特困人员救助供养制度。2016年,国务院颁布的《关于进一步健全特困人员救助供养制度的意见》,又增加了农村五保供养内容,提高了农村五保供养标准,要求不低于农村低保标准的1.3倍,并从当年开始实施照护补贴政策。截至2017年底,全国有28个省份出台了健全特困人员救助供养配套政策、提高了供养标准,如山东省规定基本生活标准不低于低保标准的1.5倍[②]。此外,农村分散供养五保老人还享受养老金、基本医疗保险以及高龄补贴等福利待遇。2018年,实施乡村振兴战略又把"农村特困供养服务"纳入农村养老服务能力规划和建设。这些政策措施的实施,必将完善新时代农村五保分散供养体系并提升农村五保分散供养质量。但是,从实地调查来看,当前农村五保分散供养仍存在诸多问题,影响着分散供养老人的生活,有效解决这些问题,是全面建成小康社会以及实现城乡养老保障均衡发展的迫切要求。

　　国内对农村五保供养的研究近十余年来逐渐增多,但多为对分散供养和集中供养的合并研究,对分散供养的专项研究比较少。从既有文献来看,对分散供养的研究主要集中在"政策目标定位以及政策实施情况"方面,但对"政策实施情况"的关注更多些,主要研究了供养形式、困境、成因及对策

[①] 国家统计局:《中国统计年鉴(2018)》,中国统计出版社2018年版,第726页。
[②] 中华人民共和国民政部:《28省出台健全特困人员救助供养制度配套政策》,http://news.sina.com.cn/c/2017-07-25/doc-ifyihmmm8537626.shtml。

等。杨团等（2004）将分散供养形式细分为村供村养、村供亲养、亲供亲养、临时救助，调研发现分散供养成本低，分散供养成本与集中供养人数成反比例关系。洪大用等（2004）认为，农村五保供养虽然取得了些成绩，但仍存在政策全覆盖难、供养标准落实难、"五保"全兑现难、地区供养负担不均衡以及供养标准低等问题，主要是由于农村集体经济衰退及五保供养制度调整滞后，因此必须明确政府责任、调整农村五保供养制度及完善农村社会救助体系。杨团等（2004）认为，税费改革以后，分散供养五保老人的生活权益受到很大影响，主要是供养标准低、经费足额到位难及日常照护被忽视；从体制方面看，主要是由融资层次低、供养经费难以保证以及供养主体责任小等造成的。贡森等（2004）指出，农村五保供养存在应保尽保不足、分散供养内容缩水严重、集中供养人数剧减、五保信息及档案管理不规范等问题，主要是由制度设计缺陷及环境不利变化导致的，因此必须顺应形势，按照积极福利政策的思路，对现行五保供养政策加以修订。邓传发（2013）认为，相比集中供养，地方政府及其相关部门对分散供养工作随意性较大，农村五保分散供养还存在住房差、生活孤单及供养水平低等问题，对此必须建立良好外部环境以及完善服务管理机制。刘国利等（2014）基于实地调查指出，分散供养五保老人存在身体差、看病难、文化娱乐匮乏及入敬老院养老的意愿低等问题。陈楠（2017）指出，农村五保分散供养存在供养标准低、住房差、照护缺失及医疗服务不便等问题，因此必须提高供养标准，改善居住条件，加强照料服务建设，提高集中供养水平。还有学者分析了农村五保分散供养的其他方面问题，如社会支持缺失（何芸、卫小蒋，2012）、社会参与不足（苗艳梅，2012）、政治以及社会权利被漠视（吴晓林、赵志鸿，2007）等问题。既有研究对农村五保分散供养问题的揭示以及对策构建有一定的合理性，但对问题成因的分析甚少，问题与其制约因素之间的因果性尚欠清晰，有些对策的实效性还有待商榷，与分散供养五保老人的独特性及其实际需求尚欠契合。鉴于此，在此基于"主体视角"对农村分散供养状况进行全面调查，归纳问题，并从社会结构以及价值观念、政府职责、社区服务建设以及政策创新等层面系统分析制约因素，并以此构建以政府为主导、以社区为依托及以居民参与为主体的农村五保分散供养"综合型"养老保障体系。

二、农村五保分散供养的调查、现状及必要性

农村五保分散供养老人居住在村落中，与普通老人相比，他们的社会融合性较差，边缘化倾向凸出，生活也存在隐蔽性，家庭状况、居住环境、心理特点及精神状态等也具有独特性，因此为了摸清、摸准他们的生活状态，

课题组基于主体视角作了实地调查。

（一）案例地选取及其调查对象的特征

1. 案例地的选取

农村五保分散供养政策的目标是保障分散供养对象的正常生活，特别是经济落后地区的分散供养五保老人更应得到有效保障，否则其作为托底性社会救助政策就失去了社会价值，即对经济落后地区的分散供养五保老人应给予更多的关注和保障。当然这也是我国社会保障公平性建设以及全面建成小康社会"一个不能少"的现实要求。因此，课题组选取山东欠发达地区的临清、东昌府、定陶以及阳谷四个县市（区），并从中随机抽取7个乡镇、20个村落进行调查。这四个县市（区）经济以传统农业为主，经济水平不高，人口较多，具有全国农村经济社会生活的一般特征，因此从它们的分散供养五保老人的生活状况能够透视全国农村五保分散供养的现状。

2. 调查对象的人口社会学特征

调查对象的人口社会学特征，如表1所示。

表1　　　　　　　　调查对象的人口社会学特征

项目		总数（位）	比重（%）
性别	男	175	85.37
	女	30	14.63
年龄	60~64	68	33.17
	65~69	71	34.63
	70~74	48	23.41
	75~79	10	4.88
	80~84	6	2.93
	85~97	2	0.98
文化程度	文盲	130	63.41
	小学	67	32.68
	初中	8	3.90
	高中及以上	0	0
政治面貌	群众	201	98.05
	中共党员	4	1.95
	民主党派	0	0
	无党派人士	0	0

续表

项目		总数（位）	比重（%）
宗教信仰	无	197	96.09
	基督教	6	2.93
	天主教	0	0
	佛教	1	0.488
	其他	1	0.488
民族	汉族	205	100
	回族	0	0
	其他	0	0
婚姻状况	未婚	134	65.37
	已婚	71	34.63
	离婚	34	16.59
	丧偶	37	18.05
	其他	0	0
劳动创收	有	62	30.24
	无	143	69.76
总调查人数		205	

从统计看，调查对象男性多于女性，女性仅占14.63%；文化层次低，63.4%的老人为文盲，初中学历的仅8人，其余为小学学历；96.09%的老人没有党派身份，中共党员仅4人；有宗教信仰以及其他信仰的仅8人；民族均为汉族，没有少数民族；婚姻状况复杂，结过婚的、未结过婚的、离婚的以及丧偶的各有比例；大多数老人将耕地承包给他人，不再从事农业生产经营及其他劳动创收，仅62位老人还从事这些活动，占调查人数的30.24%，但多半是种植小麦及玉米等传统作物，或简单的非农劳动，如看门、拾荒、照看失能老人以及村内保洁等。

（二）调查设计及其采取的调查方法

调查项目是通过查阅文献、咨询养老研究专家而确定的，主要包括家庭情况、日常生活及经济状况、自理能力、健康状况及医疗保障、居住条件、供养服务等方面，整体反映了分散供养对象的生活状况。

调查方法综合运用了问卷、访谈及观察等，对调查的每个选项都与老人深入交谈，对有沟通障碍的老人，访谈与其熟悉的亲属及邻居，同时对老人的居住环境、生活条件及精神状态等进行仔细观察。

调查视角采取调查者与调查对象互换方式，将分散供养对象置于"主体地位"，即调查中调查者将自己置于分散供养对象的地位进行审视、思考，基于老年人的需求考察、判断分散供养对象的生活状况。

（三）农村五保分散供养的现状

随着政府对农村扶贫以及农村社会保障建设投入加大，农村五保分散供养水平逐步提高，分散供养五保老人的生活逐渐向好，在物质收入、居住条件、医疗保障等方面着实有了改善。

1. 物质收入不断提高

从全国来看，农村五保分散供养年人均标准由2012年的3 008元[①]增至2015年的4 490.1元[②]；从地方来看，如山东地区，由2012年的人均2 644元[③]增至2016年的4 391元[④]；而且，这些老人目前还有小麦补贴、耕地出租金、高龄补贴及照护补贴等。此外，政府及社会每年对农村特困人员的生活救济也常以这些老人为对象。调查来看，76.4%的分散供养老人月收入在350元以上，个别老人因从事创收劳动还能达到500元以上。

2. 居住条件普遍改善

由于近两年农村实施了危房、厕所改造以及环境治理等工程，分散供养五保老人的住房普遍得到了修缮或重建，居住空间、居住安全有了保障，居住环境也得到了彻底整治，水电厕暖等生活设施基本齐全。而且，室内、院落及衣物等卫生也借助"邻里互助"政策有了改善，政府还以救济、送温暖等形式给部分老人配置了彩电、收音机等。

3. 医保水平逐步提高

调查来看，98.2%的分散供养五保老人享受居民医保、参保缴费全额资助及门诊补助，住院报销达到60%~70%；高血压、糖尿病等药品纳入报销范围，住院报销起付线比普通村民降低50%且不封顶，报销后仍困难的享受救助；就医、报销服务便利，如92.7%的老人反映报销"很方便"和"比较

---

① 2012年中国社会服务发展统计公报，民政部网站，http://www.mca.gov.cn/article/sj/tjgb/201306/201306154747469.shtml。

② 2015年中国社会服务发展统计公报，民政部网站，http://www.mca.gov.cn/article/sj/tjgb/201607/20160715001136.sht。

③ 山东去年五保供养标准提高近千元，齐鲁网，http://sd.sdnews.com.cn/yw/201401/t20140115_1495747.htm。

④ 王建东：《加快建设"现代大爱民政"努力发挥民政在社会建设中的骨干作用》，山东省民政厅网，http://www.sdmz.gov.cn/articles/ch00024/201607/5bf97ded-bcc3-4a0a-9c6b-6d0cba143eff.htm。

方便"，90.9%的每年免费查体，89.1%的在村落有健康档案。

（四）农村五保分散供养的必要性

任何政策的制定、实施都有现实基础，都是为满足特定群体需要或解决特定实践问题而存在的。调研来看，由于目前农村集中供养能力不足、部分农村分散供养五保老人认同以及分散供养模式的自身优势等，农村五保分散供养政策仍需要持续实施和完善。

1. 集中供养无法做到应养尽养

目前农村敬老院供养能力有限是不争的事实，特别是对患大病、智力有障碍及自理能力差的五保老人还不能提供有效医治及照护服务，这些老人只能住在村里，由村集体、近亲属等提供医疗及照料。如调查中有14.5%的分散供养老人想得到集中供养但未能如愿。

2. 部分五保老人自我拒绝集中供养

调查来看，80%的农村分散供养五保老人不愿入住敬老院，而是选择在自家养老。究其原因，主要是这些五保老人长期生活、居住在村里，已经形成了比较固定的"熟人圈子"、生活习惯以及对居住环境的归属感和认同感，心理上"自家难离"，且离村入院也使亲属"无脸面"以及不方便亲属照护或者怕亲属给"脸色看"；而入住敬老院，由于受各种管理制度限制，生活也不自由，精神慰藉方面也不及村里等。

3. 分散供养较集中供养更具社会优势

人的精神慰藉常体现在人与人的交流及交往中。分散供养五保老人生活在邻里乡亲、亲属朋友等"熟人圈子"中，能够与他们交流情感、倾诉情绪，从而减少郁闷孤独。调查来看，72.8%的五保老人认为生活"很有意思"或"比较有意义"，65.5%的感觉生活"很幸福"或"比较幸福"，60%的感觉生活"有幸福感"，61.2%的感觉生活"不孤寂"。而集中供养却无这个优势。

三、农村五保分散供养面临的困境

近些年，中央及地方政府对农村五保供养政策的建设以及资金支持确实值得肯定，这对保障分散供养五保老人的日常生活、提升其养老质量确实发挥了重要作用。但调查来看，当前农村五保分散供养工作仍面临一些困境，在某种程度上制约着农村分散供养五保老人"老有所养、老有所依、老有所乐、老有所为"目标的实现。

（一）分散供养五保老人"患大病"的较多且医治困难

农村分散供养五保老人多数年龄大且身体差，有的还有身体残疾或精神障碍，特别是患大病的较多。调查来看，身体无大病的仅占10.9%，50.9%的患心脑血管疾病，12.7%的患运动系统或眼部疾病，10.9%的患肝胆脾肾或肺部疾病，5.4%的患癌症或糖尿病，部分还兼患多种疾病。对于患病的老人，特别是自理能力差的，虽然按政策可入住敬老院，由敬老院提供疾病治疗及生活照料，但因医疗条件及专业照护能力限制，敬老院通常拒绝收养这些老人，他们常服用一些廉价药物维持简单治疗。目前农村虽然已建立了大病保险及特困人员医疗救助制度，但由于住院治疗需预垫医疗费，出院才能结算报销，这对无子女支持、吃饭都很困难的农村五保老人来说根本不可行。从调查来看，目前农村分散供养五保老人年人均医疗费为1 402元，29%的年花费在2 500元以上，9%的在4 500元以上，个别甚至上万元。定陶区黄店镇周海村马某因患急性心肌炎需住院，由于没有钱，村集体出面筹集募捐才解决了住院费。农村这样的五保老人还很多，完全靠村集体筹钱难度较大，即便村集体出面，也难以满足这些老人大病医治对高额医药费的需求；另外，目前农村多数村集体经济薄弱，收入有限，除满足村组织正常运转外，很难再有能力为患大病的五保老人垫付医药费。而且，即便这些老人住院治疗，受当前报销制度的限制，有些药品、检查及服务也无法报销，住院次数也有限制，住院期间的非医疗花费也是不小开支，这些影响了分散供养五保老人住院治疗及享受较高质量的就医。

（二）分散供养五保老人的日常照护服务供给明显不足

调查来看，农村有相当数量的分散供养五保老人生活自理能力较差，对照护需求强烈，尤其患大病、智力障碍、行动不便的五保老人。调查中分散供养五保老人独居的占80%，获得亲属照料的仅占14.5%，74.5%的是自己照顾，23.6%的担心丧失自理能力无人照料，67.3%的没有获得村干部经常探视。按照政策分散供养五保老人可由村集体照护，也可委托亲属或村民、供养机构、社会组织等提供照护。但是，由于村集体收入有限或没有收入，以致很难负担起照护经费开支。同时，目前农村除敬老院外，基本没有能提供五保供养服务的机构或组织，而农村敬老院的人、财、物安排又是按集中供养人数及标准确定的，没有多余的资金安排，仅仅能为集中供养老人提供一定标准的照护保障，况且现有政策也没有赋予农村敬老院到村落服务的职责。当前民政部门在农村推行的孤寡老人"邻里互助"以及新出台的照护补贴政策，虽然能在某种程度上缓解分散供养老人的日常照料、病期护理等问题，但因缺乏服务标准、规范及有效监督，实施效果也并不理想，而且目前农村留守的中老年人也很少有人愿意从事这项工作，调查来看主要是由于报酬低及嫌脏等；家庭寄养、机构托养的倡议也是名不符实，除个别五保老人亲属出于责任或面子还勉强这样做，其他村民积极性普遍不高，调查来看主要是由于生活忙、怕麻烦及报酬低。照护服务供给不足，已成为当前农村五保分散供养的突出问题，对分散供养五保老人养老质量的提高构成了瓶颈制约，因此必须在政策方面弥补这个短板。

（三）社会对分散供养五保老人的关爱明显不够

目前农村虽然受现代化和市场化的影响开放了许多，农村一些传统观念有所松动和改变，但无儿无女对农村人的认知方式、行为方式及社会地位在某种程度上仍有深刻影响。调查来看，分散供养五保老人在村中的社会地位普遍低，村民对其关心、关爱少，甚至受歧视。调查中96.4%的老人反映其经济收入在村中最低，与村民的经济往来及合作很少，甚至简单的帮扶、互助也很罕见，即便生病也是靠自己到田间劳作。村里的红白喜事也普遍不邀请五保老人参加，怕带来"晦气"。亲属对分散供养五保老人的探视率也低，65.4%的老人得不到亲属的经常探视，即便探视也是在春节或重要节日来一次或两次，在一月内能受到亲属探视的仅占16.4%，这种低频探视很难使分散供养老人感受到亲情关爱和慰藉；甚至部分老人在农业生产、日常照料以及病期护理等方面不仅不能得到亲属的帮助支持，反而还受他们的欺凌和虐待，甚至个别老人连仅有的耕地、宅基地也被其亲属所强占，如临清市唐园镇千集村牛某的耕地、宅基地就被其侄子强占，以致被迫进了敬老院。村干部的探望关心也少，调查中98.2%的老人反映村干部从未到家探视，他们与村干部的关系基本处于疏离状态，甚至个别的对村干部的意见还很大。村外的社会团体及组织到农村帮助、照料也少，调查中87.3%的老人反映没有接受到社会相关机构、团体及组织的供养服务；即便有些老人接受到了此类服务，但也是短促的、形式的甚至是作秀的，何况有些还偏离"爱心"主题，不能温暖老人的心。社会关爱减少必然降低分散供养五保老人的生活热情，增加其消极负面情绪。因此，对分散供养五保老人的关爱亟待加强。

（四）部分分散供养五保老人的消极情绪令人担忧

无儿无女且无法定赡养人，对五保老人已造成了严重的心理创伤、心理负担及精神压抑，加之社会关心、关爱少及社会地位的弱势化和边缘化，部分老人的消极情绪比较严重，特别是失能及"患大病"的五保老人，整天只能待在家里或睡在床上"发呆""等死"，很少能够与人交流情感、倾诉情绪，心理上孤立无依、孤独寂寞，情感需求得不到满足、负面情绪得不到宣泄，导致这些老人性格孤僻、不易合群、心情焦虑及心理抑郁等，甚至个别老人还有自杀念头。调查来看，"经常感到孤独寂寞"和"总是感到孤独寂寞"的老人占38.2%，生活"不太有意义"的占18.2%，生活"不太幸福"的占18.2%，生活"不太有安全感"的占40%，心情烦闷无对象倾诉的占49.1%，获得亲属精神慰藉的仅占3.6%。中国健康与养老追踪调查（CHARLS）也显示：在受访的农村五保老人中，有20.95%的感到情绪低落，有27.62%的感觉做任何事都很费劲，有21.9%的睡眠差，有30.1%的存在孤独情绪，有12.8%的感觉生活难持续（张星辰，2018）。而《中国国民心理健康发展报告（2017-2018）》显示，全国老人抑郁检出率在15%。此外，由于农村文化建设滞后，分散供养五保老人的生活方式也单调沉闷，文化娱乐匮乏，只是在家看电视、听收音机或到村中老人聚集的地方"聊天、看牌"，腿脚灵便的到田里逛逛，天长日久心理极易产生孤独失落情绪，对生活丧失希望，生活态度也更消极，这些加剧了部分分散供养五保老人的心理情绪消极化。如果这些老人的心理消极情绪不能及时疏导和宣泄，那么他们的精神生活可能就会紊乱无序，消极负面甚至反动的东西也会有机可乘。

（五）分散供养五保老人的临终关怀普遍缺失

调查中多数分散供养五保老人正经受日益频发的慢性病折磨，他们如何安度晚年是目前农村五保供养不可回避的问题，当然问题的形成与目前供养标准低及农村医疗保障不足也有直接关系，但临终关怀缺失也是重要影响因素。而"临终关怀是指对不能治愈的患者采取积极的、全人的照顾，控制疼痛及其他症状，其目标在于确保患者和其家属的最佳生活品质，结合心理及精神层面的照顾，让患者有尊严地活出自己的生命，并提供家属在患者生病期间及逝后哀伤的各种支持服务。"（薛立勇和曹庆，2014）具体到分散供养老人，就是在生命最后阶段向其提供医疗帮助、护理服务、心理疏导以及精神安慰等，减轻他们身心痛苦及不适，并提供逝后庄重遗体告别仪式，让他们能舒适、安详及有尊严地走完人生最后旅程。但因经济困难、精神心理脆弱、社会关系孤独及社会关爱少，多数分散供养五保老人在晚年生病及临终时普遍缺少关怀，不得不承受更大痛苦和折磨，死后也难有庄重遗体告别仪式。调查中多数老人反映临终前处于无医疗帮助、无护理服务及精神安慰的痛苦等死状态，死后虽然按政策"丧事简办"，但仪式与普通老人相比欠完整，常由村集体或亲属直接埋掉，这对老人尊严有所伤害，对在世的老人更是沉重的精神打击、心理负担，不利于他们的精神慰藉，调查中每谈及此事有些老人甚是悲伤。临终关怀是现代人本思想的体现，也是社会进步的重要标志之一，更是当前全面建成小康社会以及谋求社会高质量发展的现实要求。因此，必须尽快将老人临终关怀纳入农村五保分散供养政策。

四、农村五保分散供养困境的成因

当前农村五保分散供养面临困境的成因是复杂的，既有农村五保供养政策建设及其实施方面的缺陷，也有几十年来改革开放所带来的农村社会结构以及农民生产方式、价值观念深刻变革的冲击，更有农村社区养老服务建设滞后以及以农村居民为主体的社区组织缺失等因素的制约，还有对农村敬老院以及分散供养五保老人的部分资产创新利用不足的影响。解决农村分散供养困境必须对这些做深入分析和思考。

（一）农村社会结构以及农民价值观念等深刻变革的冲击

党的十一届三中全会以来，伴随农村市场化、城镇化以及工业化进程的持续推进，农村社会结构以及人的价值观念等已发生了深刻变化。随着以利益为支点的市场化改革不断纵深，农村以"集体"为主导的经济格局完全被以"个体或个体户"为主体的多元化发展所代替，村集体成员经济纽带断裂，村集体对集体成员权利保障的经济基础瓦解，农民经济活动"兼职化"成为主流，农业成为大多数农民的"从属业"，农民在城乡间的频繁流动成为常态，随之而来的就是农民对村"集体"的文化以及社会认同感、对集体以及其他集体成员的责任意识大幅弱化，村集体管理功能以及影响力下降，村集体成员之间原有的"亲密型"社会关系、人际关系乃至亲属关系变得更加松散和功利，他们更关注个人利益，而忽视集体以及他人利益。在这种环境中，农村分散供养五保老人的养老保障必然受其不利冲击，虽然现行政策赋予村集体补助和改善五保老人生活、照护或委托村民照护分散供养五保老人以及办理五保老人丧葬等事宜，但明显村集体很难有所作为，更不可能在疾病医治方面给予五保老人经济支持，而村集体其他成员、五保老人亲属以及村干部对分散供养五保老人的关爱以及日常照护也会因利益影响而弱化或减少，对老人心理或精神层面的精心照顾、消极情绪的疏导以及尊严维护等更是无从谈起，目前家庭寄养、委托照护以及邻里互助政策实施困难与这种环境的变化有直接关系。因此，基于社会环境的变化，进一步完善农村五保分散供养政策尤为必要。

（二）政府对农村五保分散供养政策建设及其执行存在缺陷

当前农村五保供养政策是2006年颁布实施的，它最大的变革是将农村五保供养由原来的"农村集体福利"变为"国家福利"，供养性质发生了变化，随之而来的就是供养主体由村集体变为政府、供养经费由原来的乡村统筹变为财政预算，目前又补充了照护补贴，这种调整和完善确实适应农村集体经济现状及国家税改环境，为农村五保供养持续发展提供了经济保障。但是，"社会保障虽然常常是以经济保障体现的，但是经济或者说金钱并不完全等于社会保障"（苗艳梅，2012），农村五保供养作为社会保障中的社会救助政策之一，不仅要求政府向五保老人提供资金保障，而且也需要政府关怀五保老人精神或心理层面的疏导、服务以及慰藉等需求，向他们提供精神保障，这是养老的题中之义，也是社会保障由物质保障向精神保障发展的时代要求，尽管目前农村五保供养政策是从"保基本"层面设计的，但物质保障有基本层面的设计而精神保障也应有基本层面的设计，遗憾的是目前无论是集中供养还是分散供养对此都是空白，这与当前农村社会环境变化及新时代"老有所乐"要求极不适应，不利于分散供养五保老人精神需求的满足以及消极负面情绪的及时疏导和调节。同时，政府对农村五保集中供养和分散供养工作的重视也存在畸轻畸重的问题，对集中供养相对重视，如政策对其硬软件建设都有明确要求，而对分散供养无论是政策供给还是政策实施都存在不足，主要表现为对分散供养仅止于物质供给，对相关主体如村集体、村干部、五保老人亲属以及基层政府等的责任并未压实，对社会团体、社会组织及个人以承接政府购买服务、慈善捐助等形式提供帮扶的激励政策不明确，对家庭寄养、机构托养以及照护补贴等政策实施也无机制安排，对丧葬问题也未结合当前的丧葬政策制定规范标准等，这些对分散供养五保老人获取社会关爱、照护服务、人生尊严以及心理情绪的疏导和慰藉等必造成障碍。此外，目前农村医保政策对五保老人经济状况的兼顾也不够，倾斜力度不够到位，政策设计也缺乏实效性，这对分散供养五保老人的大病医治不利。因此，在政策层面针对分散供养五保老人制定更为详细的保障措施显得很有必要。

（三）农村社区组织以及以社区组织为依托的社区服务建设滞后

养老保障工作不仅仅是政府的单边之事，它是政府、社区以及社会共同的责任，没有社区以及社会的参与，养老保障工作及其成效必定是有缺陷的，农村五保供养特别是分散供养更是如此。分散供养五保老人的特点以及生活环境决定了政府对他们的养老保障不可能包揽一切，特别是精神保障及照护服务方面，当然政府在此也可尽些责任，但仅在政策供给及资金支持方面，而政策落实及具体服务的提供，社区及农村中的社会组织比政府更具优势，因为它们更了解老人及其需求，更能让老人在他们的"熟人圈子"中得到心理归属感以及对生活环境的认同感，他们的精神、心理更容易得到满足，调查中多数分散供养五保老人不愿入住敬老院及其忧愁情绪所流露的对村落、亲属、熟人以及生活环境的留恋情感足以证明这点。但是，目前农村社区服务尤其是养老服务建设几乎空白，虽然有村支部及村委会，但它们履行的更多的是社会管理职能，对社区服务的提供还是无从谈起，当然有些学者认为农村社区服务匮乏主要是由政府购买服务及社工队伍建设不足导致的，但这里想说明的是，即便政府制定政策供给了这些，这些也必然要落实到农村社区，并且一定要有农村居民的主体性参与才能保障服务提供的务实有效，目前农村分散供养五保老人照护服务难提供、精神需求难满足及消极情绪增加与以居民为主体的社区服务缺失有直接关系。而社区服务供给及服务体系的有效运转，必然需要以居民为主体的社区组织的成熟和完善为前提，因为这是社区服务提供的承载主体，没有它们的参与社区服务很难有效提供，当然也需要体现政府意志的村支部及村委会的主导性支持，主要是政治及管理方面，但目前农村这方面组织的建设甚是匮乏，一些传统组织多数已解体，而新的组织如红白事理事会等也无此职能，因而分散供养工作出现一些困境也就不难理解了。因此，农村社区组织以及社区服务建设亟待加强。

（四）对农村敬老院以及分散供养五保老人的部分资产创新利用不足

敬老院是目前农村地区建立时间最早、运行最稳定及养老服务资源最为集中的农村五保集中供养服务机构，但它长期以来与农村五保分散供养工作处于割裂状态，当然这与政府以此来提高农村五保集中供养率有很大关系，但既然政策赋予了农村五保老人自由选择供养形式的权利以及现实中分散供养也有极大社会优势，那么农村五保集中供养与分散供养就不能割裂，应相互支持才行，因为它们的目标都是保障五保老人的晚年生活。但实践中政府并没有通过政策供给以及政策创新等将农村敬老院的养老服务功能延伸至分散供养五保老人，依旧遵循传统政策只对集中供养五保老人提供养老服务，而且对"患大病"以及自理能力比较差的五保老人还拒绝收养，这是背离政策精神的，对分散供养五保老人养老服务的多元化供给也是很不利的，必然减少分散供养五保老人在日常照料、社会关爱以及精神慰藉方面的获取，当然此种情况也与政府对农村敬老院的财政投入不够也有关系，但只要政策供给以及资金配套到位，农村敬老院对分散供养五保老人的养老服务完全可以有所作为。同时，政府也没有顺应农村社会环境变化对分散供养五保老人的耕地以及宅基地等资产加以创新利用，主要是没有结合当前农村土地确权、流转以及村集体内转让等改革政策发挥它们对分散供养五保老人的照料护理、医疗服务以及基本生活的重要保障作用，政策仍然维持"入住敬老院或分散供养五保老人死后由村集体收回"的精神，在物价通胀以及政策保障水平很低的情况下，这对分散供养五保老人获取更多的照料护理、医疗服务以及基本生活的保障极为不利，实践中出现这些方面保障不足或缺失的问题与此也有直接关系。因此，增加政策供给以及创新政策机制，发挥农村敬老院以及耕地、宅基地资源的养老保障作用，对改善目前农村分散供养五保老人的"弱势化"养老现状尤为必要。

五、分散供养综合型保障体系的构建

分散供养五保老人是农村五保供养的主体，能否妥善解决他们的养老问题事关新时代农村五保供养工作的成败，也是检验新时代农村养老工作成效的重要试金石，因此政府以及社会要给予更多的重视和支持。目前农村地区正在发生深刻的经济性以及社会性变革，各地农村五保分散供养所面临的形势及问题普遍具有趋同性，国内诸多媒体报道以及学者、政府相关部门的调查就可证明这点。而解决这些问题，必须立足农村经济发展以及社会环境变化的实际，同时兼顾分散供养五保老人的特殊性，通过多层制度设计、多元责任强化及多样服务供给，建立以政府为主导、以社区为依托以及以农村居民参与为主体的农村五保分散供养综合型保障体系。

（一）完善农村五保分散供养经费多元投入以及正常增长机制

增加供养经费投入是目前解决农村五保分散供养问题的关键。改变目前农村五保分散供养经费由政府单一投入的局面，建立以财政投入、村集体补助、社会捐助以及分散供养五保老人的地产创新利用的多元投入机制。一是强化政府财政主要投入责任。按照农村五保供养政策以及城乡特困人员救助供养制度，农村五保分散供养标准由生活补贴和照护补贴两部分构成，这些资金支出仍由政府财政承担，而且供养标准要随各地经济水平的提高及物价变化而定期调整，但要对调整指数、调整幅度、地区公平性控制、年龄倾斜、与低保等其他社保待遇提高的关联性及照护补贴差异化发放的技术操作、动态调整等进一步健全和完善，形成可操作性实施细则，确保供养标准稳定增长；加大中央财政对贫困地区农村五保供养的转移支付，形成中央与地方共同投入的局面。二是拓展村集体补助。结合目前农村"固本增收"的成效及集体经济发展状况，积极拓展村集体对分散供养老人的补助，并从政策层面压实村集体补助责任。三是创新利用分散供养五保老人的地产。结合目前农村土地改革、耕地和宅基地价格上涨及五保老人无财产继承的现实，对分散供养五保老人的耕地及宅基地进行出售或转让，以此为其换取更多养老金、医疗保障及照料服务等，从而提高其养老保障能力；当然实现这种目标，必须制定具体政策，明确分散供养老人的耕地及宅基地由村集体和乡镇（街道）政府共同监管，禁止五保老人亲属及他人以任何理由使用、强占和处置，遵照老人意愿，由乡镇（街道）政府通过村集体收回，然后在村内转让或出售，并与买受方签订协议，所得资金、医疗保障、照料服务等全部归分散供养五保老人所有，协议履行由乡镇（街道）政府及村集体监督，老人去世后，宅基地、耕地由买受方在国家政策范围内使用经营。四是激励社会及个人捐助。进一步细化农村五保供养政策"社会捐助"条款，明确激励措施、捐助程序以及捐助方式等，并通过新闻媒体以及社会组织等营造捐助的浓厚氛围，引导更多实体企业以及个人资助分散供养五保老人。

（二）建立农村五保分散供养大病医治以及救助的特殊机制

分散供养五保老人的最大困境在于无子女支持及经济状况差，经济上主要依靠五保金及耕地，在物价通胀、农业弱质化以及供养标准很低的情况下，虽然国家对其医疗保障提供了很大支持，但相比困境仍不足，因此必须基于他们的特殊性建立农村五保分散供养大病医治以及救助的特殊机制，主要是对现行医保政策的相关设计进行调整、健全和完善。一是制定分散供养五保老人大病住院交通费、生活费以及护理费等补助政策，以及对他们大病住院医疗的事前、事中以及事后进行救助政策，放宽救助门槛，提高再救助力度，并逐年提高救助标准。二是把分散供养五保老人的住院医药费报销最低起付线设为零，进一步提高他们的住院报销力度。三是提高分散供养五保老人大病门诊补助标准及报销比例。四是对医疗救助基金的筹集除财政预算及居民缴费外，还要通过鼓励社会投资及分割福利彩票公益资金等形式广泛筹集（赵富才和宋士云，2009），最大限度地提高大病医疗救助对包括分散供养五保老人在内的农村特困人员的救助覆盖面和救助力度。五是在乡镇（街道）民政所设立农村特困人员医疗救助服务站，并在村居设联络员，负责农村特困人员大病救助咨询、资格审查、资金发放及事务联络等，为分散供养老人提供便利的医疗救助服务。大病医治是包括分散供养五保老人在内的农村特困人员养老的难点和重点，目前全国有农村特困人员455万人①，随着国家经济实力增强，中央及地方财政完全可以对他们的医疗保障给予更多政策倾斜。

（三）构建以政府为主导、社区参与为主体的农村五保分散供养照护服务以及社会关爱服务体系

因为理论与实践证明，任何公共服务由政府供给或发挥主导作用是最有效的制度安排，而服务递送及具体实施应由社区来完成，因此分散供养五保老人养老照护及社会关爱的出路就在于政府与社区相结合，政府在提供资金及政策保障的同时，社区要做好养老照护及社会关爱工作。一是发展农村社区服务组织。通过制定章程、明确责任、细化规范及标准等，发展红白事理事会、老人协会、社保协会、互助协会、文化社团及志愿服务队等社区组织，在村支部及村委会的组织监督下，向分散供养老人提供社保服务、病期护理、失能照料、生产帮扶、日常关爱、精神娱乐及丧葬办理等养老服务，同时也向有需求的失能失智老人及空巢老人提供，当然政府要做好分散供养照护政策细化、服务提供者经济支持及监管等工作，保证社区组织服务及时、有序和有效。二是发展农村社区养老机构。整合幸福院、日间照料中心、文化大院、村卫生室及闲置房屋等建设农村社区养老机构，把有服务需求的分散供养五保老人、失能失智老人及空巢老人集中于机构照顾，对入住机构的分散供养五保老人，政府按集中供养标准发放生活及照护补贴，其中照护补贴由机构集中并用于老人照护及机构运转，政府和村集体对机构建设及运转给予政策、资金、管理及监督保障，机构建设依社区规模可单独建也可与邻村共建共用；社区养老机构要依托社区组织，把日常照料、特困供养、居家养老、医疗服务、精神慰藉等功能集于一身，坚持开放、灵活运营及多元化服务供给为原则，为分散供养五保老人及社区有需求的老人提供"不出村"的养老服务。三是发展农村敬老院。通过确立法人地位、改革管理及运行机制、加大财政投入及增加专业技术力量等，进一步强化农村敬老院养老服务功能，提高集中供养率，满足分散供养五保老人尤其是失能失智老人入院养老的需求，同时也赋予其向分散供养五保老人提供养老服务的职责，保证敬老院这一农村最重要养老资源得到充分利用；农村敬老院对农村社区养老机构要给予技术及业务支持，建立业务共享及互联互通机制，形成对分散供养五保老人合力性服务保障。四是发展农村医养合作。建立乡镇卫生院、村卫生室与农村社区养老机构的医养合作机制，在镇卫生院、村卫生室设医养热线，保

---

① 2018年国民经济与社会发展统计公报，国家统计局网站，http://www.stats.gov.cn/tjsj/zxfb/201902/t20190228_1651265.html。

证分散供养五保老人医疗服务及时到位。五是发展村民互助托养。对自理能力差且不愿入住镇村养老机构的分散供养五保老人，可以合同形式托养到条件好且有爱心的村民或亲属家里，给予托养者照护补贴，并对服务好的家庭给予物质及精神奖励，形成良好扶老帮弱氛围。六是健全老人心理疏导工作。把"心理健康"纳入农村五保分散供养工作，定期对分散供养老人进行心理诊视，并在乡镇（街道）卫生院设老人心理门诊，便于老人心理咨询、疏导及治疗。七是强化社区对孤寡老人的社会关爱。把对分散供养五保老人的关爱纳入村干部责任范围，建立村干部定期探视制度，及时了解他们的困难和需求并帮扶解决；动员村党员对分散供养老人提供帮扶关心，形成定期联系与具体帮扶相结合的局面；倡导邻里乡亲帮种帮收及帮照料，红白事一碗饭菜及一碗汤献爱心，定期不定期到分散供养老人家中帮扶等。

（四）健全农村五保分散供养临终关怀服务机制

分散供养五保老人临终关怀包括去世前后两个环节。对于前者，主要通过落实前述的相关政策即可解决。而对于后者，主要是做好政策保障以及相关主体责任压实工作。一是县区市政府及其民政部门要高度重视分散供养五保老人的丧葬问题，"勿以事小而不为"，着实把人本理念贯彻于养老服务之中，本着公序良俗，维护逝者尊严与体面，结合目前农村丧葬政策，按照丧葬从简原则，完善分散供养五保老人丧葬实施细则，明确程序、仪式、规范标准、丧葬补贴以及相关主体责任，当然丧葬补贴要根据经济社会发展水平适时提高，保证分散供养五保老人丧葬达到社会平均水平。二是村集体对分散供养五保老人的丧葬要承担主体责任，除适当安排一些必要的人、财、物支持外，主要做好丧葬的组织、协调、服务工作，保证丧葬仪式的完整、有序。三是严格落实分散供养五保老人亲属的责任，主要是丧葬资金支持、仪式服务、场地供给等。

（五）加强农村五保分散供养工作监管以及老人权利保障

针对农村五保分散供养的分散化、边缘化以及隐蔽性的现实，各级政府对此方面的工作要加强监管。一是对政府公布的供养标准与分散供养老人实际领取的补贴一致性进行定期核查和访谈，坚决杜绝"纸质化"供养以及对供养资金的滞留、拖延、克扣甚至贪污的现象。二是对供养形式选择的自由性进行不定期访谈调查，对不尊重老人意愿、强制其选择某种供养形式的坚决纠正，对涉及的相关供养机构及责任人严肃处理。三是对供养标准与当地居民平均生活标准进行比较性核查，对未制定具体衡量生活水平参考指标以及供养标准未随经济发展而逐步提高的，责令整改、纠正。四是对以失能失智为重点的分散供养老人的生活安排及养老服务的"及时性""规范性""标准化"情况进行暗访核查或不定期抽查，对落实政策及服务不到位的追究责任。五是对分散供养老人的医疗救助政策实施情况进行访谈核查，杜绝徇私舞弊、拖延、截留及贪污克扣等现象的发生。六是对分散供养老人的财产保障进行访谈核查，杜绝任何人对其合法财产的侵占。七是强化县市（区）社会保障社会监督委员会对农村五保供养的常态化监督，同时开辟社会监督渠道，如设投诉电话、定期公布分散供养情况、动员媒体关注等。八是宣传孝道精神，发挥孝道对村民的组织、教育和管理功能（安云凤，2009），更好地保障分散供养老人的权益。

参考文献

1. 罗锐、谢圣远：《论我国农村五保供养制度的完善》，载于《社会保障研究》2011年第3期。

2. 杨团、张时飞：《当前我国农村五保供养制度的困境与出路》，载于《江苏社会科学》2004年第3期。

3. 洪大用、房莉杰、邱晓庆：《后集体时代农村五保供养工作研究》，载于《中国人民大学学报》2004年第1期。

4. 贡森、王列军、佘宇：《农村五保供养的体制性问题和对策——以山东省为例》，载于《江苏社会科学》2004年第3期。

5. 邓传发：《让农村散居五保对象更有尊严地生活》，载于《中国社会报》2013年4月24日第3版。

6. 刘国利、张明：《农村分散供养五保对象的五大特征》，载于《中国社会报》2014年12月22日第2版。

7. 陈楠：《通榆县农村分散五保供养存在的问题及对策》，载于《才智》2017年第1期。

8. 何芸、卫小蒋：《着力强化农村五保老人社会支持网络——基于社会工作的分析视角》，载于《理论探索》2012年第4期。

9. 苗艳梅：《从物质保障到精神保障——农村五保老人精神需求现状分析》，载于《社会福利》2012年第3期。

10. 吴晓林、赵志鸿：《和谐视域中农村五保老人的社会保护湖南省农村五保养老问题的实证研究》，载于《中国人口》2007年第5期。

11. 张星辰：《农村五保老人供养保障研究——以兰考县三义寨乡为例》，郑州大学硕士学位论文，2018年。

12. 薛立勇、曹庆：《何处安心是吾乡——临终关怀机构的空间分析》，载于《华东理工大学（社会科学版)》2014年第5期。

13. 赵富才、宋士云:《改革开放以来农村五保供养制度模式变迁探析》,载于《齐鲁学刊》2009 年第 5 期。

14. 安云凤:《弘扬传统道德文化关注农村养老问题》,载于《齐鲁学刊》2009 年第 5 期。

On the Difficulties and Countermeasures of Providing for the Aged with Five Guarantees in Rural Areas
—On the Basis of Investigating the Underdeveloped Counties and Urban Areas in Shandong Province

QI Peng

(Institute of Population Science, Shandong Academy of Social Sciences, 250012)

LI Xueying

(The ministry of school magazine, Shandong provincial party school (school of administration), 250100)

[**Abstract**] The decentralized support is the main body of the five-guarantee support in the rural areas. Owing to the impact of the change of the rural social structure and the value of the peasants, the defect of the construction of the policy and its implementation, the lag of community service construction and the lack of the community organization, not enough innovation and utilization for rural homes for the elderly and some of the property of five guarantees for the elderly. The five-guarantee and decentralized support of the rural areas also faces the plight of the sick old people and the difficult medical treatment, the shortage of the care services and the social care of the old people, the negative emotion of the psychology, the lack of hospice care, and the like. For that reason, it is necessary to establish a decentralized support system dominated by the government, based on the community and with the participation of the residents as the main body, mainly to improve the diversified investment of decentralized support funds and the normal growth mechanism, to establish special mechanisms for the treatment and rescue of major diseases, to build care services and social care service systems, to improve the hospice service mechanism, we should strengthen work supervision and the protection of the rights of the elderly.

[**Key Words**] Rural Five Guarantees Scattered Support Old-age Security

JEl Classifications: C923

应对气候变化立法模式的经济分析*

李晓安　张文斐**

【摘　要】基于应对气候变化法律制度变迁视角，运用经济分析方法，以立法成本与效益为分析工具，对现有四种气候变化立法模式进行研究。单一专法与套装立法在世界各国立法实践中可行性较低，框架立法较之分散立法而言，可节约立法成本，指导地方立法实践，防范气候安全风险，推动我国"一带一路"建设进程。根据立法科学性与融贯性的要求，我国应对气候变化立法模式应采取由分散立法至框架立法调整的制度设计，并通过"纵切面向"中央与地方多层次综合治理，"横切面向"立法与行政多部门协同创新来实现。中央机关应尽快整合各分散专法，科学制定应对气候变化基本法；地方机关应在现有地方立法实践基础上，加强地方立法特色，相同利益诉求方联合立法，以实现社会效用最大化。

【关键词】气候变化立法模式　框架立法　经济分析　综合治理

中图分类号：D912.6　F062.1　　　文献标识码：A

一、引　言

气候变化（climate change）问题是人类历史上首次面对影响范畴最大的环境课题，攸关人类生存与可持续发展[①]。自《联合国气候变化框架公约》

---

* 本文为国家社会科学基金项目"植物新品种知识产权保护困境与制度创新研究"（编号：16BFX168）、2019 年首都经济贸易大学研究生科技创新资助项目"应对气候变化立法的经济分析与路径选择"的阶段性研究成果。

** 李晓安，首都经济贸易大学法学院教授、博士生导师；张文斐，首都经济贸易大学法学院博士研究生；地址：（100070）北京市丰台区花乡张家路口 121 号；E - mail：562475778@qq.com。

① 蒋佳妮、王文涛、王灿等：《应对气候变化需以生态文明理念构建全球技术合作体系》，载于《中国人口·资源与环境》2017 年第 1 期。

（United Nations Framework Convention on Climate Change，UNFCCC）生效以来，国际社会先后举行了 21 次气候大会①。国际上应对气候变化行动呈现出减缓与适应并重、向立法转变、国家行动与地方行动并重的趋势，加强气候变化立法制度建设，已成为世界各国气候治理的主流。在疆界上，气候变化的冲击范围不限于任何国界与地域；在人类社会系统上，影响与冲击也跨及任何种族、社群与社会阶层，带来"多层次治理"需求。气候变化的治理纵向跨及国际、国家与地方层次，唯有多层次的管制连接，才能有效应对气候变化的挑战。目前与应对气候变化立法相关的研究主要集中于各国应对气候变化的立法模式评析②、"一带一路"建设与国际气候治理③、"一带一路"建设面临的气候安全风险④、中国地方应对气候变化的立法实践等⑤。然而现有研究多基于法学尤其是国际法学视角进行分析，对当前相关国际条约及国内外法律法规进行梳理，经济学领域的论证支撑较少。经济分析中的"效益"是衡量法律规则的重要标准⑥，将可选择的制度方案所获的收益与付出的成本作为重要参考因素加以分析，并根据利益博弈结果做出最优的制度选择⑦。气候变化所涉相关主体利益复杂，尽管当前绝大多数科学家已证实人类活动的温室气体排放是目前气候变化的主因，然而气候变化对人类社会各系统所带来的冲击与影响范畴，仍具备高度的科学不确定性、跨领域等特征，这也使政治系统须"决策于未知之中"。面对这样的"未知"，世界各国应对气候变化的立法均存有多种不同的形式、数量等选择，我国应对气候变化的立法模式与架构应作何种调整，值得进一步深思。

二、应对气候变化立法的典型模式

在立法过程中，理想的民主实践应结合专业与民意，然而立法实际往往受制于更多元动态的政治、经济、社会与文化等因素交织影响，使不同国家

---

① 潘晓滨：《域外国家应对气候变化地方立法实践及中国借鉴》，载于《湖南大学学报（社会科学版）》2017 年第 1 期。
② 潘晓滨：《中国应对气候变化法律体系的构建》，载于《南开学报（哲学社会科学版）》2016 年第 6 期。
③ 丁金光、张超：《"一带一路"建设与国际气候治理》，载于《现代国际关系》2018 年第 9 期。
④ 王志芳：《中国建设"一带一路"面临的气候安全风险》，载于《国际政治研究》2015 年第 4 期。
⑤ 潘晓滨：《中国地方应对气候变化先行立法研究》，载于《法学杂志》2017 年第 3 期。
⑥ 张文斐：《职务科技成果混合所有制的经济分析》，载于《软科学》2019 年第 5 期。
⑦ 周泽夏：《知识产权法经济分析的理论基础——基于〈知识产权法的经济结构〉的讨论》，载于《政法论坛》2018 年第 4 期。

展现出不同的立法模式与文化。而环境议题的科技复杂度、利益冲突、隔代平衡及国际关系等特色，也反映在气候变化立法上。

（一）气候变化立法模式与内涵

在气候变化立法的不同选择中，理论上，气候变化立法模式可分为集中型与分散型两大类别，其区分标准在于是否有一部法律作为统筹整合。而集中型的立法模式有三种可能，分别是单一专法、框架立法、套装立法；分散型的气候变化立法，则可能通过分散条款或分散专法的方式来实现①。单一专法与框架立法均指一次性单一法律，前者内容具体明确，后者仅有框架与原则。套装立法与分散立法都是多个具体法律的模式，差别在于套装立法强调一次性规划多个法律，分散立法允许社会与政治自然发展形成规范。

其一，单一专法模式（single exclusive legislative model）。该模式是指一次性地制定一部完整的气候变化专法，将温室气体减量、碳排放交易、适应、能源、财务机制、气候责任机制、气候变化信息等各个子领域皆囊括其中，包含气候变化涉及的所有面向，全面应对气候变化的挑战。单一气候变化专法内各个议题领域应尽可能在内容上广泛完整，在规范上具体明确、完整详细，一次性提供应对气候变化的完整基础，所有的管制与措施都将以此专法为依据。即使后续制定或连接其他相关法律或政策，也仅为辅助性质。

其二，框架立法模式（framework legislative model）。即制定一部基本法或总领法，提供整体法律框架，具体管制措施与政策则留待后续其他法律或命令填充完善。气候变化基本法囊括减缓议题、适应议题、责任议题与财务议题，授权后续规范性文件，分别为温室气体减量法律或命令、气候变化适应法律或命令、气候变化责任法律或命令以及气候基金法律或命令等。在实际的作用上，气候变化的框架性法律针对后续的立法基本原则、组织分工、程序及立法规划作出具体指示，与现行的环境保护基本法或农业法的概念类似。框架性立法的密度与难度较低，能应对整合性与急迫性需求。框架立法与单一专法不同之处在于，由于子领域的细节内容欠缺具体的规范内容，框架法本身的管制效果较为薄弱，须仰赖后续多个法律的补充，通常采取个别专法或者分散条款的模式，在不同领域形成具体规范要求。

其三，套装立法模式（package legislative model）。相较于单一专法或框架立法具有一部统整性的法律规范，套装立法模式是在有一定立法规划之后，通过分散专法或者分散条款的方式形成具体规范。尽管欠缺单一统整性法律，套装立法未必流于零碎或无章法，关键在于个别专法或分散条款的背后是否

---

① 叶俊荣、施文真、张文贞等：《气候变迁立法模式的选择：机制评估与比较法的参照》，引自叶俊荣：《气候变迁的制度因应：决策、财务与规范》，（中国台湾）台大出版中心2014年版。

有长期、广泛而全盘的思考与规划。套装立法模式在立法进程上，可能一次制定或修订大量的相关立法，涵盖气候变化议题中各个重要方面，包括减缓立法、财务立法、适应立法、气候责任立法、保险立法以及信息立法等。也可能在一定的立法规划蓝图上，针对不同的机制或面向，采取渐进方式，分为多次分散立法，例如可能先就温室气体减量通过一组套装立法，再针对适应通过另一组套装立法等。

其四，分散立法模式（decentralized legislative model）。该模式允许气候变化各领域法律规范可随问题的发展以及社会的共识逐步形成法律。方式上可以逐一制定个别法，或者是在既有法规中增修特定条款。此种立法模式是渐进式、议题式的，不将气候变化当成一个需要立即全面立法应对的独立议题。以分散专法为例，减缓、适应、责任、财务议题将分别制定温室气体减量法、气候变化适应法、气候变化责任法以及气候基金法；以分散条款为例，气候变化相关条款将分别纳入环境法制、经济法制以及能源法制等法律法规中加以规制。

基于立法数量、形式、时程与后续的差异，四种应对气候变化立法模式的特色可以表1呈现之。

表1　　　　　应对气候变化立法模式的特色比较

立法模式	形式	时程	是否有后续立法/修法
单一专法	一部完整法律	一次	后续修改专法
框架立法	一部框架法	一次	后续制定个别相关法律/条款
套装立法	复数法律或条款	一次或多次	后续修订套装法律
分散立法	复数法律或条款	多次	后续制定或修改个别相关法律/条款

资料来源：笔者根据文献资料整理而得。

不同的立法模式，除了上述外在的表象差异外，也展现出迥异的政策思维。例如单一专法模式，需要缜密而宏观的政策与立法规划，且在政治与民意上需要较大的共识；框架立法与套装立法同样须有全方位的政策规划，而后续的立法进程虽然不如单一专法模式一般一步到位，但也比单一专法预留了更多的弹性空间。单一专法、框架立法与套装立法皆表现出"全盘理性"的政策思维。至于分散立法模式，具有更高的政策弹性，在难以获取政治共识的时机，也是现实上的可行选择，以寻求渐进式的制度应对；但此种"渐增主义"（incrementalism）的制度决策稍有不慎即可能流于"杂乱渐增"（disjointed incrementalism），不仅忽略气候变化是牵连广泛的环境议题，也可能导致个别制度间整合不良，以及事权分工凌乱。

（二）典型国家气候变化立法模式

综观世界各国应对气候变化的立法实践，除瑞士采取分散立法模式之外，很少采取单一模式，大多数国家的立法模式随着气候变化国际谈判的进展、科学技术的成熟以及国内政治、经济、社会方面的共识，而呈现为渐进的演变。例如，英国、美国与墨西哥均采取从分散立法到框架立法模式，而日本与韩国则采取从框架立法到分散立法的模式。

1. 瑞士：分散专法模式

瑞士早于 1999 年 10 月 8 日通过《联邦二氧化碳排放减量法》，目的在于降低使用化石燃料造成的温室气体排放，管制途径从能源、交通、环境、财务政策以及自愿性措施多方面进行减量。此外，瑞士也通过各种分散的森林、能源、运输、税制的专法或条款、政策及计划来应对气候变化。例如，《森林法》中有关森林永续利用的规定，以协助温室气体减量及气候变化适应。2009 年以行政命令补充《联邦供电法》，实施再生能源发电收购制度。而除了逐渐调高碳税及碳定价之外，瑞士政府也经由《矿油税法》《联邦重型交通工具费用法》的授权，对人民课征相关税金及费用，将所得用于推行气候变化相关或其他公共政策，或进行财富再分配。在适应方面，联邦委员会于 2012 年通过了《瑞士国家调适策略》的第一部分，先确定了适应的国家目标与各个适应领域，例如水资源管理、农业、森林、能源、观光、生物多样性等。

整体而言，瑞士通过分散立法模式与渐趋严格的管制，对气候变化进行有效治理。以《联邦二氧化碳排放减量法》为核心，其他环境、能源、运输法制为辅助对气候变化进行调整。瑞士的气候立法表现出两大特色：一是虽然瑞士并非欧盟成员国，但在多领域通过与欧盟的双边协定推行政策与立法的协调；二是在瑞士宪法的传统之下，在中央的联邦立法以外，次国家层级的邦立法与邦政策也享有较大的自主空间，许多更为细节的温室气体减量、适应、能源、运输以及气候变化宣传教育等事项均由各邦因地制宜①。

2. 墨西哥：从分散立法到框架立法

2005 年，墨西哥建立气候变化的跨部门委员会，2007 年则开始气候变化国家策略。气候变化立法上，墨西哥最初仅着重于能源方面，采取分散立法模式。2007 年开始先通过《生物能源鼓励与发展法》，2008 年通过《永续能源使用法》以及《再生能源使用与能源转型财务法》。在举办 UNFCCC 第十六次缔约方大会的压力下，墨西哥的气候变化立法转趋积极。2010 年 3 月，

---

① 叶俊荣：《气候变迁治理与法律》，（中国台湾）台大出版中心 2015 年版。

众议院建议一个气候变化的总则性法律，建立国家气候变化系统以整合既有的行动，以应对气候变化。2012年4月19日众议院通过《气候变化法》，该法规范了清洁能源的发展，设定能源结构目标；设定温室气体减量目标，规定大型污染者强制报告义务；确定跨部门的气候变化委员会来实施该法；授权建立国内的碳市场；并允许将碳市场与国际连接；建立减缓和适应的气候基金。然而该法仍将许多细节事项留待后续政策推行管制，属于框架式的立法模式。

墨西哥《气候变化法》的特色在于：第一，明确固定减碳目标与时程，要求政府应于2050年降低到2000年排放量的50%，中程目标则是2020年时减量30%[①]。在能源方面，赋予财政部与能源部长职权与义务，应设计诱因机制来促进再生能源的使用，并订立于2024年应达到再生能源发电占总发电量35%的目标。第二，设立跨部会的气候变化委员会，负责拟定并监督气候变化政策，整合不同部会间的意见与资源；并且通过法律的授权，该委员会可稳定推动气候变化政策而不受政局变化影响。第三，设计强制排放报告机制，使能源、交通、农业与工业等部门的碳排放量透明化、公开化。第四，设置气候变化基金，资金来自国家或国际的公私部门，并期待以此基金协助墨西哥的气候变化相关行动。

3. 韩国：从框架立法到分散立法

韩国为UNFCCC的非附件一国家，气候变化的立法起步较晚。近年来，韩国政府意识到绿色经济和碳市场的潜在商机与竞争力，逐步推动绿色发展，强化气候变化立法。于2009年通过《低碳绿色成长框架法》，打造2009年至2050年的国家绿色成长策略，设定中长期的减量目标，为排放交易系统、碳税、碳揭露与再生能源扩大使用等气候变化应对措施建立法律框架。该法还要求政府应每5年制定并实施20年期间的气候变化应对计划。2010年韩国通过一个2011年至2015年的国家适应计划，并由来自13个部会的代表组成国家调适委员会以执行之。适应计划涵盖的领域包含公共卫生、灾害管理、基础建设、农业、森林、海洋与渔业、水资源、生态系统、气候变化监测、调适相关产业、出版、气候变化教育及国际合作等方面。国家适应计划也让地方政府制定并实施地方的适应计划，中央政府的环境部长有支援地方政府的职责。

韩国政府与国会在上述框架立法之外，还推动了许多法律条款的修订及分散专法的制定。例如，2010年修订《电力企业法》，定价收购再生能源生产的电力；为维护能源安全，减少能源使用对环境的负面影响，多次修改《能源合理利用法》，要求制定国家能源政策。2012年5月，在《绿

[①] 王灿发、刘哲：《论我国应对气候变化立法模式的选择》，载于《中国政法大学学报》2015年第6期。

色成长框架法》的授权下,韩国通过《碳交易法》,建立了亚洲第一个排放交易制度。纳入管制的对象包含年碳排放量达到2.5万吨以上的设施单位,以及排放量达12.5万吨以上的企业体,有500个全国最大的排放单位被纳入管制范畴,受到管制的排放量总额约占全国的60%。《碳交易法》区分了三个三年为一期的管制阶段,由政府分别于各个阶段拟定总量管制标准与各主要排放源的排放许可额度,对于超过排放许可额度又未于碳市场购买碳权的企业体,将施以裁罚性措施。整体而言,韩国从《低碳绿色成长框架法》到后续《碳交易法》及能源相关法制的修订,基本上采取从框架立法到分散立法的模式。

三、分散立法与框架立法的成本收益分析

各国的立法经验表明,单一专法和一次性套装立法模式的可行性较低;大多国家采取框架立法与分散立法先行的模式,体现框架立法对于气候变化长期应对的重要性,以及分散立法在形成具体制度与调整应对的必要性。笔者拟采用成本收益分析这种法律经济学常用的研究方法,就分散立法与框架立法模式进行比较分析,即将制定和实施这一气候变化立法模式的所有成本与该模式将带来的总体效益(立法收益与社会效益之和)进行比较。若该模式的效益大于成本,则该模式的制定与实施是合理的,亦即该模式是有效的,反之则无效。

(一)立法成本:分散立法高于框架立法

气候变化的立法成本包括总成本、平均成本(单位成本)和边际成本(制定实施权利规范而支出的额外或增加的费用),总成本既包括显性成本也包括隐性成本,是在立法、司法中当事人为实现权利履行义务的支出。制定和实施某一气候变化模式的所有成本应包括交易成本,具体包括制定过程中耗费的成本与实施之后的执行成本以及可能对经济主体造成的经济损失等。立法成本越高,则该模式的经济性越低。以立法听证为例,建立经济性评估模型,测量数据与变量为负相关,听证阶段所消耗费用之和越大,立法听证的经济性便越弱,如表2所示。

变量	听证阶段	测量数据
经济性	预备阶段	1. 公告费用 2. 选择和邀请听证陈述人费用 3. 收集与准备有关材料的费用 4. 报名的费用
	进行阶段	1. 组织听证的费用 2. 听证陈述人的补贴费用 3. 听证陈述人的交通费、食宿费 4. 必要时的鉴定费用 5. 必要时的翻译费用 6. 场所、设施费用 7. 直播费用
	反馈阶段	反馈费用

表2　　　　　　　　　　立法听证的经济性

资料来源：冯玉军：《法经济学范式》，清华大学出版社2009年版，第451页。

首先，框架立法中一部完整法律与分散立法中多部专法的立法成本均须采取立法活动必须遵循的程序，为适应社会变革，维持法律规范运行的安定性，任何一项立法活动从法律规范的制定、试行、修改、发布及修正，均需向社会征求意见，开展社会调研，召开专家会议论证，听取社会各个阶层的意见与建议，这期间存在时间成本与经济成本。其次，因分散立法模式缺乏立法规划指引，通常是因时制宜，欠缺长远考虑，规定内容有限，无法涵盖所有尚未预料的特殊问题，需后续更多的分散立法或条款来弥补漏洞或通过司法解释来明确，存在制度成本与机会成本。再次，法律的实施成本与参与立法的人员的数量成反比，亦即法律的实施成本随着参与立法者数量的增多而减少。最后，基于政策规划指导下的框架立法模式其立法进程更具体系化，固定成本较多；而分散立法易出现"杂乱渐增"现象，可变因素较多，立法参与者的数量增多必然带来立法体制与程序成本的攀升。综上，分散立法模式成本远高于框架立法模式。

（二）立法收益：分散立法低于框架立法

立法的收益通常包括法律体系的完善、法律冲突的解决、司法案件的处理规制、社会公众的广泛认同等，既包含直接的经济利益，也包含通过制定颁行法律所取得的时间效益以及估算为经济利益的其他利益，比如生态利益、人身健康、环境的美学收益等，这是判断立法成本是否恰当的重要因素。法律的边际收益是总收益与新增立法量的比值。法律市场是寡头市场，经济学中的寡头市场是边际收益递减的。其一是法律的本身具有时效性。立法中信息的不对称,原有的法律无法适应经济社会发展需求导致边际收益递减。其二是市场主体所采取的规避行为。当法律义务规定或限制或有损于某一市场主体利益时,其就会从自身利益出发,采取规避对策,引发环境监管者与行为人之间的博弈,势必使得法律收益下降①。

分散立法模式虽可收获回应现实需求的即时性与社会公众的关注等收益,然并不能有效解决应对气候变化的专业性问题,也不能满足法律体系整体融贯性与社会公众广泛认同等效果。实践中,基于气候保护以及节约能源的现实需要,我国地方已经双轨开展应对气候变化的立法活动。一是以减缓领域的碳排放交易制度为重点,开展地方碳排放交易的专项立法,目前已有七个省(市)地方政府自行出台地方性法规或政府规章。二是地方应对气候变化的综合性立法,青海省和山西省分别于2010年和2011年出台了《青海省应对气候变化办法》和《山西省应对气候变化办法》,2014年安徽省亦通过《安徽省气候资源开发利用和保护条例》。上述地方性法规或政府规章体现了我国各地方对适应气候变化的利益诉求,但法律位阶较低,仍需系统完整的气候变化基本法予以指导。这种地方先行立法对中央气候变化专门立法的倒逼态势在一定程度上构成了气候变化框架立法模式适用的实践基础,使气候变化立法目的在实践中能够得到很好的实现,在节约立法成本的同时使社会效益最大化。

(三)立法收益:框架立法大于分散立法

将立法活动视为一种积极的资源配置行为是经济分析的前提。经济学研究表明,一种设计合理的经济制度,在促进经济增长的各种因素中处于核心的地位。制定法律的活动,本质上都关涉社会资源的有效配置问题,亦即法律不仅是国家制定或认可的统治阶级意志和利益的表现,也不单纯是对物质生产方式的被动反映,更重要的是凭借法律规范对人们行为活动责权利做出某种合理安排,以促使当事人自觉选择最能实现最佳效果的行为规则。法律应是"对该法全体的一个完整的立法表述",并且有"逻辑、科学同时便利实用的安排"②。要使法律制度具有以上所论及的完整性、开放性和系统性的品格,从而实现立法者的预期目标,对法律制度进行结构设计和优化组合,便显得尤为重要。

在可获社会效益方面,框架立法模式在防范气候安全风险以及"一带一路"建设中均具有举足轻重的战略意义。气候变化问题对我国"一带一路"建设造成重大的负面影响。东南亚、南亚及中亚等地区作为"一带一路"建

---

① 杨博文:《跨区域大气环境治理的法律经济分析》,载于《制度经济学研究》2017年第4期。
② [美]博登海默:《法理学——法哲学及其方法》,邓正来等译,华夏出版社1987年版。

设的重点区域,均存在气候变化所导致的社会动荡、跨界资源冲突、移民增加、贫困加剧等风险,具体影响与潜在威胁如表3所示。系统完整的气候变化框架立法较之零碎渐进的分散立法而言,更有利于保证"一带一路"建设的顺利开展。框架立法模式下,各方主体应对气候变化问题能以基本法为依据,整合减缓、适应、能源、责任等内容,在防范气候安全风险的前提下,利用现有气候合作机制,协助提升"一带一路"沿线地区应对气候变化的能力,用较少的立法成本投入收获较大的经济与社会效益。

表3　　　　　　　　气候变化的安全风险与潜在威胁

气候变化的自然生态影响	潜在的社会政治影响	安全与稳定的潜在威胁
冰川融化;海平面上升;海岸土地消失;干旱;洪水;荒漠化;疾病、瘟疫频发;农业种植期和农产品的变化等	生存不安全与贫困加剧;可用水减少;健康恶化;粮食产量下降;食品不安全;移民增加;社会压力加大等	全球经济发展存在风险;弱小国家生存压力加重;跨国和国际冲突;人道主义援助及国际机制受限;难民和移民压力加大

资料来源:笔者根据文献资料整理而得。

四、我国应对气候变化立法模式的应然选择

法律是一种社会规则体系,由指导和评价行为的初级规则,与确定、执行、变更初级规则的次级规则组成①。对于跨及国际层次、国家层次与地方层次"纵切面"的多层次治理需求,气候变化的国内立法正好位居中间的国家层次。从"横切面"而言,各层次的立法、行政、司法等部门应进行横向的整合连接与协同创新。

(一)制度设计:从分散立法到框架立法

不同立法模式均有不同的规范需求与立法可行性,故在选择立法模式时,须面临机制间的差异与协调。首先,规范完整性与开放性之间的差异。减缓、财务与信息机制就完整性有较高的需求,而适应与保险机制却有随着多样化、科学进展与经验累积与时俱进的规范开放性需求。套装立法或单一专法模式符合减缓、财务与信息机制的完整性需求,但却与适应和保险机制的需求不合。相反,分散立法模式最能回应开放性的需求,却不符合完整性与急迫性的需求。其次,规范需求与立法可行性之间存在相当落差。气候变化涉及高度科学不确定性、复杂的利益冲突、庞杂广泛的领域,却欠缺相对应的信息

---

① [英]哈特:《法律的概念(第三版)》,许家馨、李冠宜译,法律出版社2018年版。

与经验而形成高度的立法障碍，社会对于气候变化的应对意识不足，在立法上也欠缺共识，需要更多的时间研究与对话，遑论气候变化立法可能对社会中各种不同行动者的利益产生复杂而实质的影响。这些现实条件都形成立法的困难与障碍①。鉴于此，气候变化立法模式的选择必须在高度的规范需求与低度的规范可行性中权衡拉锯。

在机制落差、规范需求以及可行性落差的考量下，我国应对气候变化立法应采取从分散立法向框架立法调整的制度设计。

第一，单一专法模式、一次性套装立法均因立法可行性过低，且无法回应气候变化科学不稳定与共识欠缺的特性，故不作为应对气候变化立法的适当模式。单一专法模式可回应规范的完整性，于立法时全面探讨思考各个可能涉及领域的议题，一次性地提供气候变化所需的完整法律基础和清楚的组织权责划分。在减缓和信息等已经有相对清楚目标与做法方面，单一专法模式有其优点。然而，在适应、财务与保险方面，科学不确定性与利益冲突可能会产生立法技术过高、欠缺调整弹性、规范结合的问题。以单一专法涵盖所有的议题并予以详细规定，可能会使该部法律过于庞杂，或者技术过于困难，而成为空泛的形式；若仅针对重要领域，单一专法又可能过于狭隘地专注于特定议题而忽略其他领域的规范需求。此外，气候变化的相关问题仍在不断探究中，尤其关于适应方法和保险制度设计，欲在此时以单一专法详细规定所有事项，反而可能使气候变化立法失去弹性，难以随着实际经验的发展与科学技术的进步一起更新。单一专法的制定也可能忽略既有法律体系的融贯性调整，或者缺少联结其他配套法律制度的思考。单一专法固然在减缓与信息部分可以适用，但整体而言并不是适当的立法模式。套装立法模式与单一立法相似，可以通过全面检视，使气候变化立法有较为宏观全面的规划。制定专法与分散修订既有法规的做法，也可使各个议题有更为深入而实质的规范。然而，要一次性地就五个机制制定完整详细的规范，在立法技术上亦不现实。

第二，从分散立法到框架立法是我国可以采行的立法模式。我国目前应对气候变化立法采取的是分散立法模式，梳理现有与应对气候变化相关的法律文件，主要集中在能源、资源及产业的应对方面，如《煤炭法》《可再生能源法》《循环经济促进法》《水土保持法》《森林法》等，缺乏一部总领应对气候变化的专门性法律。分散立法模式虽然可能因为欠缺规划而有略显杂乱，却也容许更多应对现实发展与社会对话而调整的空间。然而，分散立法也有诸多缺点，易导致立法怠惰，尤其对于减缓与信息等必须立即采取行动的领域而言，分散立法缓不济急。加之气候变化跨领域又复杂的特性，需要

---

① 施文真：《气候变迁减缓与调适措施的财务机制》，引自叶俊荣：《气候变迁的制度因应：决策、财务与规范》，（中国台湾）台大出版中心2014年版。

立法上高度地整合协调。见招拆招的分散立法模式，易因个别领域的思考偏见而形成各自为政、彼此不一的立法进程；也容易迁就既有组织权限或规范领域，而使立法零碎化。故应在分散立法建立的规范与经验制度基础上，向框架立法模式转变。

框架立法较能兼顾规范完整性、开放性以及立法可行性，对社会冲击也较小。气候变化需要立法的急迫应对，而当气候变化所涉及的领域与议题过于广泛，需要时间累积信息并且弹性调整政策，却又有共同协调的需求时，框架立法模式可兼顾广度、融合度及发展弹性。考虑到与时俱进的需求以及科学的不确定性，框架立法也须保留后续调整与补充的制度空间。框架立法亦仰赖后续的补充，最适当的模式即在框架立法中制定主要的指导原则，允许在共同的原则框架下，建立日后立法的蓝图与议程，后续再通过分散立法或条款的方式逐渐满足气候变化的规范需求。

（二）制度实现："纵切面"多层次综合治理

从中央立法来看，气候变化议题很早就引起了我国政府的注意，国务院于2007年发布了《中国应对气候变化国家方案》，国务院新闻办公室2008年发表《中国应对气候变化的政策与行动》白皮书，全国人大常委会于2009年发布《全国人大常委会关于积极应对气候变化的决议》，要求将应对气候变化立法工作纳入国家立法工作议程。然上述举措均停留在政策宣告层面，效力范围十分有限，亟须制定一部系统完整的法律规范，即应对气候变化基本法，具体内容如下：

其一，立法目的。于外，该基本法应符合我国积极履行应对气候变化国际义务的要求，积极争取国际气候治理话语权，提升我国的国际领导力；于内，应符合我国经济可持续发展的要求，保护人民生命财产安全，维持气候生态系统稳定。其二，基本原则。具体应包括国家核心利益原则、公众参与原则、减适并重原则以及风险预防原则等。其三，组织机构与战略规划。对气候变化应对工作进行短期、中期及长期的战略规划，指定应对气候变化领域的专门机构，明确职权范围和法律责任。同时，将已实施或已纳入国家经济发展规划的气候变化政策法律化，保证立法规划的稳定性。

从地方立法来看，我国目前应对气候变化立法呈现"自下而上"的发展态势。自2009年以来，我国青海省、山西省及安徽省等部分省份不断进行有益尝试[①]。2015年《中华人民共和国立法法》修改后，地方立法主体大幅度扩容，地方立法权限缩于"城乡建设与管理、环境保护、历史文化保护"范

---

① 刘海涛、杨洁：《国内外应对气候变化立法研究进展》，载于《安徽农业科学》2015年第2期。

围之内①。气候变化作为环境保护的重要组成部分,地方立法主体均享有立法权。地方性法规或政府规章通过后,于上可作为应对气候变化基本法的重要衔接,于下亦可作为统领行政区域内实施细则的重要指引,在气候治理"纵切面"上发挥着承上启下的重要作用。

(三)制度保障:"横切面"多部门协同创新

气候变化议题具备跨管制领域的特性,有强烈的跨领域整合需求,气候变化立法也应回应此种整合需求,使各行政组织之间与各部门法领域之间可以进行"横切面"的整合与连接,协同创新立法,以发挥管制功能,为气候变化的综合治理提供制度保障。多部门协同创新既包括同一地方政府中立法机关、司法机关、行政机关之间的协同治理,也包括不同地方立法机关之间的协同立法。

首先,地方应因地制宜、因时制宜,以综合性立法为核心,各专项立法为辅助,兼顾立法的稳定性与灵活性,建立共性内容与减适并重统一的法律体系②。应对气候变化的地方立法应以体现地方特色为重点,如山西省等能源富裕省份,立法应侧重能源的用途管制;西部生态脆弱省份,应侧重气候变化的适应与评估机制,如风险预警等;而中东部制造业省份,应侧重碳排放交易等减缓机制。其次,由于环境是一种典型的存在外部性的公共资源,如果集体行动逻辑不一致,环境将难以得到改善,应对气候变化亦是如此③。若应对气候变化的地方立法呈现"地方化""碎片化",则无助于气候资源的改善。由于同一类型的气候在我国存在于多个省级行政区域,故赋予地方在气候有关领域更大的立法权的方式可以是地方联合立法,即区域内的各地方立法机关通过一定方式的联合,共同做出对形成的立法规范具有重要影响的行为④。如珠三角、京津冀等地区可采取气候变化协同立法⑤,减少利益诉求相同省市的立法冲突,降低立法差异所带来的摩擦成本。

---

① 郭叶、曹琴:《新赋予立法权的设区的市立法动向》,引自付子堂:《中国地方立法报告(2018)》,社会科学文献出版社 2018 年版。
② 廖建凯:《我国气候变化立法研究——以减缓、适应及其综合为路径》,中国检察出版社 2012 年版。
③ 王春业、聂佳龙:《论气候变化与我国法律的制定——从〈论法的精神〉一书中得到的启示》,载于《兰州财经大学学报》2015 年第 5 期。
④ 王春业:《区域合作背景下地方联合立法研究》,中国经济出版社 2014 年版。
⑤ 程雨燕:《地方政府应对气候变化区域合作的法治机制构建》,载于《广东社会科学》2016 年第 2 期。

五、结　　语

　　面对气候变化问题的冲击，既有法律规范体制应如何调整是应对气候变化立法的核心。无论是对外应对国际规范的需求，或是对内连接地方政府因区域特性不同而产生的治理需求，应对气候变化立法模式的选择均具有决策统合的重要意义。目前世界范围内，各国对气候变化立法模式可总结为单一专法、套装立法、分散立法与框架立法四种模式。其中，分散立法与框架立法以及二者之间的调整过渡是实践运用较多的立法模式。基于成本收益与利益博弈的经济分析，框架立法模式的立法成本低于分散立法，社会共识及地方立法实践等立法收益较高，同时，使用框架立法模式也可获得防范气候安全风险及回应"一带一路"建设现实需求等社会效益。因此，为使立法所付成本与所获效益形成正比，从分散立法至框架立法的应对气候变化立法模式，应是我国维护气候变化法律体系整体融贯性的最优选择。实现社会效用最大化，亟须制定一部系统完整的法律规范，即应对气候变化基本法，总领气候变化不同机制之间的衔接。加之气候变化的跨领域性与不确定性，立法模式的调整还需"纵切面"多层次治理与"横切面"多部门协同进行制度保障。

　　气候变化立法的经济分析具有一定的合理性，但其合理性也是有限度的。合理性概念源于韦伯（Weber）对社会行动分类的思想，将各种社会行为分为合理性行为与非合理性行为两大类，又将合理性行为分为工具合理性行为和价值合理性行为两种。其中，价值合理性行为是由对于某些伦理的、美学的、宗教的或其他行为方式有意识的信念所决定的行动①。"价值合理性"或"价值非合理性"指代上述对环境（包括气候变化）立法进行经济分析的目的在哪些方面符合或不符合立法的终极价值目标②。法律价值是一种具体价值，是社会价值系统中的子系统③，法律的价值目标表现为广泛认同的预见和期望的法律价值关系运动的方向和前途④。可持续发展便是气候变化立法应当予以确立的终极价值目标。气候变化立法模式评价的过度经济学化，不仅在某些情况下不能实现其本身追求财富增值的目的，且可能违背气候变化立法的可持续发展目标，故对于经济学理论中的假设与模型在立法活动的运用中仍应采取谨慎态度。

---

　　① ［德］马克思·韦伯：《社会科学方法论》，华夏出版社1999年版。
　　② 熊晓青：《环境立法之经济分析的合理性限度——以新制度经济学为视角》，载于《环境资源法论丛》2007年第7卷。
　　③ 张文显：《法哲学范畴研究》，中国政法大学出版社2001年版。
　　④ 谢鹏程：《基本法律价值》，山东人民出版社2000年版。

参考文献

1. 博登海默：《法理学——法哲学及其方法》，华夏出版社1987年版。
2. 程雨燕：《地方政府应对气候变化区域合作的法治机制构建》，载于《广东社会科学》2016年第2期。
3. 丁金光、张超：《"一带一路"建设与国际气候治理》，载于《现代国际关系》2018年第9期。
4. 冯玉军：《法经济学范式》，清华大学出版社2009年版。
5. 付子堂：《中国地方立法报告（2018）》，社会科学文献出版社2018年版。
6. 哈特：《法律的概念（第三版）》，法律出版社2018年版。
7. 蒋佳妮、王文涛、王灿等：《应对气候变化需以生态文明理念构建全球技术合作体系》，载于《中国人口·资源与环境》2017年第1期。
8. 理查德·A. 波斯纳：《法律的经济分析》，中国大百科全书出版社1997年版。
9. 廖建凯：《我国气候变化立法研究——以减缓、适应及其综合为路径》，中国检察出版社2012年版。
10. 刘海涛、杨洁：《国内外应对气候变化立法研究进展》，载于《安徽农业科学》2015年第2期。
11. 罗伯特·考特、托马斯·尤伦：《法和经济学》，格致出版社、上海三联书店、上海人民出版社2012年版。
12. 马克思·韦伯：《社会科学方法论》，华夏出版社1999年版。
13. 潘晓滨：《中国地方应对气候变化先行立法研究》，载于《法学杂志》2017年第3期。
14. 潘晓滨：《域外国家应对气候变化地方立法实践及中国借鉴》，载于《湖南大学学报（社会科学版）》2017年第1期。
15. 潘晓滨：《中国应对气候变化法律体系的构建》，载于《南开学报（哲学社会科学版）》2016年第6期。
16. 王灿发、刘哲：《论我国应对气候变化立法模式的选择》，载于《中国政法大学学报》2015年第6期。
17. 王春业：《区域合作背景下地方联合立法研究》，中国经济出版2014年版。
18. 王春业、聂佳龙：《论气候变化与我国法律的制定——从〈论法的精神〉一书中得到的启示》，载于《兰州财经大学学报》2015年第5期。
19. 王志芳：《中国建设"一带一路"面临的气候安全风险》，载于《国际政治研究》2015年第4期。

20. 谢鹏程：《基本法律价值》，山东人民出版社 2000 年版。

21. 熊晓青：《环境立法之经济分析的合理性限度——以新制度经济学为视角》，载于《环境资源法论丛》2007 年第 7 卷。

22. 杨博文：《跨区域大气环境治理的法律经济分析》，载于《制度经济学研究》2017 年第 4 期。

23. 叶俊荣：《气候变迁治理与法律》，（中国台湾）台大出版中心 2015 年版。

24. 叶俊荣：《气候变迁的制度因应：决策、财务与规范》，（中国台湾）台大出版中心 2014 年版。

25. 喻中：《西方法律经济学批判》，中国人民大学出版社 2018 年版。

26. 张文斐：《职务科技成果混合所有制的经济分析》，载于《软科学》2019 年第 5 期。

27. 张文显：《法哲学范畴研究》，中国政法大学出版社 2001 年版。

28. 周泽夏：《知识产权法经济分析的理论基础——基于〈知识产权法的经济结构〉的讨论》，载于《政法论坛》2018 年第 4 期。

29. Moore, F. C. et al., 2017, "Economic impacts of climate change on agriculture", *Environmental Research Letters*, Vol. 12, No. 6, pp. 1 – 9.

30. Vale, P. M., 2016, "The changing climate of climate change economics", *Ecological Economics*, No. 121, pp. 12 – 19.

31. Zhang, P. et al., 2017, "Economic impacts of climate change on agriculture", *Journal of Environmental Economics & Management*, No. 83, pp. 8 – 31.

Economic Analysis of Climate Change Legislative Model

LI Xiaoan ZHANG Wenfei

(School of Law, Capital University of Economics and Business, 100070)

[**Abstract**] Based on the perspective of institutional change on climate change, this paper studies the existing four legislative model of climate change with economic analysis method by taking the legislative costs and benefits as analysis tools. Single exclusive legislative model and package legislative model are less feasible in national legislative practice. As opposed to decentralized legislative model, framework legislative model could save legislative costs, guide local legislative practice, prevent climate security risks, and promote construction of "the Belt and Road". According to the theoretical requirements of scientific and coherence nature of legislation, climate change legislative model in China, should adopt the institutional design adjusted from decentralized legislation to framework legislation, and should realize through comprehensive governance at multiple levels of central and local governments in longitudinal section, and collaborative innovation by legislative and executive branches in crosscutting section. The central level should integrate various decentralized laws as soon as possible, and formulate basic law on climate change scientifically. The local level should enhance local legislative features, and conduct joint legislation by the same interest claimants, on the basis of existing local prior legislative practice, which, as a result, would maximize social utility.

[**Key Words**] Climate Change Legislative Model Framework Legislation Economic Analysis Comprehensive Governance

JEl Classifications: K32

语言扶贫与农村劳动力转移

——来自中国推广普通话的证据

▶ 王麓淙　刘金林　马　静　戴静超 ◀

【摘　要】扶贫先扶智，扶智先通语，语言扶贫作为脱贫攻坚的基础，普通话的推广有利于提升劳动者技能与素质，增强就业机会及收入水平，从而推动农村劳动力转移，而劳动力转移就业是脱贫最有效的方式。因此，为验证普通话在扶贫工作中的作用，本文使用1978～2017年的各省的年度数据，研究普通话推广与农村劳动力转移的相关关系及作用机理，研究表明普通话推广显著地提高了农村劳动力转移，而其劳动力的转移主要受恩格尔效应、鲍莫尔效应及资本深化效应影响。

【关键词】普通话推广　农村劳动力转移　中介效应

中图分类号：F061　　文献标识码：A

一、引　言

为在2020年实现我国精准脱贫的目标，全面建成小康社会，《"十三五"

---

* 本文是《基于语言经济学视角的少数民族地区推普的精准扶贫效应评估及完善路径研究》（项目批准号：19YJA790054）和广西哲学社会科学规划研究课题《语言经济学视角下少数民族地区推普助力乡村振兴的理论机理及完善路径研究》（批准号：19JL01）的系列研究成果。感谢山东大学经济研究院黄少安老师的指导。

** 王麓淙，中央财经大学经济学院博士生；地址：（530006）广西南宁市西乡塘区大学东路188号广西民族大学国际教育楼808室；E-mail：wanglucongc@163.com。刘金林，广西民族大学教授、博士生导师，中国社会科学院大学博士生；地址：（530006）广西南宁市西乡塘区大学东路188号广西民族大学国际教育楼808室；E-mail：liujinlin@vip.126.com。马静，广西民族大学民族学与社会学学院博士生，广西社科院科研处研究人员；地址：（530006）广西南宁市西乡塘区大学东路188号广西民族大学国际教育楼808室。戴静超，中央财经大学经济学院博士生；地址：（530006）广西南宁市西乡塘区大学东路188号广西民族大学国际教育楼808室。

脱贫攻坚规划》提出产业发展脱贫、转移就业脱贫、异地搬迁脱贫、教育扶贫、健康扶贫、生态保护扶贫和社会扶贫等七大重点扶贫举措。其中，转移就业脱贫作为精准扶贫、精准脱贫基本方略的重要环节，对打赢脱贫攻坚战、全面建成小康社会、实现第一个一百年的奋斗目标具有举足轻重的意义。转移就业脱贫是指加强贫困人口职业技能培训和素质培训，开展劳务协作，推进就地就近转移就业，对有劳动能力和就业意愿的贫困人口实现就业转移[1]。劳动力的转移就业，尤其是农村劳动力的转移就业，有利于提高农民就业就会，增强农民造血功能，提升农民收入水平，助力脱贫攻坚。习近平总书记指出，一人就业，全家脱贫，增加就业，是最有效最直接的脱贫方式，也是解决贫困代际传递的基础。因此，加强贫困人口职业技能培训和素质培训，引导农村富余贫困劳动力从家庭式农业生产中转移出来，就地就近或外出从事务工或经营活动，促进劳动力跨部门转移，是我国打赢脱贫攻坚，全面建成小康社会，实现民族伟大复兴的必然要求。

党的十九大以来，基于精准扶贫、精准脱贫方略的实施，我国将语言提升到新的历史高度。扶贫先扶智，扶智先通语，普通话的推广和使用有利于促进农村劳动力的跨部门流动，提升贫困地区"造血"功能，为实现精准脱贫奠定基础。当前我国由于地理因素及经济发展不均衡等原因，造成农村地区人们受教育程度低，不懂普通话，语言沟通不畅，导致思想封闭、文化素质及社会文明程度普遍不高，贫困的代际传递较为严重。同时，"不懂普通话，不好找工作"也成为其不愿外出务工的关键缘由。语言作为人类最重要的思维工具、认知工具和交际工具，普通话的推广有利于减少劳动力流动的摩擦，提升劳动力获得就业的机会和劳动收入，从而加快劳动力的跨部门转移，进而实现增收脱贫致富。因此，推广普通话无疑对于加快我国贫困地区贫困人口劳动力转移，增强其就业能力，进而增收脱贫致富，拔掉"穷根子"，对推进脱贫攻坚具有基础性意义。

二、文献回顾与评述

（一）从劳动经济学视角，分析影响劳动力流动的因素

劳动力流动作为我国经济增长的重要动力之一，影响劳动力流动的主要因素也受到了学者们的热议，主要分为制度因素、经济因素以及人力资本水

---

[1]《国务院关于印发"十三五"脱贫攻坚规划的通知》，中国政府网，2016年12月2日，http://www.gov.cn/zhengce/content/2016-12/02/content_5142197.htm。

平及社会信任等因素。

首先,从制度的角度上来看,户籍、土地等制度因素是影响农村劳动力转移的重要原因。蔡昉(2001)认为尚未改革的户籍制度是最为基本的制度约束,户籍制度通过不能保障流动劳动力永久居住能力及存在就业政策、社会服务歧视而阻碍了劳动力的流动。但冯虹和杨桂宏(2013)通过社会调查发现,在农民工就业歧视形成之初,户籍制度对农民工城市就业起到直接的身份歧视作用,而市场经济体制确立以来,尤其是全国劳动力市场建立以后,户籍制度对农民工就业歧视的影响正慢慢被市场化机制所消解。韩家彬和刘淑云(2019)运用CHARLS数据实证检验了土地确权对农村劳动力转移就业概率、就业稳定效应及收入效应的影响,研究表明与未确权相比,土地确权使得户主转移就业概率提升7.6%,工资收入提升3.2%,但是土地确权制度对劳动力转移决策和收入增长具有明显的滞后效应。

其次,从经济的角度上来说,城乡收入差距也是影响劳动力流动的重要原因。蔡昉等(2002)认为改革开放以后,扩大了的城乡收入差距为农业劳动力转移提供了追加动力,此时城市经济发展迅速,农村存在大量剩余劳动力,随着城乡收入差距进一步拉大,城乡劳动力市场供求关系的改变,使得农村劳动力市场上的剩余劳动力迅速流入城市劳动力市场。孙晓明等(2005)认为城乡之间存在的收入差距是诱使农业剩余劳动力转移和流动的最关键和最主要的拉力因素。但刘莉君(2016)利用固定效应的广义最小二乘法(GLS)对我国2005~2013年的省级面板数据进行估计,发现城乡收入差距会推动农业劳动力转移,且城乡收入差距扩大会抑制农村劳动力的转移。马轶群等(2018)通过对我国1985~2016年省级数据的研究发现城乡收入差距对劳动力就地转移的影响呈U形。张广胜和田洲宇(2018)回顾了改革开放四十年来农村劳动力流动的历程、特征和市民化进程,并对其流动的成因进行了分析,认为城乡收入差距、农业部门与非农部门的生产率差距,以及生产部门市场化程度是产生劳动力流动的主要原因。同时,丹尼斯和伊斯坎(Dennis & Iscan,2007;2009)以美国200多年的农村劳动力流动的数据从宏观上分析影响劳动力流动的因素,研究发现影响劳动力流动的因素为收入差距带来的恩格尔,部门生产率差异带来的鲍莫尔效应,以及资本投入差距带来的资本深化效应,这与影响我国劳动力流动的因素相类似。

最后,从人力资本水平及社会信任等社会资本等方面来看,王广慧和张世伟(2008)从微观的角度研究了教育对劳动力流动和收入的影响,研究表明农村劳动力受教育水平越高,其流动的倾向越高。李义伦(2017)提出受教育程度是影响农村劳动力转移的重要因素之一,受教育时间越长,选择转移就业的意愿就越强烈,非农就业倾向越大。陆铭等(2010)基于农村调查数据发现在中国农村,本地的社会信任对劳动力流动产生了负向影响,但这种负影响会随着市场化程度的提升而减弱，在市场化程度达到一定水平以后，反而会起到促进作用。

（二）从语言经济学视角，分析影响劳动力流动因素

从语言经济学角度来看，普通话的学习及使用作为一种人力资本，对人们的就业、收入产生重要影响，因此也必然会对劳动力流动产生影响。鲁永刚和张凯（2019）基于百度迁徙大数据研究我国劳动力的空间流动，发现方言距离每增加1%，劳动力的流动机会比率下降2%左右，且目的地的高普通话推广显著发挥促进劳动力流动的引力作用。由此看来，普通话，作为语言的一种形式，也对劳动力流动产生影响。李秦和孟岭生（2014）认为劳动力更倾向于流动到普通话沟通障碍小，拥有共同文化背景的地方工作。同时普通话水平对劳动力区域间流动的影响会随着性别、户口、教育水平和从事的产业的不同而不同。卞成林等（2019）在对广西东兴市边境居民的全样本调研基础上，认为推广普通话是推进中越边境居民脱贫的有效举措，对推动中越边境地区农村剩余劳动力转移就业，提高其收入具有积极的作用。

综上所述，从传统意义上来看，影响劳动力流动的主要因素为户籍、土地等制度因素，城乡收入差异、生产效率及市场化开放水平等经济因素，以及人力资本水平及社会信任等因素。从语言经济学的角度上来看，主要研究语言多样性及普通话对劳动力的影响，而关于语言对劳动力流动结构的分析及其影响因素的研究较少。因此，结合语言经济学角度劳动力流动和传统劳动力流动的文献，从普通话推广等语言的角度对农村劳动力跨产业流动及再分配进行研究，以影响劳动力流动的收入差距、生产率差距及市场化差距等传统影响因素为中介变量，参考同时，丹尼斯和伊斯坎（Dennis & Iscan, 2007）研究劳动力流动的模型及温忠麟（2004）中介效应方法，研究恩格尔效应、鲍莫尔效应、资本深化效应在普通话推广与农村劳动力流动之间的作用，从而得到普通话推广与农村劳动力跨产业流动的相关性及作用机理。

三、研究假说及指标构建

（一）研究假说

假说1：普通话推广对农村劳动力转移有着积极作用。
语言经济学指出语言作为一种人力资本，一种公共品及一种元制度，普

通话推广对农村劳动力转移与实现脱贫攻坚的目标具有积极作用。具体而言，首先，作为人力资本的语言，普通话的普及及使用有利于劳动者基本素质和职业技能的提升，加强其竞争优势，从而提升劳动者就业率及收入水平。其次，语言作为一种公共品，具有非竞争性和非排他性的特点，普通话作为国家通用语，普通话推广减少了人们之间交流的成本，有利于知识与技能在劳动力中的传播与扩散，从而形成溢出效应，更能激发新思维、新方法的产生，提高劳动者的个人创新能力，进而有利于农村劳动力的转移就业。最后，作为元制度的语言，体现了人们生产、生活的一种表达及思维的方式，普通话推广有利于人们更快的了解和熟知迁入地的习俗和文化，消除进城务工人员和城市居民之间的交流障碍，降低农村流动力流入的摩擦成本。因此，从语言的三个维度上来看，普通话推广有利于提升劳动者创造能力与职业技能，减少劳动力流动的摩擦成本及阻力，从而保证了农村劳动力的转移就业，促进了脱贫攻坚目标的完成。

假说2：普通话推广通过影响收入差距进而影响农村劳动力转移。

语言作为人力资本，普通话的学习与使用是对一种特定人力资本的投资，会对劳动收入产生影响，同时国内外有大量的文献证实语言对人们收入及就业的影响。刘国辉（2016）利用中国综合社会调查（GGSS）2006年的微观调查数据，考察了劳动力市场中外语能力与工资的关系，发现外语能力与中国城市居民工资收入显著正相关，但影响程度在男女性别上存在差异。赵颖（2016）从区域角度进行分析语言与收入的关系，通过中国综合社会调查2010年的数据进一步发现，语言能力的工资效应在中东部地区更加明显。卞成林、刘金林、阳柳艳（2019）在对广西东兴市边境居民的全样本调研基础上，着重对东兴市边境居民语言能力与收入关系进行分析，发现多语能力能够增强居民自身就业能力，获得更多的就业机会和稳定的收入来源，与其年均收入呈正相关关系。同时，根据文章第二部分可以看出收入差距也是影响劳动力流动的重要因素，因此提出收入是普通话推广影响劳动力转移的重要因素。

假说3：普通话推广通过部门间生产效率差距进而影响农村劳动力转移。

普通话推广等语言因素作为一种人力资本，从微观上影响劳动者就业与收入，从宏观上对区域经济的发展、创新创业等有着重要的积极作用，一方面，普通话作为一种具有普遍意义的交流工具，降低了人们之间的交流成本和摩擦成本有利于扩大创业者之间的"学习效应"，推进进城务工人员的创业能力；另一方面，空间的接近和共同的文化背景，有利于知识的传播与扩散，从而形成语言的"溢出效应"，进一步提高企业的研发能力和产业的创新能力，促进产业部门全要素增长率的增长，而部门间的全要素增长率的差异造成产品边际成本及边际工资的差异，从而促进劳动力的跨产业流动。

假说4：普通话推广通过影响人均资本积累进而影响农村劳动力转移。

普通话推广的"学习效应"和知识的"溢出效应"有利于部门全要素增长率的提高，进而有利于人均资本量的积累，但资本深化会增加资本密集部门产出在总产出的比重的同时，也会使得资本密集部门更倾向于使用更多的资本，从而将劳动力从资本密集的部门转移出去，因此资本深化效应的加强不利于农村劳动力的转移。

（二）指标构建

为检验上述的4个假说，参考同时，丹尼斯和伊斯坎（Dennis & Iscan, 2007，2009）构建模型得到反映收入差距的恩格尔效应、部门间生产效率的鲍莫尔效应、部门间人均资本差距的资本深化效应的三个指标[①]，采用温忠麟（2004）中介效应研究方法，以上述三个指标为中介变量，来研究普通话推广与劳动力转移的关系及影响机制。

1. 恩格尔效应

恩格尔效应是指人均农业必需品消费与农业劳动产出的比值，其在普通话推广与农村劳动力流动之间有着积极的作用。一方面，语言作为一种人力资本，具有成本和收益特征，普通话的学习和使用有利于提高人们基本素质和职业技能，从而提高人们就业机会及收入水平，根据收入与消费的关系，当收入增加时，会造成农产品的低需求收入弹性，农产品需求占总需求的比重下降，从而导致农业在整个经济中的比重下降，农业部门劳动力就业比重也随之下降，因此会促进劳动力在部门中的重新分配；另一方面，普通话听、说、读、写等能力的提升，有利于提升劳动者质量，从而提高农业部门劳动者效率，促进农业总产出的增加，而农产品的需求总比农业生产总值的增加要少，进而引导农村劳动力结构的变化。因此，普通话的推广，导致农业生产总值的增加或者人均农产品消费的降低，从而造成恩格尔效应的减少，而恩格尔效应的减弱，会促进农村劳动力由农业部门向非农业部门转移，从而增加了农民务工收入及经营性收入，拓宽了收入来源渠道，助力脱贫攻坚。

2. 鲍莫尔效应

鲍莫尔效应是反映农业部门与非农业部门两者全要素生产率差异的指标。非农业部门全要素生产率的快速增长，会使得非农部门的生产效率高于农业部门，导致非农部门的工资率高于农业部门，在利益的驱使下会使得农村劳动力由农业部门向非农业部门转移。同时非农部门生产效率的提升，降低了产品生产的成本，与农产品比起来，其价格便宜，因此根据替代效应，减少

---

① 模型构建及指标推算详见本文附录。

了农产品的消费,更进一步地促进了农业部门的就业转移。因此鲍莫尔效应的下降,促进了劳动力由农业部门向非农业部门转移。一方面,普通话作为一种具有普遍意义的交流工具,降低了人们之间的交流成本和摩擦成本有利于扩大创业者之间的"学习效应",推进进城务工人员的创业能力;另一方面,空间的接近和共同的文化背景,有利于知识的传播与扩散,从而形成语言的"溢出效应",进一步提高企业的研发能力和产业的创新能力,促进产业部门全要素增长率的增长,因此普通话推广与鲍莫尔效应呈反向变动,而鲍莫尔效应的下降,促进了农村劳动力由农业部门向非农业部门的转移。

3. 资本深化效应

资本深化效应反映的是非农部门与农业部人均资本量的差异。语言作为一种人力资本,一种公共品,普通话的使用有利于人力资本水平及农业生产效率的提升,进而有利于农业部门资本的积累,降低资本深化效应,有助于劳动力的跨产业转移。

四、回归分析

(一) 数据来源及参数计算

1. 原始数据及其来源

本文使用 1978~2017 年的全国 28[①] 个省份的数据进行分析,1978~2008 年数据来源于《新中国 60 年统计资料汇编》及中国国内生产总值核算历史资料。2008~2017 年数据来源于各省份统计年鉴及中经网数据库。具体数据来源及说明,如表 1 所示。

表 1　　　　　　　　　数据来源及说明

变量	数据描述	数据来源
非农业部门 Y_{Mt}	1978~2017 年非农业部门 GDP	中经网数据库
农业部门 Y_{At}	1978~2017 年农业部门 GDP	中经网数据库
劳动力 $L_{At} L_{Mt}$	农业部门、非农业部门就业人数	统计年鉴
投资支出 I_t	全国固定资产投资完成额	中经网数据库
固定资产投资	全国按行业分固定资产投资额	中经网数据库

---

① 本文研究不包含我国重庆、西藏、新疆、台湾、香港、澳门的数据。

续表

变量	数据描述	数据来源
恩格尔系数	城镇居民/农村居民恩格尔系数	《新中国60年统计资料汇编》
居民人均收入	城镇居民、农村居民人均可支配收入	各省统计年鉴
人口比重	城镇居民比重、农村居民比重	中经网数据库
人均GDP	人均国民生产总值	国家统计局
农用机械总动力	反映农业机械化程度	国家统计局、中经网数据库
耕地面积	农用地面积	国家统计局、中经网数据库
人力资本指数	人力资本水平	中国人力资本与劳动经济研究中心
财政预算支出	财政预算支出	国家统计局
产业结构	第二、第三产业占GDP的比重	中经网数据库
对外开放度	进出口额/GDP	中经网数据库
普通话推广	适龄儿童毛入学率代替	各省统计年鉴、中国教育统计年鉴
小学升学率	小学升初中的升学率	各省统计年鉴、中国教育统计年鉴

2. 参数计算

（1）资本存量 K_{At}、K_{Mt}。在计算鲍莫尔效应和资本深化效应时需要用到该变量。本文根据单豪杰（2008）《中国资本存量 K 的再估算：1952～2006 年》对农业部门和非农业部门资本存量进行估计。资本存量 K_t = t + 1 期资本形成总额/(10.96% + 资本年平均增长率)。

（2）农业部门对资本弹性 β 和非农业部门对资本弹性 α。在规模报酬不变的假设下，柯布 - 道格拉斯（Cobb - Douglas）生产函数的资本产出弹性等于资本报酬在总产出中所占的份额，因此只要获得部门的资本份额即可。根据中国历年投入产出表及中国国内生产总值核算历史资料获得农业和非农业资本报酬份额，同时对于缺失的年份采用较近年份的 5 年平均增长率计算得出。

（3）农业部门全要素生产率和非农业部门的全要素生产率。在计算鲍莫尔效应时需要用到农业部门和非农业部门全要生产率之比，本文运用非参数 DEA - Malmquist 法计算 1978～2017 年各省的农业部门和非农业部门的全要素生产率变化指数，并推算出 1978 年以后中国农业部门于非农业部门的全要素生产率之比。

（4）全社会人均农产品最低消费水平指数 γ_A。在计算恩格尔效应时需要用到该参数。该参数根据恩格尔系数及全国居民人均收入来推算。具体为：
人均农产品最低消费水平 = 农村居民恩格尔系数 × 农村居民人均纯收入 × 农村居民人口比重 + 城镇居民恩格尔系数 × 城镇居民人均可支配收入 × 城镇居

民人口比重。

（5）普通话推广。由于各省没有统计普通话普及率，因此，普通话推广用适龄儿童毛入学率代替，一方面根据教育部语言文字应用研究所《"三州"地区学龄前儿童普通话使用情况调研报告》指出学龄前儿童普通话使用程度较低，推广为40%左右；另一方面适龄儿童毛入学率反映了劳动力学习普通话的能力及潜力，刻画了劳动力外出务工的能力，因此使用毛入学率来反映普通话推广程度。具体算法为适量儿童毛入学率＝小学在校人数/适龄儿童人口总数。

（6）农村劳动力流动。农村劳动力转移数量的测算采用何建新（2011）的算法，农村劳动力流动数量＝农村实际从业劳动力总量－农业实际从业劳动力总量＝工业实际从业劳动力总量＋第三产业实际从业劳动力总量－城市实际从业劳动力总量。

（7）产业结构及对外开放度。产业结构作为影响经济增长的重要因素，产业结构反映了一国的经济特征，因此本文采用王静文（2018）的算法，用第二、第三产业的生产值比上国民生产总值。考虑到我国对外开放对经济的影响，本文中将对外开放度作为控制变量，具体算法参考王静文（2018），即进出口总额/GDP。

（二）影响机制及中介效应分析

为研究普通话推广对农村劳动力流动率的影响机制，使用温忠麟（2004）中介效应方法，参考同时，丹尼斯和伊斯坎（Dennis & Iscan，2007，2009）中的影响劳动力结构变化的恩格尔效应、鲍莫尔效应、资本深化效应为中介变量，构建模型来研究普通话推广对劳动力转移的影响机制，具体思路如图1所示。

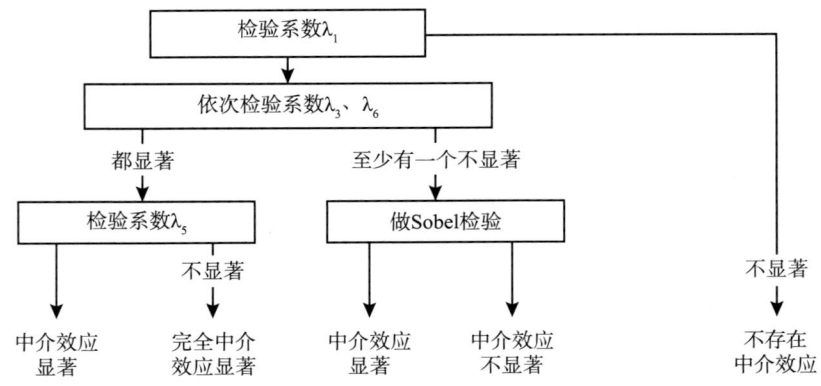

图1　中介效应分析流程

本文设定如下模型来考察普通话推广与劳动力转移之间的影响机制：

$$LABOR_{i,t} = \lambda_0 + \lambda_1 Putonghua_{i,t} + \sum controlvars_{i,t} + \varepsilon_{i,t} \quad (1)$$

$$\sum M_{i,t} = \lambda_2 + \lambda_3 Putonghua_{i,t} + \sum controlvars_{i,t} + \varepsilon_{i,t} \quad (2)$$

$$LABOR_{i,t} = \lambda_4 + \lambda_5 Putonghua_{i,t} + \lambda_6 \sum M_{i,t} + \sum controlvars_{i,t} + \varepsilon_{i,t} \quad (3)$$

其中，i 表示省份，t 表示时间，$LABOR_{i,t}$ 表示劳动力转移率，$Putonghua_{i,t}$ 表示普通话普推广，$M_{i,t}$ 表示恩格尔效应、鲍莫尔效应及资本深化效应等中介变量，$controlvars_{i,t}$ 为控制变量，分别有人均 GDP、GDP 增长率、农村居民人均纯收入、城市居民人均纯收入、消费者物价指数（CPI）、产业结构、对外开放程度等。$\varepsilon_{i,t}$ 为随机误差项，λ_i（i = 1，2，3，…）为待估计待系数。

1. 描述性统计

变量的描述性统计，如表 2 所示。

表 2　　　　　　　　变量的描述性统计

变量	样本量	均值	标准差	最小值	最大值
恩格尔效应	1 120	0.4393	0.5136	0.0175	3.1547
鲍莫尔效应	1 120	7.78e − 17	1.0004	− 2.9763	6.2031
资本深化效应	1 120	− 8.50e − 16	1.0004	− 0.46066	14.3864
普通话推广	1 120	8.63e − 15	1.0004	− 5.3777	1.8657
小升初升学率	1 120	0.0013301	0.0189	− 0.11693	0.0999
农村劳动力转移率	1 120	− 1.8432	0.8119	− 4.7728	− 0.3365
人均 GDP	1 120	0.0000	1.0004	− 0.9382	3.1020
GDP 增长率	1 120	0.2035	0.1228	0.0036	0.5977
CPI 价格指数	1 120	− 0.0198	1.1250	− 17.4592	3.5675
城市居民人均收入	1 120	0.0000	1.0004	− 0.9775	2.7340
农村居民人均收入	1 120	0.0000	1.0004	− 1.1990	2.9343
城乡居民收入差距	1 120	2.4608	0.7261	0.2781	4.7586
财政预算支出	1 120	0.0000	1.0004	− 0.7389	3.0987
专利申请数量	1 120	− 0.0027	0.9999	− 0.9797	3.7690
人力资本指数	1 120	0.0000	1.0006	− 1.2734	2.7584

续表

变量	样本量	均值	标准差	最小值	最大值
非农部门劳动力	1 120	0.0000	1.0004	−2.4294	2.4030
农业部门劳动力	1 120	0.0000	1.0004	−3.3048	2.6606
对外开放程度	1 120	2.7395	20.2847	0.0000	244.1067
产业结构	1 120	0.2035	0.1228	0.0036	0.5977

注：变量经过标准化处理，处理方法为：(变量−均值)/标准差

2. 恩格尔中介效应回归结果及分析

表3反映的是恩格尔效应作为中介变量的回归结果，列（1）反映的是普通话推广与农村劳动力转移的相关关系，回归结果表明普通话推广对劳动力转移有着显著的积极的影响，当普通话推广变动一个标准差，农村劳动力流动率变化19.2%，并在1%的水平上显著，表明普通话推广的提升有利于提高劳动力转移就业的可能，中介效应的第一步检验通过。列（2）检验了普通话推广对中介变量恩格尔效应的影响，回归结果表明，普通话推广对恩格尔效应有着显著的负向影响，普通话推广每变动一个标准差，恩格尔效应下降10.6%，同时在1%的水平上显著，即普通话推广的提升降低了恩格尔效应。普通话使用作为一种人力资本，普通话等能力的提升有利于加强农村劳动者职业技能培训，从而提升劳动力质量及劳动生产率，促进农业总产出的增加，同时劳动者人力资本的提升也有利于收入的增加，根据收入与消费的关系，当收入增加时，根据消费者偏好及效用，会造成农产品的低需求收入弹性，因此普通话推广的提高，导致农业生产总值的增加或者人均农产品消费的降低，从而造成恩格尔效应的减少，而恩格尔效应的减小，会促进农业劳动力向非农部门的流动。列（3）考察了加入恩格尔效应后，普通话推广对劳动力转移的影响，回归结果表明，在加入恩格尔中介变量后，普通话推广对劳动力转移有着显著的积极的影响，中介变量恩格尔效应对劳动力转移有着显著的负向影响，当恩格尔效应变动一个标准差，劳动力转移下降87.4%，并在1%对水平上显著，并且在加入中介变量后，普通话推广的系数为0.0995小于列（1）不加中介变量的系数0.192，说明存在中介效应，即普通话推广通过恩格尔效应影响农村劳动力转移。

表3		恩格尔中介效应回归	
变量	（1）劳动力转移	（2）恩格尔效应	（3）劳动力转移
普通话推广	0.192*** (0.0484)	-0.106*** (0.0245)	0.0995*** (0.0320)
恩格尔效应			-0.874*** (0.0940)
人均GDP	0.183** (0.0711)	-0.566*** (0.0358)	-0.312*** (0.0858)
城市居民人均收入	-0.146* (0.0755)	0.413*** (0.0787)	0.215** (0.1010)
农村居民人均收入	0.213*** (0.0653)	-0.0906 (0.0711)	0.134 (0.0840)
CPI	0.0435** (0.0185)	-0.0459*** (0.0103)	0.00337 (0.0111)
对外开放程度	-0.0007 (0.0006)	0.0007** (0.0003)	-6.39e-05 (0.0007)
产业结构	1.509* (0.747)	3.310*** (0.465)	4.403*** (0.848)
常数项	-4.598*** (0.460)	2.633*** (0.272)	-2.297*** (0.420)
样本量	1 160	1 160	1 160
R^2	0.795	0.878	0.840
观测省数量	28	28	28

注：*、** 和 *** 分别表示在10%、5%和1%水平上显著，同下。

3. 鲍莫尔中介效应回归结果及分析

表4反映的是鲍莫尔效应作为中介变量的回归结果。列（1）与表3中第一列一致，反映的是普通话推广与农村劳动力转移的相关关系，回归结果表明普通话推广对劳动力转移有着显著的积极的影响。列（2）检验了普通话推广对于中介变量鲍莫尔效应的影响，回归结果表明，普通话推广对鲍莫尔效应有着显著的负向影响，普通话推广每变动一个标准差，鲍莫尔效应下降26.3%，并在1%的水平上显著，即普通话推广的提升降低鲍莫尔效应，而鲍莫尔效应是反映农业部门与非农业部门全要素增长率的比的指标。列（3）考察了加入鲍莫尔效应后，普通话推广对劳动力转移的影响，回归结果表明，在加入鲍莫尔中介变量后，普通话推广对劳动力转移仍有着显著的积

极的影响，在其他因素不变的情况下，普通话推广变动一个标准差，农村劳动力转移增长 18.6%，并且在 1% 的水平上显著；中介变量鲍莫尔效应对劳动力转移有着显著的负向影响，当鲍莫尔效应变动一个标准差，劳动力转移下降 2.29%，并在 10% 对水平上显著，说明鲍莫尔效应在普通话推广和劳动力转移之间存在的中介效应。

表4　　　　　　　　　　鲍莫尔中介效应回归

变量	（1） 劳动力转移	（2） 鲍莫尔效应	（3） 劳动力转移
普通话推广	0.192 *** (0.0484)	-0.263 *** (0.0949)	0.186 *** (0.0471)
鲍莫尔效应			-0.0229 * (0.0128)
人均 GDP	0.183 ** (0.0711)	0.346 *** (0.107)	0.191 ** (0.0702)
城市居民人均收入	-0.146 * (0.0755)	0.503 (0.439)	-0.134 * (0.0759)
农村居民人均收入	0.213 *** (0.0653)	-0.554 (0.391)	0.200 *** (0.0671)
CPI	0.0435 ** (0.0185)	-0.0264 (0.0329)	0.0429 ** (0.0183)
对外开放程度	-0.0007 (0.0006)	-0.0048 *** (0.0008)	-0.0008 (0.0006)
产业结构	1.509 * (0.747)	-2.722 ** (1.035)	1.447 * (0.751)
常数项	-4.598 *** (0.460)	-0.777 (0.878)	-4.616 *** (0.458)
样本量	1 160	1 160	1 160
R^2	0.795	0.705	0.796
观测省数量	28	28	28

注：*、** 和 *** 分别表示在 10%、5% 和 1% 水平上显著。

4. 资本深化中介效应回归结果及分析

表 5 反映的是资本深化效应作为中介变量的回归结果。列（1）与表 3 中第（1）列一致，反映的是普通话推广与农村劳动力转移的相关关系，回归结果表明普通话推广对劳动力转移有着显著的积极的影响。列（2）检验

了普通话推广对于中介变量资本深化效应的影响，回归结果表明，普通话推广对资本深化效应有着显著的负向影响，普通话推广每变动一个标准差，资本深化效应下降11.1%，并在1%的水平上显著，即普通话推广的提升降低了资本深化效应。资本深化效应反映的是非农部门与农业部门人均资本的增加量的比，语言作为一种人力资本，普通话的学习与使用，有利于农民劳动技能和素质的提升，从而有利于农业部门资本的积累，因此普通话的推广与资本深化效应成反比。列（3）考察了加入资本深化效应后，普通话推广对劳动力转移的影响，回归结果表明，在加入资本深化中介变量后，普通话推广对劳动力转移仍有着显著的积极的影响，在其他因素不变的情况下，普通话推广变动一个标准差，农村劳动力转移增长18.7%，并且在1%的水平上显著；中介变量资本深化效应对劳动力转移有着负向影响，但其影响不再显著，应用sobel检验法对其进行检验，得到其显著的结果，说明资本深化效应在普通话推广和劳动力转移之间存在着中介效应，即普通话推广通过资本深化效应影响农村劳动力的转移。

表5　　　　　　　　　　资本深化中介效应回归

变量	（1）劳动力转移	（2）资本深化效应	（3）劳动力转移
普通话推广	0.192 *** (0.0484)	-0.111 *** (0.0386)	0.187 *** (0.0481)
资本深化效应			-0.0476 (0.0344)
人均GDP	0.183 ** (0.0711)	-0.0662 (0.191)	0.180 ** (0.0702)
城市居民人均收入	-0.146 * (0.0755)	0.281 * (0.142)	-0.132 * (0.0767)
农村居民人均收入	0.213 *** (0.0653)	0.149 (0.234)	0.220 *** (0.0646)
CPI	0.0435 ** (0.0185)	0.0335 ** (0.0163)	0.0451 ** (0.0185)
对外开放程度	-0.0007 (0.0006)	-0.0038 *** (0.0008)	-0.0009 (0.0006)
产业结构	1.509 * (0.747)	3.295 (2.252)	1.666 ** (0.733)
常数项	-4.598 *** (0.460)	-2.041 *** (0.473)	-4.696 *** (0.451)

续表

变量	（1）劳动力转移	（2）资本深化效应	（3）劳动力转移
样本量	1 160	1 160	1 160
R^2	0.795	0.796	0.797
观测省数量	28	28	28

注：*、** 和 *** 分别表示在 10%、5% 和 1% 水平上显著。

（三）异质性分析

为进一步分析普通话推广与农村劳动力转移的影响，将样本按照区域划分为东部、中部、西部[①]三个子样本进行回归分析。表 6 反映的是东部地区普通话推广对农村劳动力转移的影响，以及加了中介变量后的回归结果。根据表 6 的回归结果，列（1）可得东部地区普通话推广与农村劳动力转移之间存在着显著的积极的影响，普通话变动一个标准差，劳动力转移变动 27.6%，并且在 1% 的水平上显著，表明东部地区普通话推广对农村劳动力流动有着显著的积极的作用；列（2）和列（3）列反映的是恩格尔中介变量在普通话推广与劳动力转移之间的作用，列（2）列可以得出普通话推广对恩格尔效应有着显著的负向影响，且在 1% 的水平上显著，列（3）表明在加入恩格尔中介变量后，普通话推广对劳动力转移仍然存在显著的正向影响，且作为中介变量的恩格尔效应仍存在显著的负向影响，并在 1% 的水平上显著，说明存在中介效应，即普通话推广通过恩格尔效应影响农村劳动力转移；列（4）和列（5）反映的是鲍莫尔作为中介变量在普通话推广与劳动力转移之间的作用。列（4）可以得出普通话推广对鲍莫尔效应有着的负向影响，但其影响不显著，列（5）表明在加入鲍莫尔中介变量后，普通话推广对劳动力转移仍然存在显著的正向影响，即在 1% 的水平上显著，且作为中介变量的鲍莫尔效应仍存在负向影响，但影响不显著，结合列（4）和列（5）说明鲍莫尔效应在普通话推广和劳动力转移之间不存在中介效应；列（6）和列（7）反映的是资本深化作为中介变量在普通话推广与劳动力转移之间的作用。列（6）可以得出普通话推广对资本深化有着显著的负向影响，并在 1% 的水平上显著，列（7）表明在加入资本深化中介变量后，普通话推广对劳动力转移仍然显著的正向影响，并在 1% 的水平上显著，且作为中介变量的资本深化效应仍存在负向影响，但其影响结果不再显著，运用 Sobel 检验

---

① 东、中、西部是按照我国区域划分标准，其中东部地区包括北京、天津、河北、辽宁、上海、江苏、浙江、福建、山东、广东、海南；中部地区包括山西、吉林、黑龙江、安徽、江西、河南、湖北、湖南；西部地区包括四川、贵州、云南、陕西、甘肃、青海、宁夏、广西、内蒙古。

法对其进行检验得到其结果显著,因此资本深化效应在普通话推广与农村劳动力转移之间存在中介效应。表7反映的是西部地区普通话推广对农村劳动力转移的影响,以及加了中介变量后的回归结果。回归结果表明恩格尔效应在普通户推广与农村劳动力流动间存在中介效应,鲍莫尔效应通过Sobel检验得到显著的结果,表明鲍莫尔作为中介效应成立,而资本深化效应影响不显著。表8反映的是中部地区普通话推广对农村劳动力转移的影响,以及加了中介变量后的回归结果。回归结果表示,中部地区恩格尔效应在普通话推广与劳动力流动间存在完全的中介效应,鲍莫尔效应及资本深化效应在普通话推广与劳动力流动间并不存在中介效应,即在中部地区普通话推广主要通过恩格尔效应影响农村劳动力流动。

表6　东部地区普通话推广与农村劳动力转移及中介效应分析

变量	(1)劳动力转移	(2)恩格尔效应	(3)劳动力转移	(4)鲍莫尔效应	(5)劳动力转移	(6)资本深化效应	(7)劳动力转移
普通话推广	0.276*** (0.0426)	-0.182*** (0.0343)	0.139*** (0.0423)	-0.296 (0.182)	0.265*** (0.0408)	-0.129*** (0.0388)	0.267*** (0.0432)
恩格尔效应			-0.754*** (0.127)				
鲍莫尔效应					-0.0379 (0.0244)		
资本深化效应							-0.0692 (0.0532)
人均GDP	0.0494 (0.0614)	-0.505*** (0.0582)	-0.331*** (0.0757)	0.378* (0.176)	0.0638 (0.0580)	0.196 (0.139)	0.0630 (0.0632)
城市居民人均收入	-0.551* (0.262)	0.585*** (0.123)	-0.110 (0.224)	1.093** (0.406)	-0.510* (0.252)	1.480** (0.537)	-0.449 (0.267)
城市居民人均收入	0.685** (0.240)	-0.321** (0.111)	0.443* (0.219)	-1.294*** (0.384)	0.636** (0.239)	-1.138* (0.531)	0.606** (0.247)
产业结构	0.941 (0.902)	4.179*** (0.757)	4.090*** (1.019)	-2.598** (1.080)	0.843 (0.879)	0.596 (1.947)	0.982 (0.880)
CPI	0.0360 (0.0359)	-0.0415* (0.0204)	0.00476 (0.0195)	-0.0475 (0.0629)	0.0342 (0.0347)	0.0359* (0.0169)	0.0385 (0.0348)
对外开放度	8.23e-05 (0.0009)	0.0008** (0.0004)	0.0007 (0.0009)	-0.0034*** (0.0010)	-4.48e-05 (0.0008)	-0.0056*** (0.0014)	-0.0003 (0.0010)
常数项	-2.796*** (0.665)	1.432*** (0.378)	-1.717** (0.616)	-1.181 (1.323)	-2.840*** (0.658)	-2.096* (0.909)	-2.941*** (0.668)
R^2	0.735	0.895	0.778	0.756	0.739	0.733	0.739

注:*、**和***分别表示在10%、5%和1%水平上显著。

表7　西部地区普通话推广与农村劳动力转移及中介效应分析

变量	（1）劳动力转移	（2）恩格尔效应	（3）劳动力转移	（4）鲍莫尔效应	（5）劳动力转移	（6）资本深化效应	（7）劳动力转移
普通话推广	0.175* (0.0935)	-0.0574 (0.0370)	0.126 (0.0731)	-0.373* (0.177)	0.163* (0.0883)	-0.0259 (0.0241)	0.173* (0.0925)
恩格尔效应			-0.838*** (0.0893)				
鲍莫尔效应					-0.0300** (0.0132)		
资本深化效应							-0.0753 (0.160)
人均GDP	0.376** (0.142)	-0.687*** (0.0805)	-0.199 (0.122)	0.410* (0.208)	0.389* (0.141)	-0.0438 (0.0599)	0.373** (0.142)
城市居民人均收入	-0.202* (0.0914)	0.411*** (0.0630)	0.142 (0.0996)	0.168 (0.282)	-0.197* (0.0913)	0.0156 (0.0547)	-0.201* (0.0906)
城市居民人均收入	0.147* (0.0679)	-0.0200 (0.0480)	0.130 (0.0748)	-0.269 (0.232)	0.139* (0.0701)	0.0550 (0.0581)	0.151** (0.0665)
产业结构	0.950 (1.272)	3.736*** (0.910)	4.082*** (1.178)	-1.505 (2.196)	0.905 (1.274)	1.363* (0.637)	1.053 (1.322)
CPI	0.0471** (0.0198)	-0.0510*** (0.00672)	0.00435 (0.0221)	0.0106 (0.0282)	0.0474** (0.0203)	-0.00820 (0.00883)	0.0465** (0.0198)
对外开放度	-1.245 (0.836)	0.192 (1.035)	-1.084 (0.848)	-1.713 (1.589)	-1.296 (0.858)	1.378 (1.055)	-1.141 (0.814)
常数项	-5.852*** (0.978)	3.236*** (0.529)	-3.140*** (0.780)	-2.088* (1.027)	-5.915*** (0.986)	-1.065*** (0.340)	-5.933*** (1.025)
R^2	0.847	0.891	0.880	0.752	0.848	0.786	0.847

注：*、**和***分别表示在10%、5%和1%水平上显著。

表8　中部地区普通话推广与农村劳动力转移及中介效应分析

变量	（1）劳动力转移	（2）恩格尔效应	（3）劳动力转移	（4）鲍莫尔效应	（5）劳动力转移	（6）资本深化效应	（7）劳动力转移
普通话推广	0.156* (0.0716)	-0.181** (0.0527)	0.0559 (0.0553)	-0.0620 (0.0710)	0.155* (0.0718)	-0.374 (0.285)	0.143* (0.0703)

续表

变量	(1) 劳动力转移	(2) 恩格尔效应	(3) 劳动力转移	(4) 鲍莫尔效应	(5) 劳动力转移	(6) 资本深化效应	(7) 劳动力转移
恩格尔效应			-0.550** (0.175)				
鲍莫尔效应					-0.00419 (0.0255)		
资本深化效应							-0.0334 (0.0232)
人均GDP	-0.282*** (0.0701)	0.150*** (0.0365)	-0.199*** (0.0577)	-0.739** (0.268)	-0.285** (0.0843)	0.201 (0.320)	-0.275*** (0.0630)
城市居民人均收入	0.0424 (0.556)	0.0808 (0.0952)	0.0868 (0.562)	3.326*** (0.630)	0.0563 (0.615)	-0.804 (2.141)	0.0155 (0.552)
农村居民人均收入	0.190 (0.437)	-0.0832 (0.0780)	0.144 (0.445)	-2.777*** (0.616)	0.178 (0.487)	1.458 (2.311)	0.238 (0.427)
产业结构	3.523** (1.114)	-1.330** (0.497)	2.792* (1.410)	-4.271*** (0.698)	3.505** (1.206)	4.522 (2.769)	3.674*** (1.021)
CPI	0.0431* (0.0209)	0.00493 (0.0145)	0.0458** (0.0175)	-0.00972 (0.0423)	0.0431* (0.0211)	0.0380 (0.0279)	0.0444* (0.0196)
对外开放度	0.860 (1.149)	-2.874*** (0.619)	-0.721 (1.018)	1.690 (1.222)	0.867 (1.187)	4.237 (6.024)	1.001 (1.198)
常数项	-4.644*** (0.813)	1.664*** (0.382)	-3.729*** (1.126)	3.144*** (0.501)	-4.630*** (0.877)	-3.641 (2.344)	-4.765*** (0.742)
R^2	0.858	0.755	0.885	0.766	0.859	0.697	0.861

注：*、** 和 *** 分别表示在 10%、5% 和 1% 水平上显著。

（四）稳健性检验

为保证回归结果的稳健性，本文更换核心变量再次对模型进行回归，使用同样能够反映劳动者学习普通话能力及潜力的变量小学升初中的升学率来代替适龄儿童毛入学率，其他变量保持不变。回归结果如表9所示，与（影响机制及中介效应分析）中的结果一致，这说明研究结果具有稳健性和说服力。

表9　普通话推广与农村劳动力转移稳健性检验

变量	(1)劳动力转移	(2)恩格尔效应	(3)劳动力转移	(4)鲍莫尔效应	(5)劳动力转移	(6)资本深化效应	(7)劳动力转移
普通话推广	0.192***(0.0484)	-0.106***(0.0245)	0.0995***(0.0320)	-0.263***(0.0949)	0.186***(0.0471)	-0.111***(0.0386)	0.187***(0.0481)
恩格尔效应			-0.874***(0.0940)				
鲍莫尔效应					-0.0229*(0.0128)		
资本深化效应							-0.0476(0.0344)
人均GDP	0.183**(0.0711)	-0.566***(0.0358)	-0.312***(0.0858)	0.346***(0.107)	0.191**(0.0702)	-0.0662(0.191)	0.180**(0.0702)
城市居民人均收入	-0.146*(0.0755)	0.413***(0.0787)	0.215**(0.101)	0.503(0.439)	-0.134*(0.0759)	0.281*(0.142)	-0.132*(0.0767)
农村居民人均收入	0.213***(0.0653)	-0.0906(0.0711)	0.134(0.0840)	-0.554(0.391)	0.200***(0.0671)	0.149(0.234)	0.220***(0.0646)
产业结构	1.509*(0.747)	3.310***(0.465)	4.403***(0.848)	-2.722**(1.035)	1.447*(0.751)	3.295(2.252)	1.666**(0.733)
CPI	0.0435**(0.0185)	-0.0459***(0.0103)	0.00337(0.0111)	-0.0264(0.0329)	0.0429**(0.0183)	0.0335**(0.0163)	0.0451**(0.0185)
对外开放度	-0.0007(0.0006)	0.0007**(0.0003)	-6.39e-05(0.0007)	-0.0048***(0.0008)	-0.0008(0.0006)	-0.0038***(0.0008)	-0.0009(0.0006)
常数项	-4.598***(0.460)	2.633***(0.272)	-2.297***(0.420)	-0.777(0.878)	-4.616***(0.458)	-2.041***(0.473)	-4.696***(0.451)
R^2	0.825	0.675	0.838	0.619	0.826	0.779	0.829

注：*、**和***分别表示在10%、5%和1%水平上显著。

五、结论与政策建议

党的十九大提出要动员全党全国全社会的力量，精准扶贫、精准脱贫，脱贫攻坚作为"十三五"期间的头等大事，要实现脱贫，就是要培养农民的创新创业能力，增加农村劳动力的就业机会，增强农民的造血功能，提高农民收入，实现老有所养、病有所医、住有所居（卞成林，2017）。转移就业脱贫作为脱贫攻坚最直接、最有效的措施，其本质就是实现农村闲置劳动力的再就业，促进农村劳动力的跨产业转移。扶贫先扶智，扶智先通语，语言扶贫是实施脱贫攻坚措施的基础和保证。因此作为人力资本与公共品的普通话，普通话的推广对加快我国贫困地区劳动力转移，增强其就业能力，进而增收脱贫致富，助力脱贫攻坚有着基础性意义。

为更好地实现脱贫攻坚的目标，本文研究了普通话推广与农村劳动力转移之间的相关关系和作用机理，得到以下结论：

（1）普通话推广对劳动力的转移有着显著的积极的作用，即普通话的推广有利于农村劳动力转移。农村劳动力转移作为脱贫攻坚最直接最有效的措施，普通话作为一种人力资本、公共品及元制度，普通话的学习使用一方面有利于提升农村劳动力人口职业技能培训和素质培训，为劳动力的跨行业转移奠定基础；另一方面，普通话作为一种交流工具，有利于减少劳动力转移期间的摩擦成本和机会成本，消除劳动力间的交流障碍，加快进城务工人员尽快融入当地文化及社会。因此，为助力脱贫攻坚，应加强贫困地区普通话的学习及推广，一是发挥政府主导作用，落实个地方政府主体责任，建立推广工作监督及验收机制；二是应当加强学习普通话的宣传力度，借助普通话宣传周暨推普活动等，营造浓厚的学习及使用普通话的氛围；三是应当提高学习普通话的效率，创新学习普通话的方式，利用"互联网+"等技术，推进技术推普，激发学习普通话的兴趣，发挥语言扶贫效果。

（2）进一步为研究普通话作用劳动力转移的机理，运用中介效应分析法对样本进行回归分析，结果表明恩格尔效应、鲍莫尔效应、资本深化效应在普通话推广与劳动力流动存在中介效应，即普通话推广通过此三个效应影响农村劳动力的转移。同时，由于经济发展存在差异，将样本划分为中东西部三个地区，研究表明，东部地区恩格尔效应、资本深化效应影响显著，而鲍莫尔效应影响不显著；西部地区主要受恩格尔效应、鲍莫尔效应影响，而资本深化效应影响不显著；中部地区受恩格尔效应影响显著，其他两个效应影响不显著。这与我们的现实相符合，恩格尔效应是反映收入差距的指标，大量的实证证明语言与收入之间的相关关系，因此，普通话的学习及使用能较大程度上提升收入水平减少收入差距；鲍莫尔效应是反映部门间生产率差距的指标，东部地区产业以第二、第三产业为主，第一产业占比较少，因此东部地区该指标影响不显著，而西部地区产业以第一、第二产业为主，且机械化程度较低，因此普通话的提升有利于劳动者技能的提升，从而促进农业现代化水平的提升，进而释放出大量闲散劳动力，为劳动力的跨行业转移奠定基础。为保证回归结果的稳健性，替换核心变量进行再次回归，依然得到相似的结果，表明回归结果具有稳健性和说服力。

本文研究表明，为实现脱贫攻坚的目标，应当加强普通话推广，提升农村劳动力人口职业技能培训和素质培训，开展劳务协作，推进就地就近转移就业，对有劳动能力和就业意愿的贫困人口实现就业转移，从根本上解决了脱贫问题及贫困的代际传递，有利于实现全面建设小康的宏伟目标。

参考文献

1. 卞成林、刘金林、阳柳艳、苏丹：《少数民族地区普通话推广的经济发展效应分析：来自广西市际面板数据的证据》，载于《制度经济学研究》2017年第3期。

2. 蔡昉、都阳、王美艳：《户籍制度与劳动力市场保护》，载于《经济研究》2001年第12期。

3. 蔡昉、王德文：《比较优势差异、变化及其对地区差距的影响》，载于《中国社会科》2002年第5期。

4. 曹裕、陈晓红、马跃如：《城市化、城乡收入差距与经济增长——基于我国省级面板数据的实证研究》，载于《统计研究》2010年第3期。

5. 钞小静、沈坤荣：《城乡收入差距、劳动力质量与中国经济增长》，载于《经济研究》2014年第6期。

6. 樊士德、沈坤荣：《中国劳动力流动的微观机制研究——基于传统与现代劳动力流动模型的建构》，载于《中国人口科学》2014年第2期。

7. 范晓非、王千、高铁梅：《预期城乡收入差距及其对我国农村劳动力转移的影响》，载于《数量经济技术经济研究》2013年第7期。

8. 韩家彬、刘淑云：《土地确权对农村劳动力转移就业的影响——来自CHARLS的证据》，载于《人口与经济》2019年第5期。

9. 何建新、舒宏应、田云：《我国农村劳动力转移数量测算及影响因素分解研究》，载于《中国人口·资源与环境》2011年第2期。

10. 陆铭、陈钊：《城市化、城市倾向的经济政策与城乡收入差距》，载于《经济研究》2004年第6期。

11. 李秦、孟岭生：《方言、普通话与中国劳动力区域流动》，载于《经济学报》2014年第4期。

12. 鲁永刚、张凯：《地理距离、方言文化与劳动力空间流动》，载于《统计研究》2019年第3期。

13. 李义伦：《城镇化背景下的农村剩余劳动力就业途径研究》，载于《中国农业资源与区划》2017年第2期。

14. 王广慧、张世伟：《教育对农村劳动力流动和收入的影响》，载于《中国农村经济》2008年第9期。

15. 王静文：《中国劳动力空间集聚的经济增长效应研究》首都经济贸易

大学, 2018年。

16. 温忠麟、张雷、侯杰泰、刘红云:《中介效应检验程序及其应用》, 载于《心理学报》2004年第5期。

17. 张卫国:《作为人力资本、公共产品和制度的语言:语言经济学的一个基本分析框架》, 载于《经济研究》2008年第2期。

18. 张卫国、孙涛:《语言的经济力量:国民英语能力对中国对外服务贸易的影响》, 载于《国际贸易问题》2016年第8期。

19. 赵颖:《语言能力对劳动者收入贡献的测度分析》, 载于《经济学动态》2016年第1期。

20. Dennis, B. N. and İşcan, T. B., 2007, "Productivity Growth and Agricultural Out-migration in the United States", Structural Change and Economic Dynamics, Vol. 18, Jan, pp. 52 – 74.

21. Dennis, B. N. and İşcan, T. B., 2009, "Engel versus Baumol: Accounting for Structural Change Using Two Centuries of U. S. Data", Explorations in Economic History, Vol. 46, Feb, pp. 186 – 202.

附录

一、生产和偏好

假设经济中只有两个部门:农业部门和非农部门。农业部门用 A 表示,且只生产消费品;非农部门用 M 来表示,生产消费品和投资于实物资本的商品。

1. 生产函数:

在 t 期每个部门的产出 Y 为:

$$Y_{At} = B_A K_{At}^{\beta} (Z_{At} L_{At})^{1-\beta} \tag{1}$$

$$Y_{Mt} = B_M K_{Mt}^{\alpha} (Z_{Mt} L_{Mt})^{1-\alpha} \tag{2}$$

式(1)和式(2)中,Y 为每个部门的产出,K 为资本投入,ZL 为有效劳动,B > 0 为效率参数,α、β 为资本对产出的弹性,且农业资本份额大雨非农资本份额 $0 < \alpha < 1$,$0 < \beta < 1$,$\beta > \alpha$。

资源约束方程:

$$K_{At} + K_{Mt} = K_t, \quad L_{At} + L_{Mt} = 1 \tag{3}$$

部门专业化。非农业商品既可以消费 C_M,也可以以实物资本的形式投资 I,农业商品只能消费 C_A,因此,在市场出清的情况下:

$$C_{At} = B_A K_{At}^{\beta} (Z_{At} L_{At})^{1-\beta} = Y_{At} \tag{4}$$

$$I_t = B_M K_{Mt}^{\alpha} (Z_{Mt} L_{Mt})^{1-\alpha} - C_{Mt} \tag{5}$$

2. 消费函数

$$C_t = [\eta^{1/v} C_{Mt}^{(v-1)/v} + (1-\eta)^{1/v} (C_{At} - \gamma_A)^{(v-1)/v}]^{v/(v-1)} \tag{6}$$

式（6）中，$\gamma_A \geq 0$ 为生活必需品消费，η 为非农产品比重，$v > 0$ 为农产品和非农产品之间的替代弹性，且当 $\gamma_A > 0$ 时，收入弹性小于1。

二、最优选择条件

1. 生产效率

由于生产要素可以自由流动、市场是完全竞争的，所以各生产要素的收益相等。因此，得到部门的边际转换率：

$$\left(\frac{1-\beta}{\beta}\right)\left(\frac{K_A}{Z_A L_A}\right) = \left(\frac{1-\alpha}{\alpha}\right)\left(\frac{K_M}{Z_M L_M}\right) \tag{7}$$

式（7）是一种内部最优条件，它决定了给定相对生产率 Z_M/Z_A 和资本密集度 α、β 下的人均资本的分配。

2. 相对价格

生产要素可以自由流动，工资率和利率是相等的。假设 $P_M = 1$，则 P_A：

$$P_A = \left(\frac{1-\alpha}{1-\beta}\right)\left(\frac{Z_M}{Z_A}\right)\left(\frac{B_M}{B_A}\right)\frac{[K_M/(Z_M L_M)]^\alpha}{[K_A/(Z_A L_A)]^\beta} \tag{8}$$

3. 消费需求

农产品和非农产品之间的边际替代率之比：

$$\left(\frac{1-\eta}{\eta}\right)\left(\frac{C_{Mt}}{C_{At} - \gamma_A}\right) = P_{At}^v \tag{9}$$

三、部门的劳动分配

根据市场出清和最优选择条件 [（7）+（8）+（9）+约束条件] 得到：

$$L_{Mt} = \frac{1 - S_A(y_{At})}{1 + p(z_t) s_k(k_{At}, k_{Mt})(1 - s_{Mt})} \tag{10}$$

式（10）中，$b = \frac{B_M}{B_A}$，$z_t = \frac{Z_{Mt}}{Z_{At}}$，$y_A = \frac{Y_A}{L_A}$，$k_A = \frac{K_A}{Z_A L_A}$，$k_A = \frac{K_M}{Z_M L_M}$。

因此，相对生产率（鲍莫尔效应）为：

$$p(z_t) = \left(\frac{1-\eta}{\eta}\right) b^{1-v} z_t^{1-v} \tag{11}$$

恩格尔效应：

$$s_A(y_{At}) = \frac{\gamma_A}{y_{At}} \tag{12}$$

资本积累影响：

$$s_{Mt} = \frac{I_t}{Y_{Mt}} \tag{13}$$

资本深化差异化效应：

$$s_k(k_{At}, k_{Mt}) = \left(\frac{1-\beta}{1-\alpha}\right)^v \left(\frac{k_{Mt}^\alpha}{k_{Mt}^\beta}\right)^{1-v} \tag{14}$$

Language Poverty Alleviation and Rural Labor Transfer
—Evidence from China to Promote Putonghua

WANG Lucong   DAI Jingchao

(School of Economics, Central University of Finance and Economics, 100081)

LIU Jinlin

(School of Marxism, Chinese Academy of Social Sciences, 102488;
Guangxi University for Nationalities, 530001)

MA Jing

(School of Ethnology and Sociology, Guangxi University for Nationalities, 530001)

[**Abstract**] The promotion of Putonghua is conducive to improving the skills and quality of workers, enhancing employment opportunities and income levels, and thus promoting the transfer of rural labor, which is the most effective way to alleviate poverty. Therefore, in order to verify the role of Putonghua in the poverty alleviation work, we uses the 1978 – 2017 annual data of the provinces to studies the relation between Putonghua promotion and rural labor transfer and the mechanism of study Putonghua popularization significantly improves the rural labor transfer, and the transfer of the labor is mainly affected by Engel effect, Baumoul effect and Capital deepening effect.

[**Key Words**] Putonghua popularization   Rural labor transfer   Mediation effect

JEl Classifications: J21   Z19

语言多样性、语言距离与经济发展研究述略

崔 萌[**]

【摘　要】近几年，在经济发展的研究中，国内外经济学家开始关注语言变量，不仅将语言作为一个重要的代理变量或工具变量加入理论及实证模型中，而且侧重研究语言本身的特质对经济社会的影响。具体到语言这一变量的特质，学界主要是通过个体语言学习时长、语言熟练程度、语言成绩等微观变量以及国家或地区语言多样性、语言距离等宏观变量对收入、贸易及经济增长的影响路径进行研究的。本文综述和评介了近几十年关于语言多样性及语言距离对经济发展的影响的主要理论和实证文献，使国内学者了解此领域的发展脉络及现状，以期为语言学及经济学相关研究提供有益的思路。

【关键词】语言多样性　语言距离　经济发展

中图分类号：F063.1　文献标识码：A

一、引　言

语言是人类重要的交际工具，是思想沟通的媒介，是文化的载体。近几十年经济学家开始关注语言这一特质对于经济的影响，并形成了一门新兴的经济学分支学科，即语言经济学。广义上来说，语言经济学主要采用经济学的理论、方法及工具，研究语言与经济的互动。1965年经济学家马尔萨克提出语言具有价值、效用、费用和收益等经济特性，随后，语言经济学的发展和人力资本理论以及教育经济学紧密地结合在了一起。以语言是一种人力资

---

[*] 孔子学院建设和汉语国际教育2018年度课题重大项目资助"孔子学院建设与全球语言文化公共产品供给"（18CI04A）。

[**] 崔萌，山东大学经济研究院博士生；地址：（250100）山东省济南市山大南路27号山东大学中心校区；E-mail: cuimeng@sdu.edu.cn。

本的研究成果层出不穷，比如研究语言能力对于收入差距的影响（Funkhouser，1996；Carnevale et al.，2001；Dustmann et al.，2003；Chiswick et al.，2007；Gao et al.，2011），个体的语言能力越高、掌握的语言种类越多，那么在劳动力市场更有竞争力，获取的收入也越高。

从经济学的视角来看，语言不仅具有人力资本属性，同时语言还是一种文化符号，承载了价值观、习俗认知以及偏好等特征，从而对经济主体的决策行为产生影响，进而导致国家和地区间经济发展的路径差异。比如研究语言结构对于个人储蓄行为的影响（Chen et al.，2013），不同的语言在语法结构上对于时态的表达方式影响了个人行为及储蓄偏好等，具有明确的未来时态的语言会促使更多地考虑未来的行为方式，对于时间偏好不同，进而影响了不同语言群体的跨期选择。多样性的语言以及语言特征会影响人们的偏好及选择，从而通过影响个体的社会行为进而影响到社会活动和社会博弈，进而导致了多样化的社会规则，形成了非正式的约束规范，最终形成了非正式制度。近年来的一些文献多使用语言或方言作为文化的代理变量，在社会学中也有相应的理论支撑，著名的社会学家萨丕尔－沃尔夫认为语言能够反映思维、信念和态度，影响着认知和记忆方式（Whorf，1956）。

目前学界关于语言内涵的经济学特质对经济发展的影响机制研究进行系统综述与评介的文献研究较少。本文主要聚焦语言多样性和语言距离对经济的影响，评述这一研究领域的最新进展，这方面的研究已经得到了经济学家和语言学家的广泛关注。对于语言多样性研究而言，语言学家主要关注多样性语言资源的经济价值以及保护语言多样性的战略意义，经济学家主要从实证出发量化研究语言多样性对经济发展的影响或者把语言多样性作为重要的控制变量。对于语言距离而言，语言学家主要关注语言距离的语言学测度方式及对于语言习得的影响，而经济学家主要使用语言学家的研究成果量化研究语言距离对于经济发展的影响。

本文的结构安排如下：第一部分引言；第二部分对语言多样性影响经济发展相关变量的研究进行了系统总结和评述，通过梳理相关理论观点，厘清语言多样性影响经济发展的内在机制；第三部分综述了语言距离影响经济发展相关变量的研究文献，系统梳理了语言距离影响经济发展的相关理论及研究内容；第四部分为总结。

二、语言多样性与经济发展的经验研究

（一）语言多样性的重要性和经济学含义

据联合国教科文组织统计，全球有 7 000 多种语言，语言学家一般将语言

划分为九大语系,分别为汉藏语系、印欧语系、阿尔泰语系、闪含语系、乌拉尔语系、高加索语系、南岛语系、达罗毗舍语系,不同语系下又分为不同的语族与语支。根据这种全球语言生活状况,美国社会语言学家豪根(E. Haugen,1971)首次提出语言多样性的概念,并从生态语言学的角度研究语言与环境的相互影响与相互作用。之后社会科学的学者们主要从语言文化与环境相互依存的角度进行跨学科的研究,涉及语言学、生物学、经济学等学科。

2019年2月21日,教育部、联合国教科文组织驻华代表处、中国联合国教科文组织全国委员会、国家语言文字工作委员会共同发布了首个以"保护语言多样性"为主题的重要永久性文件《岳麓宣言》,倡导各国制定语言资源和语言多样性保护事业行动计划及实施方案,号召国际社会、各国、各地区、政府和非政府组织等就保护和促进世界语言多样性达成共识。多样性语言资源的价值已被学界和政府界广泛关注,早在太平洋战争时期,美国就使用了极其复杂的印第安部落纳瓦霍语作为军事情报语言,使得日军无法破译,从而屡获胜利。多样化的语言资源不仅具有军事价值,而且对经济发展也具有重要影响。语言多样性对经济发展的影响有正反两个方面,语言多样性对经济发展的正向影响主要体现在多样性的语言资源促进了语言产业的发展,比如在语言多样性资源丰富的国家瑞士,语言翻译、语言培训和语言科技等语言产业每年产值约500亿瑞郎,占国内生产总值的10%左右。其次,语言多样性意味着不同的文化交融,这在一定程度上能够提升人力资本积累,能够达到知识互补,从而提高创新能力,这对于经济增长是有利的。然而,语言多样性也在一定程度上阻碍了经济发展,现有文献多关注语言多样性对经济发展的负面影响,比如增加了交易成本、带来更多的内部冲突、影响信任和团队合作以及导致政治分割等,已有不少文献对此命题进行了论证,而且注意力主要在影响渠道方面。系统的分析语言多样性所带来的福利增加和福利损失,对于国家语言政策制定和语言规划具有现实指导意义。

(二)语言多样性与宏观经济的研究

语言对宏观经济的影响研究属于非正式制度因素对于宏观经济的影响研究范畴,而语言不仅代表了身份认同,也是一种制度,那么怎么将语言与正式制度的因素区分开是这一系列影响研究的重点和难点。

作为宏观经济的一个分支,对于经济增长的深层次原因的分析一直是学者们关注的热点,而文化和制度因素是主要的关注变量,但由于文化变量并不容易衡量,同时制度与经济增长又具有内生关系,研究中多使用语言变量作为文化的代理变量或制度的工具变量。一系列学者发现民族语言分化对经济增长有显著的负面影响,比如通过跨国数据实证分析发现影响人力资本积累导致政治不稳定（Easterly et al.，1997）；影响信任，提高沟通成本（Alesina et al.，2002）；导致不平等与冲突（Alesina et al.，2012）；降低团队凝聚力，影响团队合作（Milliken et al.，1996）等。徐现祥等（2015）根据《汉语方言大词典》中2 113个县级以上观测单元所使用的汉语方言，构建了278个中国地级及以上城市的方言多样性指数。通过实证发现，方言多样性对中国经济增长具有显著的负面影响，机制是方言多样性影响全要素生产率，阻碍知识与技术的传播。

还有一支文献主要关注经济发展水平，而不是经济增长。正如博伦特等（Parente et al.，1994）所指出的那样，各国人均收入的增长差异往往是暂时的，而水平差异则不然。因此，要了解各国之间的长期相对差异，考虑水平而不是增长率更为合理。最早关注语言多样性与经济发展关系的学者是费希曼和普尔，他们提出了著名的"费希曼－普尔假说"。费希曼（Fishman，1966）观察到，富裕的国家语言都较为统一，即具有"同质性"，而贫穷的国语言具有较强的多样性，即具有"异质性"。普尔（Pool，1972）在费希曼研究的基础上，分析了133个国家1962年前后人均国内生产总值与最大本族语族群人数占比之间的关联，发现语言极度繁杂的国家，总是经济不发达的或半发达的，而经济高度发达的国家，总是具有高度的语言统一性。在中国也有相应的经验证据，地理学家胡焕庸于1935年描画了中国第一张人口密度图，自东北的瑷珲至云南的腾冲，形成一条东南与西北的分界线，国际上称"胡焕庸线"。反映了当时中国东南半壁与西北半壁悬殊的土地和人口比例，直至今日依然没有太大改变。目前中国有14个集中连片的特困地区，有11个在胡焕庸线附近和胡焕庸线之西，而这11个地区又多是汉语方言复杂的地区和少数民族语言地区。王聪等（Cong Wang et al.，2015）以1999～2009年的68个发展中国家和发达国家为研究样本，采用最小二乘法实证检验了语言多样性对社会资本的影响，发现语言多样性较低的国家和地区具有较高的社会资本，从而有更高的国民收入水平。需要特别指出的是，关于语言多样性与经济发展水平之间关系的这一研究并没有一致性的结论。拉丁等（Laitin et al.，2014）通过构建个人母语与官方语言的语言距离，计算得到各国家的平均官方语言距离，其中一项实证结果发现一旦他们考虑到各国的官方语言的语言距离，多样性对人均GDP的影响并不显著。耶林等（Gerring et al.，2015）学者发现在国家层面的分析上，语言多样性对于儿童死亡率，生育率，教育和财富具有负面影响的证据，然后在次国家层面并未得到证实。还有研究以人类发展指数作为被解释变量，将2011年全球人类发展指数分为高分位组（前25名）和低分位组（后25名），研究发现这两组国家的语言多样性程度相近，并不存在语言多样性和人类发展指数的"费希曼－普尔"假说。

除了上述语言多样性与经济增长及经济发展水平的研究之外，一些研究还探讨了语言多样性对国际贸易、地区贸易及对外经济开放程度的影响。这一支文献研究的视角主要分为几个方面，一是从文化的视角展开的考察，文化多样性体现在宗教、民族、风俗习惯等方面，而语言多样性只是作为文化多样性的一种表现，但是在具体的机制分析方面对语言多样性影响的渠道进行了区分，比如通过阻碍人力资本积累从而导致地区间人力资本水平差异，通过外贸依存度影响对外开放程度等等。二是针对语言是一种交易成本的视角进行的考察，语言越多样化，这种交易成本也就越高。三是从语言影响身份认同的视角出发，分析多样性影响社会资本的研究（黄玖立等，2017）、影响信任与沟通的研究（Pendakur et al.，2002）。有些研究虽然没有从正面确认语言的身份认同机制，但是在这一假设下做了一些经验研究，刘毓芸等（2017）及丁从明等（2018）在关于方言与市场分割的研究中充分利用了中国数据的独特性剔除了正式制度的影响，刘毓芸等（2017）利用方言边界与行政区划边界不重合这一特点，考察相邻两县间方言是否相同对两县间生产率差距的影响，证实了方言上的不同显著增强了相邻两县间的资源错配。丁从明等（2018）通过人工构建中心城市及与其接壤的地级市组成"城市圈"，从而将市场分割的方言效应从行政区划效应中分离出来，通过实证分析发现方言多样性是阻碍国内市场一体化形成的重要因素。

语言多样性丰富的国家可能伴随着更多的冲突，从而阻碍经济发展，但是从文化认同的角度来说，维护语言多样性能够使人们对于家乡有归属感，对于语言和谐，社会稳定具有积极的意义，所以具体是哪一方影响更大是值得讨论的一个问题。语言的交流是否能超越语言带来的隔阂，语言的互补是否能超越语言带来的冲突，目前这种比较研究是学界亟待补充的研究领域。

（三）语言多样性与企业发展的微观研究

在企业发展与公司治理的研究领域，语言与金融的相关研究是近年来金融学领域的一个新热点。学者们从企业管理层或企业员工的语言多样性环境入手，研究语言在微观层面上所构筑的社会网络和社会资本对公司治理的影响以及宏观层面上语言作为非正式制度对于个人激励及行为的影响。奥尔森（Dale–Olsen，2019）利用挪威制造业企业数据证实较高的劳动力语言多样性降低生产力，即使考虑到文化多样性可以通过新思想和创新提高生产力，但语言多样性可能会增加沟通成本，从而降低生产力，并从实证上证实了这一命题。

现有文献发现多样性影响了风险投资公司的投资决策及资产配置，其机理在于与多样性相对应的相似性能够减少信息不对称，语言，宗教和其他组织的相似性能够形成一定的社会网络，从而降低交易成本，减少违约风险。

拉姆齐（Ramsey）认为中国的方言多样性环境足以和整个欧洲的语言环境进行比较，从而为研究语言与企业行为提供了天然的研究土壤。即使截至目前，普通话在全国范围内普及率已接近80%，但方言所承载的地域文化及身份认同对于经济的影响依然得到了越来越多的学者证实。戴亦一等（2016）从代理成本的角度入手，以2008~2014年上市公司为研究样本，分析了董事长和总经理的方言一致性对于公司代理成本的影响。其背后的机理为方言代表的地域文化背景以及语言的身份认同功能，从而导致了群体偏好的不同以及委托代理行为，方言一致性能够减少信息不对称产生的委托代理成本，通过实证分析发现，董事长和总经理的方言一致性能够显著降低代理成本，而且一种方言的使用地域范围越窄，作用越显著，同时利用南北方方言分布的特点，证实了方言一致性降低代理成本是因方言的"文化效应"而非"交流效应"。相同的作用机制在民间金融发展领域也得到了证实，有学者以2016年中国地级市小额贷款公司为研究对象，同时发现方言多样性在宏观层面对小额贷款公司数量和资本具有显著的负向影响，同时方言多样性对小额贷款公司的盈利能力和贷款规模也都具有消极作用，其作用机制正是在于方言的"认同效应"而非"交流效应"。

三、语言距离与经济发展的经验研究

（一）语言距离的概念及测度方式

语言距离通俗地讲，指不同语言之间的差异程度，主要体现在词汇、语法、语音以及拼写规则上。针对全球7 000多种语言，国外语言学者对语言距离的计算进行了许多有益的探索，能够比较全面的测度两两之间的语言距离的方法主要是谱系树法和编辑距离法。谱系树法是一种粗略刻画语言距离的方法，根据语言学的谱系树结构，将不同语言划分到相应的语系、语族和语支之下，利用"节点数法"计算两种语言之间的路径节点，从而得到语言距离数据。这种方法的弊端在于将每种语言看作是平行等距的，事实上语言是长期演变的结果，并且随着殖民时代及后现代移民浪潮的发展，各语言之间也在融合和演变，语言之间的亲疏关系极其复杂，所以仅仅使用谱系树法得到的语言距离并不能很好地反映语言之间的差异程度。编辑距离法相对来说是一种更精确的方法，其中以莱文斯坦距离（levenshtein distance）最为常用，是将一个单词转变为另一个语言中相同单词所需要编辑的最小数量。编辑距离法将语音和词汇考虑在内，因而相对于谱系树法更精确一些。基于编辑距离法，德国马克斯·普朗克进化人类学研究所开发了"自动相似度判断程序数据库"（automated similarity judgment program database，ASJP），它包含了世界上绝大多数语言的40个核心词汇，ASJP数据库中各种语言的词汇都被转换成一种统一的拼字法形式（即ASJP代码），通过比较具有相同意义的不同语言词汇间的转换次数，来获得语言之间的距离。该方法的主要优势在于可以得到数据库中7 000多种语言之间任意两两语言之间的语言距离，在经济学的实证研究中可以广泛应用。我国语言学家主要研究中国本土方言之间的语言距离，其中较为突出的为台湾学者郑锦全院士所计算的方言互通性指数（Cheng，1997），他认为相似性或相关性只能表现语言成分在方言间的出现情形，而没有触及方言间的交际沟通，因此他通过建立方言间语言成分对当的类型，利用《汉语方音字汇》和《汉语方言词汇》的2 763个字及1 230个词语，计算出中国17种主要方言之间的音韵相关系数、词汇相关系数，进而得到数值位于0与1之间的方言互通性指数。

在经济学研究领域，学者对于语言距离的测度方式主要使用虚拟变量法、考试测评法、加权指数法以及编辑距离法等。最早的研究是将语言距离作为虚拟变量加入计量方程，因为这种方法过于粗糙，学者逐渐使用语言考试测评法，通过测评以英语为母语的人学习其他语言的成绩得到语言距离，使用这种方法的学者主要有冈萨雷斯等和奇斯威克等（Hart-Gonzalez et al.，1993；Chiswick et al.，2005）。然而由于受试者的个人背景和培训方式无法得到很好的控制，通过这种方式来测算语言距离存在较大的主观性。近些年经济学家注重将语言学家的最新研究成果运用到研究中，如罗曼、艾斯弗丁和贝克等（Lohmann，2011；Isphording et al.，2013；Bakker et al.，2009）使用更为精确的编辑距离法测度的语言距离分析了语言距离对于贸易的影响。

（二）语言距离与收入和贸易的研究

收入差异的根本原因研究主要有经济制度说、地理位置说和文化说。其中文化是个体的价值观、偏好和信念的关键决定因素，而文化是很难量化的变量，语言作为文化的重要载体，就成了经济学研究里面一个重要的文化指代变量。许多经济学家已经证实了语言对收入的显著影响，在这一支研究里面做得比较充分的是移民语言能力研究（Chiswick et al.，2008）及外语能力的工资效应研究（张卫国，2016），是将语言作为一种人力资本，考察其对于个体收入的影响。语言学家和经济学家分别利用语言学理论和经济学方法证实了语言距离增加了语言的学习成本，是第二语言习得的重要影响因素。艾斯弗丁等（Isphording et al.，2013）证实语言距离每增加1%，语言熟练度最多可降低4.6%。有很多学者已证实移民国或流入地语言的熟练程度与收入显著正相关（Dustmann et al.，2003；Michael Braun，2010；Gao et al.，2011）。这些研究说明了语言距离对收入的影响是通过语言的人力资本属性在发挥作用。

在收入差距及地区间经济发展差距的影响研究中，从历时的角度来说，应该考虑文化的传承和分化，这里的文化差异一般用基因距离来指代；从共时的角度来说，应该考虑文化的传播和同化，这里的文化差异一般用语言距离来指代。这两种角度并无优劣之分，只需在分析不同问题的时候检验和选择合适的变量。赵子乐等（2017）在城市间收入差距的研究中验证了语言距离比基因距离更适合刻画文化差异，通过构建绝对语言距离和相对语言距离，发现企业家精神是文化差异影响地区收入差距的中介渠道。

语言距离与贸易的研究最初是通过将语言距离加入传统的国际贸易引力模型，采用虚拟变量的形式反映出语言距离的影响，如贸易两国使用相同的官方语言或通用语言，则语言距离设为0，否则设为1。由于测度方法的粗糙，并不能反映语言距离的真正影响，但不可否认，经济学家已经认识到语言距离对于国际贸易的影响，其作用机理主要在于语言能够直接影响双边贸易的交易成本，同时语言作为一种文化载体，体现了一种文化传统和价值观体系的认同，相同的官方语言或通用语言有利于增强两国之间的了解与互动，从而有利于两国的双边贸易。随着语言距离测度方式的精细化，经济学家的研究视角转向了各国通用语与英语的语言距离对于贸易的影响，这时候使用的语言距离测度方式主要是考试测评法。实证结果均指向某国通用语与英语距离较远，该国与美国的贸易流量就越少。库（Ku et al.，2010）通过实证研究，认为英语能力与双边贸易存在着显著正相关效应，英语熟练度可以减弱两国由于语言距离所造成的差异。随后经济学家罗曼和艾斯弗丁等（Lohmann，2011；Isphording et al.，2013）使用了更为精确的编辑距离法测算语言距离，考察了语言距离对双边贸易的负面影响，作用机理主要在于语言距离提高了贸易双方的交易成本，增加了信息不对称。

（三）语言距离与区域经济发展、劳动力流动及技术扩散研究

从制度经济学的角度看，语言是一种"元"制度，或者说，语言是制度中的制度。语言作为一种制度，不仅对交易成本产生影响，还影响着其他制度安排的效率。在区域经济发展的研究中，学者们越来越关注影响经济发展的深层次因素，以诺斯（North，1990）为代表的制度经济学家认为，在现代经济发展过程中，经济增长更是体现为政治经济制度的发展，经济正是在制度更替和作用效率改进过程中发展的。

语言距离与区域经济发展及劳动力流动的相关性研究对于国家制定语言

政策与语言规划具有重要的意义。刘毓芸（2015）考察了方言距离对劳动力流动的影响，利用模型与计量分析证明了方言具有认同效应和互补效应，方言距离呈现出先促进、后抑制劳动力流动的倒 U 形模式。在同一方言大区内部，方言距离每增大 1 个层级，劳动力跨市流动的概率会提高 30% 以上；不同方言大区之间，方言距离每增大 1 个层级，劳动力跨市流动的概率会降低 3% 左右。法尔克（Oliver Falck, 2012）利用详细的语言微观数据，通过比较分析 19 世纪以来德语在语音和语法属性上的变异，计算出了德国方言相似性指数，也就是德国方言层面的语言距离，并用这一指数指代国家不同区域的文化差异，通过实证分析发现方言相似度增加一个标准差将使地区之间的总迁移流量增加约 6%，在控制了地理宗教等因素后，证实方言的语言距离显著妨碍了劳动力的流动，限制了国家劳动力市场的整合。

基于上述语言距离与劳动力流动的分析，还可扩展其对资本及技术的影响，已有很多学者证实讲不同语言的地区之间的技术传播受到阻碍。赵子乐等（2017）对语言距离对技术扩散的阻碍效应进行了测度，使用绝对语言距离代表文化差异的直接效应，刻画文化差异对经济发展的直接影响，同时将上海设为技术前沿城市，计算出其他各城市的相对语言距离，代表文化差异对技术扩散的阻碍效应。实证研究发现文化差异确实存在阻碍效应，但在普通话推广、人口流动等背景下，其存在时变性，大小随着时间推移而明显减弱，而直接效应随着时间推移保持基本稳定。该方法与斯波劳尔等（Enrico Spolaore et al.）的研究路径相似，但他们立足于儒家文化圈的独特性，充分考虑了文化的横向传播，而且在语言距离测度方法的选取上独辟蹊径，使用了郑锦全所计算的方言互通性指数，该测度方式选取的字词是与文化密切相关的，从而方言互通性指数不仅包含了语言分化的影响，也包含了语言同化的影响。接着林建浩等（2017）分析了区域均衡发展的隐形壁垒，他们发现文化差异阻碍了技术从前沿地区向其他地区扩散，而且文化差异是通过阻碍制度传播这一中介变量进而阻碍技术扩散的。虽然相对于中国 130 多种中国方言来说，方言互动性指数只包含了 17 种方言间的 289 对互通性指数，导致在可取样的城市数量方面存在一定的局限性，但是进一步推进了语言、制度与技术的互动影响研究，具有重要的理论启示和政策含义。

四、总　　结

语言多样性和语言距离是针对一国或地区而言的，显著影响了宏观经济发展和微观个体决策。语言多样性和语言距离虽然是独立的两个概念，但是并不是割裂的，尤其是在经济学研究中，二者是需要综合考虑的。中国的方言众多，南北方差异较大，尤其在南方部分地区，方言之间的语言距离较大，经常出现相邻两地的人却听不懂对方语言的情况，而北方的方言特点是各方言之间的语言距离较小。在语言多样性指数的计算中，只考虑到了语言的种类以及说某种语言的人数，并没有考虑语言之间的差异程度。在语言多样性相同的两地，因为内部语言距离的不同，那么语言对经济的影响也会有差异，这在经济学研究中是需要综合考虑的。目前这一领域的研究还需要进行充分挖掘。语言多样性、语言距离与经济发展的相关性研究对于国家制定语言政策与语言规划具有重要的意义，但是目前的研究对于回应国家重大政策及现实问题的力度还有待加强。

本文通过梳理近几十年关于语言多样性及语言距离对经济发展的影响的主要理论和实证文献，使国内学者了解此领域的发展脉络及现状，包括语言多样性对宏观经济绩效的影响、对企业主体和个体决策的影响；语言距离对贸易及个体收入的影响、对区域经济发展及劳动力流动和技术扩散的影响；通过对发展脉络的梳理及评介，以期能够对语言学及经济学相关研究提供有益的思路。

参考文献

1. 戴亦一、肖金利、潘越：《"乡音"能否降低公司代理成本？——基于方言视角的研究》，载于《经济研究》2016 年第 12 期。
2. 丁从明、吉振霖、雷雨：《方言多样性与市场一体化：基于城市圈的视角》，载于《经济研究》2018 年第 11 期。
3. 黄玖立、刘畅：《方言与社会信任》，载于《财经研究》2017 年第 7 期。
4. 李光勤、曹建华、邵帅：《语言多样性与中国对外开放的地区差异》，载于《世界经济》2017 年第 3 期。
5. 林建浩、赵子乐：《均衡发展的隐形壁垒：方言、制度与技术扩散》，载于《经济研究》2017 年第 9 期。
6. 刘国辉、张卫国：《中国城市劳动力市场中的"语言经济学"：外语能力的工资效应研究》，载于《山东大学学报（哲学社会科学版）》2016 年第 2 期。
7. 刘毓芸、戴天仕、徐现祥：《汉语方言、市场分割与资源错配》，载于《经济学（季刊）》2017 年第 4 期。
8. 刘毓芸、徐现祥、肖泽凯：《劳动力跨方言流动的倒 U 型模式》，载于《经济研究》2015 年第 10 期。
9. 徐现祥、刘毓芸、肖泽凯：《方言与经济增长》，载于《经济学报》2015 年第 2 期。

10. 张卫国：《语言多样性与经济发展：由瑞士的语言多样性说起》，载于《经济学家茶座》2014年第3期。

11. 张卫国：《作为人力资本、公共产品和制度的语言：语言经济学的一个基本分析框架》，载于《经济研究》2008年第2期。

12. 赵子乐、林建浩：《经济发展差距的文化假说：从基因到语言》，载于《管理世界》2017年第1期。

13. 郑锦全：《汉语方言沟通度的计算》，载于《中国语文》1994年第1期。

14. Alesina A., La Ferrara E., 2000, "Participation in Heterogeneous Communities", *Quarterly Journal of Economics*, Vol. 115, No. 3, pp. 847 – 904.

15. Alesina A., La Ferrara E., 2002, "Who trusts others?", *Journal of Public Economics*, P. 85.

16. Alesina A., Papaioannou, E., Michalopoulos, S., 2013, "Ethnic inequality", *Journal of Political Economy*, Vol. 124, No. 2, pp. 428.

17. Barry R. Chiswick, Paul W. Miller, 2005, "Linguistic Distance: A Quantitative Measure of the Distance Between English and Other Languages", *Journal of Multilingual and Multicultural Development*, Vol. 26, No. 1, pp. 1 – 11.

18. Chen, Keith, M., 2013, "The effect of language on economic behavior: evidence from savings rates", health behaviors, and retirement assets, *American Economic Review*, Vol. 103, No. 2, pp. 690 – 731.

19. Cheng C. C., 1997, "Measuring Relationship among Dialects: DOC and Related Resources", *Computational Linguistics and Chinese Language Processing*, Vol. 2, No. 1, pp. 41 – 72.

20. Cong Wang, Bodo Steiner, 2015, "Can Ethno – Linguistic Diversity Explain Cross – Country Differences in Social Capital?: A Global Perspective", *Economic Record*, Vol. 91, No. 294, pp. 1 – 29.

21. Chiswick, Barry R., 2008, "The Economics of Language: An Introduction and Overview", IZA Discussion Papers 3568, Institute of Labor Economics (IZA).

22. Dale – Olsen, Harald, Finseraas, Henning, 2019, "Linguistic Diversity and Workplace Productivity", IZA Discussion Papers 12621, Institute of Labor Economics (IZA).

23. Easterly, W., Levine, R., 1996, "Africa's growth tragedy: policies and ethnic divisions", *Quarterly Journal of Economics*, Vol. 112, No. 4, pp. 1203 – 1250.

24. Falck, O., Heblich, S., Lameli, A., Suedekum, J., 2012, "Dialects, cultural identity, and economic exchange", Social Science Electronic Pub-

lishing.

25. Gerring, John, Strom C., Thacker, Yuan Lu, Wei Huang, 2015, "Does Diversity Impair Human Development? A Multiple-level Test of the Diversity Debit Hypothesis", *World Development*, Vol. 66, pp. 166 – 188.

26. Hegde D., Tumlinson J., 2014, "Does Social Proximity Enhance Business Partnerships? Theory and Evidence from Ethnicity's Role in US Venture Capital", Social Science Electronic Publishing.

27. Isphording, Ingo E., Otten, Sebastian, 2013, "The Costs of Babylon – Linguistic Distance in Applied Economics", *Review of International Economics*, Vol. 21, Issue 2, pp. 354 – 369.

28. Ku Hyejin, Asaf Zussman, Lingua Franca, 2010, "The Role of English in International Trade", *Journal of Economic Behavior & Organization*, Vol. 75, No. 2, pp. 250 – 260.

29. Laitin, D. D., Ramachandran, R., 2016, "Language policy and human development", *American Political Science Review*, Vol. 110, No. 3, pp. 457 – 480.

30. Michael Braun, 2010, "Foreign Language Proficiency of Intra – European Migrants: A Multilevel Analysis", *European Sociological Review*, Vol. 26, Issue 5, pp. 603 – 617.

31. Milliken, F. J., Martins, L. L., 1996, "Searching for common threads: understanding the multiple effects of diversity in organizational groups", *Academy of Management Review*, Vol. 21, No. 2, pp. 402 – 433.

32. North, D. C., 1990, "Institutions, Institutional Change, and Economic Performance", Cambridge University Press.

33. Pendakur, K., Pendakur, R., 2010, "Language as both human capital and ethnicity", *International Migration Review*, Vol. 36, No. 1, pp. 147 – 177.

34. Sreekumar, P., 2014, "Development with Diversity: Political Philosophy of Language Endangerment in South Asia", *Economic & Political Weekly*, Vol. XLIX, No. 1, pp. 51 – 57.

35. Tabellini, Guido, 2008, "Presidential Address Institutions and Culture", *Journal of the European Economic Association*, Vol. 6, No. 2 – 3, pp. 255 – 294.

An Overview for the Research on Linguistic Diversity, Linguistic Distance and Economic Development

CUI Meng

(The Center For Economic Research, Shandong University, 250100)

[**Abstract**] In recent years, in the study of economic development, economists at home and abroad have begun to pay attention to language variables, not only adding language as an important proxy variable or tool variable into the theoretical and empirical models, but also focusing on the impact of the characteristics of language itself on economic society. In terms of the characteristics of language, the academic community mainly studies the influence path of income, trade and economic growth through micro variables such as individual language learning time, language proficiency, language achievement, and macro variables such as national or regional language diversity and language distance. This paper reviews the main theoretical and empirical literature on the impact of linguistic diversity and linguistic distance on economic development in recent decades, so that domestic scholars can understand the development context and current situation of this field, in order to provide useful ideas for linguistics and economics related research.

[**Key Words**] Linguistic Diversity   Linguistic Distance   Economic Development

JEl Classifications: O10   Z11

多重视角推动中国制度经济学研究深化与发展*

——第二届（2019年度）中国制度经济学论坛会议综述

> 李增刚**

  由山东大学经济研究院、北京大学国家发展研究院、浙江大学经济学院、《经济研究》杂志社主办、中山大学岭南（大学）学院承办的"第二届中国制度经济学论坛（2019）"于2019年11月23日至24日在中山大学成功举行。来自北京大学、清华大学、山东大学、中国人民大学、复旦大学、浙江大学、中山大学、香港中文大学以及中国社会科学院等海内外知名高校和科研机构的100多位专家学者参加了本届论坛。中山大学副校长邰忠智，《经济研究》常务副主编刘霞辉教授，中国制度经济学论坛理事长、山东大学经济研究院院长黄少安教授分别在开幕式上致辞。

  本次论坛的主题报告分别于2019年11月23日上午和24日上午举行。在23日上午的主题报告中，香港大学的陈志武教授做了《儒家是一种经济制度——当代改革的历史意义》报告，将儒家礼制和其他思想的资源配置进行对比，从文化的角度来解释中国的金融和法制发展。香港中文大学的宋铮教授做了《企业网络与经济制度》报告，通过对中国企业工商登记数据进行实证研究得出结论，企业网络可以起到分配经济资源的作用。华南农业大学罗必良教授做了《产权真的那么重要吗？》报告，提出产权的重要性依赖于实施的情景及环境的约束。厦门大学龙小宁教授做了《关于〈电子商务法〉的经济学思考》报告，从经济学角度对我国电子商务法的发展进行了解释和预测。清华大学龙登高教授做了《士绅，还是组织与制度？传统中国基层公共品的供给》的报告，认为法人、组织和制度而非士绅个体本身推动了传统中国基层公共品的提供。浙江大学潘士远教授做了《放松管制、垂直结构与中国经济增长》的报告，建立了包含两个垂直结构部门的增长模型，通过定量分析发现放松管制促进了竞争和更高的生产率。中山大学王曦教授做了《影

---

* 山东大学人文社科青年团队项目"工业化和城镇化背景下农村土地产权制度变迁与土地流转"（项目编号：IFYT17028）。

** 李增刚，经济学博士，山东大学经济研究院教授，《制度经济学研究》编辑部主任。

子银行规制与货币政策有效性》的报告，基于数理模型研究影子银行对货币政策有效性的影响。复旦大学王永钦教授做了《制度、金融与发展：一个新框架》的报告，提出产权和金融改革是高质量发展的关键。

在 2019 年 11 月 24 日上午的主题报告中，厦门大学方颖做了《如何解决工具变量质量较差的问题？》的报告，解释了工具变量质量较差对实证的影响，并提出了弱工具变量的解决方案。山东大学韦倩教授做了《英雄及其演化：灾难来临时群体何以可能》的报告，运用经济学方法分析英雄主义，通过建立模型模拟分析了具有英雄基因的群体如何会在演化中逐渐占优并入侵其他自利群体。复旦大学寇宗来教授做了《私有信息、评级扭曲和中国评级机构的市场声誉》的报告，通过引入评级机构与发债企业的距离来度量私人信息，识别和测度了评级机构的市场声誉以及评级机构声誉的异质性。中央财经大学陈斌开教授做了《国际政治经济形势与供给侧结构性改革》的报告，指出在反全球化浪潮下，供给侧结构性改革的着力点应注重产品市场和要素市场的改革，同时促进地方政府职能的转变。中山大学徐现祥教授做了《商事制度改革的决定因素》的报告，运用文本分析的方法度量商事制度改革，发现初始经济环境的恶化会显著增加商事制度改革实施的概率。北京师范大学罗楚亮教授做了《城乡融合与城市化水平》的报告，以经济特征的相似性判断城镇化水平，研究了不同人口特征的人群中城市化水平的差异。中国人民大学李三希教授做了《强化知识产权保护可以实现南北双赢吗？》的报告，认为强知识产权保护有可能成为双赢的选择，而发达国家和发展中国家双方信息不对称是强知识产权保护政策实施的关键约束。中南财经政法大学卢现祥教授报告做了《为什么三农问题还是问题？》的报告，基于乡村振兴战略背景提出了三农事业发展过程中值得思考的问题。山东大学黄少安教授报告的题目是《南北城市功能差异与南北经济差距》，针对南北方经济增长极带动能力不同的现象，指出背后原因在于南方大城市的市场机制更健全，而北方的大城市建设更依赖政府力量。

23 日下午，论坛围绕"经济增长与转型""宏观金融""微观金融""农村与农业经济""劳动经济学""公共治理与公司治理""科技进步创新与创业""产权理论""环境经济学""国际经济学"等专题分 9 个分论坛平行举行。23 日晚，论坛还举行了"中青年优秀论文专场报告会"，报告各分论坛推选出的 10 篇优秀论文。

一、经济增长与转型

暨南大学的李书娟等围绕近年来我国经济面临下行压力，稳增长成为中央经济工作的主基调这个主题，尝试考察了稳增长的微观基础。他们将经济体划分为无须稳增长情形和稳增长情形，贡献了一个识别稳增长微观机制的简洁方法。在实证上，基于2001~2016年地级市经济增长目标以及A股上市公司微观数据发现：一是在无须稳增长情形下，增长目标对无论国有企业还是非国有企业投资都无影响；在稳增长情形下，国有企业投资随着经济增长目标的提高显著增加，平均而言，增长目标每提高1个百分点，国有企业投资增加约1个百分点。二是国有企业领导面临的晋升激励，可能是国有企业提高投资率稳增长的主要激励。三是信贷资源的增加是国有企业增加投资的重要途径之一，特别是从长期信贷角度看，国有企业对非国有企业具有挤出效应。

北京大学国家发展研究院的韩夏等检验了市场化程度对政企关系价值的影响。利用中国民营上市公司样本和樊纲市场化指数、构造企业董事长、董事会的政治关联指标，检验出市场化程度会正向影响政企关系的价值，即市场化程度越高的地区，政企关系的价值越高；相关机制检验证明，市场化程度越高的地区，政企关系会给企业带来更多的政府补助和创新补助。

安徽大学的姜燕和上海财经大学的戴志毅建立了一个理论模型框架，阐释了经济政策不确定性影响产业结构高级化的过程，并以2002~2017年中国30个省份的面板数据，运用广义可加中介效应模型方法从全国层面和区域层面进行实证检验。研究结果表明：经济政策不确定性会对产业结构高级化产生影响，但由于对三大产业的企业生产的影响程度不同，因此经济政策不确定性对产业结构高级化调整是抑制还是促进不能确定；根据实证定量分析，经济政策不确定性与产业结构高级化之间存在非线性关系；经济政策不确定性将通过金融中介不确定规避影响产业结构高级化调整；进一步分析表明经济政策不确定性对产业结构高级化调整的影响存在区域异质性。

山东大学经济研究院的李冠青针对当前学界对政府债务与经济增长影响关系的学术争论，展开机制分析并使用我国2010~2018年省级面板数据，运用动态面板模型和门限模型对这一问题进行检验，证明了政府债务对宏观经济增长的影响呈现倒"U"型，即当政府债务水平处于较低水平时，对经济增长有明显的促进作用。通过门限面板模型回归，确定了发生结构性变化的门限值，即当负债率低于21.5%（债务率低于111%）时，地方政府通过提高债务规模来拉动经济的效果较强；当处于中等债务水平，即负债率介于21.5%至37.1%之间（债务率介于111%至194%之间）时，地方政府通过提高债务规模来拉动经济的效果减缓；当处于高等债务水平，即负债率高于37.1%（债务率低于194%）时，地方政府通过提高债务规模来拉动经济的效果较弱。

广西大学的郭南芸运用1998~2016年中国30个省（市、自治区）面板数据，建立固定效应模型以分析项目制治理模式对产业结构优化升级的影响，并实证考察了经济开放、科技创新和制度质量对项目制治理的调节作用。研究表明：项目制治理模式对产业结构高度化和合理化升级存在显著推动作用。经济开放和科技创新会强化项目制对产业结构高度化的促进作用，制度质量在一定程度上会减弱项目制对产业结构优化升级的推动作用。项目制治理模式对经济发展相对落后的中西部地区产业结构优化升级的作用更加显著。

中南财经政法大学的朱迪以"三去一降一补"政策的出台作为准自然试验，运用双重差分法考察了"三去一降一补"政策实施对企业制度性交易成本的影响。研究发现，"三去一降一补"政策实施显著降低了敏感型竞争行业类的制度性交易成本，竞争行业类企业响应政策比垄断类行业更为积极，说明当前敏感型竞争行业类的制度性交易成本普遍高于非敏感行业类的制度性交易成本，我国应着力降低的是竞争性行业企业制度性交易成本；从不同产权性质的企业降低程度比较分析结果来看，民营企业同样响应政策更加积极。

二、宏观金融

中山大学的才国伟等构建了包含对外资产结构、对外贸易、产业结构与跨国经济协动性的方程组，利用双边对外资产互持的跨国数据，采用联立平衡方程组的三阶段估计方法实证研究了不同类型的外部资产在跨国经济波动传导中的不同作用。研究发现，在对外资产中债权资产增加了两国之间的经济协同性，而股权资产降低了两国之间的经济协同性，而且这种影响主要体现在对外资产的存量而非流量上。在考虑第三方效应、变换解释变量和分指标回归的情况下，该结论依然稳健。

中央财经大学的黄乃静等在分位数回归模型的框架下研究了系统性金融风险对中国实体经济的风险加速器效应，结果表明：一是该效应具有明显的非对称性，系统性金融风险的升高对未来实体经济下行具有显著的风险加速器效应，而其降低却并不会给未来实体经济带来风大的上行动力；二是该效应具有一定的持续性，滞后期为1个月时，存在显著的风险加速器效应，尤其是会加剧实体经济的极端下行风险；三是该效应具有时变规律，该效应在宏观经济相对放缓时期更加明显；四是不同金融子部门的风险加速器效应存在异质性，房地产和信托部门是产生该效应的重要来源。

山东大学经济研究院的陈言和刘志强在一个含有借贷约束的新古典增长模型中引入动产和不动产资产，讨论当借贷约束中的抵押资产的规模和种类放松后宏观总体变量的长期和短期变化。更严格的借贷条件抑制了宏观经济的规模。就短期动态而言,在外生金融冲击下,当企业面临更严峻的借贷约束时,产出、消费和投资在冲击发生当期的下降幅度更大,在未来期向稳态收敛的速度变缓慢了,即更紧的借贷约束条件会放大外生金融冲击所导致的经济周期的持续时间延长的效果。

山东大学经济研究院的贺新宇等考察了以土地融资为核心的中国特色土地开发模式的动态特征。基于地级市城投债的实证结果验证了地方政府主导的土地金融加速器效应:当宏观经济增速较高时,前期土地财政水平与后期城投债融资规模呈正相关关系;而当宏观经济增速放缓时,前期土地财政水平与后期城投债融资规模呈负相关关系。同时,土地金融加速器效应主要来自以商住用地为主的土地开发模式。更为重要的是,土地金融加速器效应依赖于财政分权体制和地方官员晋升锦标赛等制度性因素。

西南财经大学的赖黎等基于我国资本市场这一历史性改革事件,从市场定价效率和资源配置效率的视角,考察科创板正式稿发布以及宣告事件期间不同特征上市公司的短期市场反应,探析投资者对科创板注册制抱有的期待和决策特征,并对我国未来经济发展进行预测。研究发现:第一,正式稿发布期间,次新股和壳企业的市场表现更差;第二,高新技术产业、拥有高科技或投资子公司的上市公司市场表现更好,产能过剩板块市场表现更差;第三,券商板块表现更好,银行和保险板块表现更差;最后,更换正式稿的事件窗,并进一步检验科创板宣告事件后,发现实证结果基本一致。

暨南大学的陈少凌等以2000~2017年全国73家上市金融机构的日数据为样本,借助高维时变参数向量自回归模型,通过优化算法实现了对"高维""时变"金融网络的精准构建。在此基础上,他们测算了具有"高维时变"特征的全局中心性指标,对金融系统网络拓扑结构、系统重要性金融机构识别以及系统性金融风险成因等一系列问题进行了量化分析。主要结果包括:一是我国金融系统的网络拓扑结构呈现出过度关联与局部中心化的风险特征;二是银行业在我国金融网络中承担着"风险吸收"功能,证券期货业承担着"风险扩散"功能,保险业与其他金融业有"风险杠杆"功能;三是流动性高、杠杆高、规模小的金融机构更容易成为"风险扩散型"机构,且其固化在这一风险角色的持续时间也更长;四是过度关联、风险传导路径趋于发散以及因流动性枯竭而导致的网络稳定性失衡与系统性金融风险的产生直接相关。

复旦大学的葛天明基于外汇市场直接干预和中间价两个角度,运用外汇储备和逆周期因子数据,讨论了2005~2019年人民币汇率的浮动恐惧程度和方向的变化。研究表明,随着汇改的推进,人民币的浮动恐惧正在逐渐减弱,且以"811汇改"为分界点,从升值恐惧转为贬值恐惧。央行基本退出了常态化干预,中间价已成为引导市场预期回归稳定的新工具。面对更强的贬值压力时，中间价的逆周期调整力度降低，说明人民币的浮动容忍度正在提高。

三、微观金融

中山大学的连玉君等利用股权质押新规的发布这一较为外生的事件，研究限制股权质押的政策是否有助于缓解股权质押风险。实证研究表明：从整体来看，新规的发布改善了投资者对股权质押的负面预期，但是这种效应仅存在于高市场风险公司。进一步的分析表明，质押新规降低了预期的代理冲突和股价暴跌风险。最后，政策效果对于由同行其他公司高质押引发的外部质押风险也有治理作用。

中山大学的柳建华等通过手工匹配2012~2017年中小企业板和创业板的业绩补偿承诺与并购事件，实证检验并购中签订业绩补偿承诺是否会诱导上市公司盈余管理行为。研究发现：签订业绩补偿承诺的公司更倾向于在并购后进行向上的盈余管理。同时，公司盈余管理行为与承诺业绩的完成情况有关，具体表现为：当业绩承诺第一年未达到承诺业绩时，上市公司更可能在下一年进行提高盈余管理的水平；在业绩承诺前两年或前三年均未完成业绩的公司则具有"破罐子破摔"的倾向，不再提高下一年的盈余管理水平。此外，业绩承诺第一年或业绩承诺第二年发生"精准达标"的公司仍然会在下一年进行向上的盈余管理。进一步研究发现，民营性质的并购公司在签订业绩补偿承诺后更可能提高盈余管理，借壳上市的公司和并购后一年内进行了股权质押的上市公司在使用业绩补偿承诺后更倾向于提高盈余管理。当业绩承诺到期后，上市公司发生"业绩变脸"的风险增加。

山东大学经济研究院的王凤荣等从我国金融体系以银行业主导的现实出发，基于企业研发投入这一视角研究以中小银行发展为代表的银行业结构调整如何影响企业创新。利用2011~2016年中小企业板数据，研究发现：中小银行发展与企业研发投入之间呈现显著的负相关关系，且该负向影响主要集中于外部融资依赖度较高企业、小规模企业以及民营企业；中小银行发展所带来的企业银行贷款增加是抑制企业研发投入的关键因素。

日本庆应义塾大学的曾广桃等考察了企业社会责任绩效期望对企业行为带来的影响。在以利益相关者为导向的国家（如日本），企业高管会在与行业同行的社会责任绩效进行比较的基础上，制定自身企业的社会责任绩效的期望值；该期望值进而激励企业高管提高或保持高水平的企业社会责任绩效水平。一家企业的社会责任相对绩效非常低或非常高都会激励该企业提高慈善捐赠。高管的股权薪酬变化能够通过调整高管动机与企业的利益的关联度，来影响企业社会责任相对绩效和慈善捐赠之间的曲线关系。

中南财经政法大学的杨慧琳以 2008~2018 年中国 A 股上市公司为样本，采用逆向思维检验了高管从政对企业融资约束的影响。结果显示，高管被任命于政府官员后，企业的融资约束水平显著降低。在 2013 年 10 月中组部下发《关于进一步规范党政领导干部在企业兼职（任职）问题的意见》及相关规定后，高管从政更能增强企业外部资金获取能力。进一步的检验发现，对于自身财务约束较低，且属于第一、第二产业的企业，高管政治身份的价值将更加凸显。同时，当处于政府干预程度高的地区，且公司内部治理质量差时，企业更能依托这一政企纽带改善融资约束。结果表明，在不完备市场竞争机制下，政治关联可能通过信息渠道和资源渠道改善企业财务状况，但其也易造成金融资源配置扭曲。

暨南大学的陈少凌等以 2006~2017 年 2 550 家 A 股上市公司的 110 160 条新闻报道事件为样本，考察股市对新闻报道的反应，以及机构投资者关注在股市反应机制中的作用。研究结果表明：一是股市对正面报道过度反应，但对负面报道反应不足，正面报道比负面报道的股价信息不对称程度更高；二是机构投资者对正面报道过度关注，但对负面报道关注不足是导致股市不对称反应的直接原因；三是机构投资者的有限注意是导致其存在信息关注偏差的本质原因，该影响作用随股价信息不对称程度递增，随竞争性信息报道、媒体曝光度以及分析师辅助递减；四是融券制度的实施缓解了卖空约束，减少了机构投资者对负面报道的反应不足，但融资制度加重了股市对正面报道的过度反应。

四、农村与农业经济

华南农业大学的罗必良等为我国普遍采用家庭承包制提供一个可能的逻辑解释，认为大饥荒造成的饥饿记忆是决定农民制度信念进而选择并维护家庭承包制的重要原因。利用广东和江西两省 2 980 个样本农户数据，从"集体所有""家庭承包""家庭经营"三个维度进行分析，研究发现：一是饥饿记忆能够影响人们的制度信念。经历过大饥荒的农民对家庭承包制认可度更高；二是在农业机械化程度较低的地方，大饥荒经历能够显著提高农民对家庭承包制的制度偏好，但在机械化程度较高的地方，大饥荒经历对农民的家庭承包制认可程度则没有显著影响；三是对于具有更多非农收入来源的农户家庭，大饥荒对农民制度偏好的影响同样变得不显著。

中央财经大学的陈斌开等基于 1986~2008 年农业部固定观察点数据，以历史上自耕农比重为工具变量，本文考察土地流动对农业生产率和农民收入的影响。研究发现，历史上土地产权保护更好的村庄，改革开放以来的土地流转率越更高，但是，土地流转并没有提高平均农业生产率，只有当经营土地面积足够大时，土地流转才能提高农业生产率。进一步研究发现，土地流转有利于提高农民收入，其原因在于，土地流转让更多人从事了非农就业，提高了打工收入和经营性收入，提升了居民福利水平。

广东财经大学的罗勇根研究了早期经历饥荒官员的 GDP 管理行为。他们使用官方 GDP 数字和实际数字的差作为 GDP 管理的代理变量，结果表明，经历过饥荒的官员更不会进行 GDP 数字管理。

山东大学经济研究院的李业梅等为更好地探究我国农地抛荒的现状及原因，首先对我国农地抛荒面积进行了时空差异分析，继而在微观家庭层面对农地抛荒的原因进行了分析，接着以宏观层面数据对微观层面的结果进行了验证并进一步实证分析了农地抛荒对粮食安全的影响，结果表明，我国农地抛荒问题并不严重，新开垦耕地一定程度上降低了相对农地抛荒面积，农地抛荒面积随经济周期呈周期性变化特征，2013 年以来趋稳。家庭种粮收益的提高减少了农户抛荒，而非农收益的提高增加了农户抛荒，种粮总收益低难以供养家庭为农地抛荒的主要原因，此矛盾随家庭成员数量的增加而激化。耕地全要素生产率显著正向影响了粮食安全而农地抛荒并非显著负向影响粮食安全，反之，由于农地抛荒一定程度上提高了耕地质量及地区生态环境，中部地区农地抛荒面积显著正向影响了粮食安全，亦即，合理的抛荒即为"休耕"。由此，解决农地抛荒问题的关键为提高农民种粮总收益，在"藏粮于地，藏粮于技"政策的指引下，我国耕地可以适当休耕而不能破坏。

中南大学的凌双首先采用 DEA – Malmquist 模型，以 1978~2017 年的农田水利投入产出变量为基准点，探究了近 40 年来我国农田水利全要素生产率的时间空间变化规律，并采用 GMM 方法对农田水利全要素生产率与粮食安全之间的双向因果关系进行探析，最后针对 2011 年农田水利强制投入政策，探析了其在不同地区的作用机制。结果表明，在我国东部农业基数大，农田水利基础良好且科技较为发达的地区，以适当投入刺激技术进步对提高农田水利全要素生产率及粮食安全具有良好效果，而在我国技术水平相对落后的中西部地区，提高投入以增加规模效率对地区农田水利全要素生产率的提高具有重要意义，此外，一刀切的政策并不能高效率地提高我国粮食安全水平，2011 年的农田水利投入前期起到了一定的积极作用，而在投入后期，政府投入浪费严重，农田水利全要素生产率呈现一定程度的下滑，由此，由于政策惯性，经济社会条件不断发生变化等原因，政策的实施需要全方位，精准，因地，因时制宜地进行调整，唯有如此，我国的粮食安全水平及生态农业程度才可稳步提升。

华南农业大学的苏柯雨等以中国农村承包地确权登记颁证"回头看"的工作部署为背景，关注源于基层的、创新性的农地整合确权政策对农户施肥行为的影响。利用 2015~2017 年广东省阳山县的准自然实验调查数据，采用 DID 模型的计量结果表明：整合确权政策实施会促使农户的化肥投入每亩减少 63.52 元，与此同时，显著激励农户每亩增施农家肥 24.29 斤。进一步的中介效应模型结果表明，整合确权政策影响农户施肥行为的作用路径依赖于农地产权强度提升和土地资源属性改善，且土地资源属性改善作用路径产生更重要的影响。其中，实施整合确权政策农户的化肥施用行为，通过产权稳定、资源改善两条作用路径产生的影响效应分别为 16.53、18.62，占总效应的比例分别为 26.02%、29.32%；实施整合确权政策农户的农家肥施用行为，通过产权稳定、资源改善两条作用路径产生的中介影响效应分别为 8.42、10.10，占总效应比例分别为 34.68%、41.57%。

中山大学的林建浩等以乡村治污为例，基于 2014 年中国劳动力动态调查数据（CLDS）实证研究了关系型制度与规则型制度的耦合对实现乡村"良治"的作用。结果表明：宗族作为关系型制度的核心载体，并不直接作用于污染治理，无论是大宗族的网络效应，还是宗族之间的制衡效应，都对治污没有显著影响；然而，乡村干部当选者来自大姓宗族对治污存在显著影响，这意味着宗族与基层民主这一规则型制度之间的耦合对环境污染有抑制作用，而且主要通过集体行动机制和社会资本积累机制而实现。进一步研究显示，宗族网络的规模和强度、基层民主的监督力度以及村干部的年轻化和知识化都有助于发挥耦合效应的治污作用，而人口外流的加剧则削弱了这一效应。

华南农业大学的张俪娜基于一个新近的微观调查数据集，使用多个实证模型考察了雷州半岛地区"祖宗地"制度对劳动力转移的影响。通过细致分析土地主要是继承而来的"祖宗地"地区与非"祖宗地"地区的劳动力在 1999~2017 年的非农就业状况，发现，"祖宗地"制度是影响劳动力转移的重要因素；相比非"祖宗地"地区，"祖宗地"地区的劳动力非农就业率更高。进一步的分析表明，"祖宗地"制度主要是通过地权稳定性对劳动力转移产生正向影响。

五、劳动经济学

复旦大学的王永钦等首次利用中国行业机器人应用数据和制造业上市公司微观数据，使用"巴蒂克工具变量"的因果关系识别策略，从企业层面研究了工业机器人应用对中国劳动力市场的影响。实证结果表明，机器人应用对企业的劳动力需求产生一定的替代效应，机器人行业渗透度每增加 1%，企业的劳动力需求下降 0.141%；并且机器人应用对不同技能劳动力需求的影响存在显著差异，存在"就业极化"特征；而由于工资合约的刚性，机器人应用对企业的工资水平没有明显影响。从影响机制来看，机器人应用对劳动力需求的替代效应在高市场集中度的行业、高外部融资依赖度的行业和非国有企业中更为显著。

山东大学经济研究院的李珂涵基于新家庭经济学理论探讨了夫妻相对收入和妻子家务参与及生育意愿的关系，并根据不同研究变量需求分别使用1997~2015年"中国家庭营养健康调查"（CHNS）数据及1991~2015年CHNS数据，综合采用工具变量法及事件史分析方法对研究假设进行实证检验。研究结果表明，对城镇家庭而言，家庭内部相对收入的改善对妻子家务劳动时间的减少及晚育风险的提高均有显著性影响；但对农村家庭而言，家庭内部相对收入的改善仅显著提高妻子晚育风险，但对其家务劳动时间的减少并不显著。进一步，在区分妻子工作异质性的基础上，对于在政府及国有集体企业、三资企业工作的妻子而言，家庭内部相对收入的改善一致地显著减少其家务劳动时间并提高其晚育风险；但对于在家庭联产承包农业、私营个体企业工作的妻子而言，家庭内部相对收入的改善对妻子家务劳动时间的减少及晚育风险的提高均未有显著性影响。

复旦大学的钱程等利用以中国内地报纸构造的经济政策不确定性指数和2001~2017年上市公司的数据发现：当企业外部环境不确定增加时，企业会提高薪酬在营业收入的比重，直接原因是当外部环境不确定性增加，企业缩减雇员规模，提高职工平均薪酬。机制研究表明，企业通过投资人力资本的方式，提高企业内部高技能劳动力占比。进一步研究表明，当企业的融资约束越大，或者上市公司面临向下薪酬黏性时，企业越依赖于人力资源安排应对外部环境的不确定性，并且更大程度缩减了雇员规模。

暨南大学的周泳宏等分析了香港第二外语对劳动力市场结果的影响，利用中国香港人口统计数发现，普通话和英语掌握与较好的劳动力市场绩效关联，英语溢价高于普通话。

华南师范大学的董志强等考察了工会主席职位津贴的经济效应及其作用机制。企业为工会主席支付报酬主要出于两种考虑：激励工会主席为工会工作，或者利用津贴笼络工会主席为企业服务。研究发现：工会主席领取职位津贴与员工更高的工资水平、社保购买水平以及更少的工作时间显著相关；这一关系在不同出身的工会主席和不同岗位的员工身上表现出有趣的异质性；机制分析表明，领取职位津贴的工会主席表现出更大的工作积极性，愿意投入更多的工会工作时间来维护员工权益。

湖北经济学院的江涛以小学数量大幅下降解释2001年以来我国出生率持续走低的现象；使用中国1999~2013年283个地级市的面板数据，运用小学生均教育支出作为小学数量的工具变量，结论表明：小学数量下降可以解释出生率在样本期间下降幅度将近30%，其影响机制在于上学距离变远。较佳的道路通行状况可以缓解小学数量下降对出生率的不利影响。CEPS 数据进一步表明：上学距离越远，家庭子女数量越少。

山东大学经济研究院的梁超基于 2010 年人口普查和 CHARLS 微观调查数据，首次就撤点并校对长期人力资本的影响进行实证研究。地区层面上利用政策推行的时空差异构造双重差分估计，发现整体上撤点并校对长期人力资本有显著的改善作用，受政策影响人群的高中入学率、大学入学率和教育年限均显著增加。一系列识别有效性和稳健性讨论下结果依然稳健。

六、公共与公司治理

中山大学的林文炼主要研究了我国政府在风险资本市场中的作用，认为政府的影响主要取决于风险投资基金是否由中央政府或者省级政府全部以及部分拥有，政府作为一般合伙人（GPs）拥有部分所有权的企业其创业的成功率明显提高，并且可以通过 IPO 机制实现资本退出。其中省级政府为一般合伙人的企业资本退出的成功率更高，并且与持有的基金份额成反比，持有的基金份额越高，资本成功退出的概率就越低。也就是说政府拥有的基金在基金层面上表现得更差。本文的研究表明，政府的风险投资通过政治关联从中受益，但是政府的过度管制会导致基金运行效率的低下。

中山大学的张学志等考察了城市居民交通便利程度对于城镇居民消费的影响，揭示了城市交通便利的提升可以增加城镇居民对于教育文化娱乐的消费，进而促进了消费结构的升级。以中国 2002～2013 年的省级面板数据进行的实证研究发现，交通便利对于消费结构的影响是非线性的，当交通便利超过阈值时，对于消费升级才表现为正向促进作用。

上海交通大学的钟粤俊等基于 20 世纪末开始的撤县设区政策，研究城市行政区划调整对企业家行为的影响。发现，撤县设区显著地提高了辖区内企业家的生产经营活动时间、减少其非生产性活动，上述结论在一系列稳健性检验下仍然成立。机制分析表明，撤县设区通过改变城市规模、企业的收益回报、打破行政壁垒和改善营商环境减少企业家的非生产性活动，增加生产性活动。

北京大学新结构经济研究院的李欣泽等鉴于 2009 年省级开发区升级为国家级高新技术开发区的"拟自然实验"，利用 2004～2015 年全国地级市经济活动数据并结合工商注册企业数据库、工业企业数据库等多个微观数据库加总数据，识别在数量上增加的国家级高新技术开发区对地区经济质量的影响及内在作用机制。实证结果显示：总体上，省级开发区升级加快了地区的创新增长率速度；并且，那些更具有创新比较优势的地区，发生开发区升级后其创新增长率提升更快。进一步研究表明，省级开发区升级可以吸引大量技术密集型企业注册及规上企业集聚，增加地区的产业资本集聚程度；并且扩大了该地区的企业平均规模，增加了该地区的工业用地的面积，但并没有降低所在地区的企业平均借贷成本。

华中科技大学的陈亚会等基于我国2000～2014年A股上市公司的面板数据，以公安机关刑事案件立案率为指标度量地区法律执行效率，实证考察了法律执行效率对企业全要素生产率的影响。结果表明，法律执行效率对中国企业全要素生产率有显著的正向影响。在考虑要素投入、产权属性等企业异质性因素以及区域差异后还发现：法律执行效率对劳动密集型企业全要素生产率的正向影响更显著，且对非国有劳动密集型企业的正面效应更大；较高的法律执行效率还能显著提升高研发投入型企业的生产效率；相较于东部地区，中西部因较差的法制环境和法治意识降低法律执行效率对企业全要素生产率的作用效果。

中国人民大学的郑志刚等以广泛实施的国有企业混合所有制改革为切入点，以手工整理校正的上市公司董事兼职数据库为基础，利用我国A股2009～2016年国有上市公司数据，从微观层面系统地考察了非第一大股东委派董事对国有企业普遍存在的大股东掏空行为即关联交易行为的影响。检验发现，样本期内，非第一大股东委派非独立董事显著降低了关联交易的金额和次数，并通过了稳健性检验。通过区分非第一大股东性质，本文发现，非国有非第一大股东委派非独立董事对上市公司关联交易行为有着显著抑制作用，而国有非第一大股东委派董事对于上市公司关联交易则没有显著影响。在地方国企样本中，相比于央企非第一大股东，非国有非第一大股东委派非独立董事对关联交易的抑制作用更强。

南京审计大学的李想等引入官员的"政绩理性"动机，在地方官员同时关注监管工作政绩与个人经济利益的设定下，构建了一个包含事前政府监管与事后社会监督的政企博弈框架，解释了现实中的政企合谋与官员形式主义行为，从理论上分离了监管者包庇企业的行为逻辑与政企贿赂的行为逻辑，从而兼容了政企合谋理论与政策性负担理论所刻画的政企关系。研究发现：当社会监督较弱时，监管者可能包庇不安全产品，通过为企业提供市场机会而创造过程性的监管"工作量"，并将这种投入性质的工作过程与无事发生的现状结合起来，在面对绩效考核时将其作为产出汇报为"治理良好"的政绩，进而造成监管工作的形式主义。一定力度的社会监督是促进监管者严格监管的必要前提，在此基础上，充分加大对企业的行贿行为或不安全产品生产行为的惩罚、对监管者受贿的惩罚，或充分降低监管者对私人收益的偏好，将确保监管者拒绝贿赂并严格监管。在以上因素发挥作用的过程中，社会监督扮演了尤为特殊的角色，同时具有遏制监管者形式主义与合谋动机的作用。

七、科技进步、创新与创业

厦门大学的王俊等基于中国高校知识产权配置改革的准自然实验研究了知识产权配置对高校科技成果创造与转化的影响，研究发现，"三权"改革对11所高校的科技成果创造与转化并未产生显著影响，但混合所有制改革使得西南交通大学的专利增长率显著提高，但在科技成果的研究方向上，却使得西南交通大学的研发向创造性相对较弱的试验发展研究倾斜，在科技成果转化方面，混合所有制改革使得西南交通大学在三种转让类型中的专利转让数量显著上升。

山东大学经济研究院的薛启航等从版权保护强度出发，测算我国省际版权保护强度，阐述了版权保护、创新投入与版权产业发展的理论机制，在此基础上，分别选取图书出版业和软件产业作为传统版权与现代版权产业的代表，运用2006~2016年的面板数据进行实证分析。研究发现：版权保护不仅能直接影响到版权产业发展，而且能够通过创新投入间接影响我国版权产业发展；进一步的，创新投入对我国版权产业发展的促进作用受到版权保护门槛作用的影响，并且不同版权产业的门槛值以及创新投入的回报效果不同。传统版权产业门槛效应不显著，但现代版权产业在双重门槛效应下，创新投入呈现出非线性的正向效应。

中山大学的戴芸基于中国城镇职工基本医疗保险在创业者和非创业者之间可得性的外生差异，使用中国营养与健康调查（CHNS）的微观数据，研究社会保险这一基本公共服务在创业者和非创业者之间的相对可得性如何影响个人的创业决策。发现，如果城镇职工基本医疗保险对于非创业者更可得，将成为"创业枷锁"，降低个人选择创业的可能性；如果城镇职工基本医疗保险对于创业者更可得，将成为"创业催化剂"，提高个人选择创业的可能性。在机制识别方面，实证结果表明社会保险通过三种机制影响大众创业：广泛平等的社会保险通过缓解创业的"信贷约束"和"风险分担"机制，从而促进创业；而创业者相对于非创业者的医保可得性差距通过"补偿性工资差异"机制抑制大众创业。

上海对外经贸大学何欢浪统计测算了省级官方媒体对知识产权的报道倾向和微观企业的综合创新能力，实证检验媒体宣传对企业专利数量与质量的影响。主要发现是：一是各省官方媒体关于知识产权的报道对企业专利的数量与质量均有积极作用，在不同条件下所发挥的效用存在差异；二是制度环境与经济环境是地方官媒制度倾向影响差异的主要条件，媒体信息对市场和制度的不完善起到了补位作用，各地制度与经济优势均对官方媒体宣传具有替代作用。由此表明：政府应进一步加强媒体宣传中知识产权的相关报道比重，尤其是对欠发达地区，从而促进内生增长动力的可持续性。

湖南工商大学的谢冬水基于2009～2016年中国275个地级及以上城市的面板数据，研究了地方政府大量供给工业用地、少量供给商住用地所导致的土地资源错配对城市创新力的影响及其作用机制。通过选取工矿仓储用地供给面积占土地供给总量比重作为衡量土地资源错配的指标，结果表明，工业用地和商住用地之间的资源错配显著降低了城市的创新能力，一个城市的工矿仓储用地供给面积占土地供给总量比重越高，其创新能力越低。进一步的影响机制分析发现，土地资源错配主要通过财政支出偏向、产业空心化、制度环境和城市生活成本的渠道抑制城市创新力。

中山大学的罗党论等研究了宏观经济数据失真会对微观企业的创新决策造成的影响。通过使用夜间灯光数据构建地方经济失真的代理变量，研究发现：地方经济失真显著降低了企业创新的积极性和产出，并且这一现象在竞争程度激烈的行业中和经济下行时期更为显著。另外，只有正向的GDP注水会对企业创新造成负面影响，负向的GDP平滑则无此作用。进一步，从两个角度来解释该负面影响，一方面，地方经济失真带来的宏观经济不确定性使得企业对风险投资更为谨慎，倾向于缩减研发支出；另一方面，地方经济失真使得风险溢价上升，企业面临更为严峻的财务状况和融资环境，进一步降低企业的创新动力。

中山大学的麦景琦等采用2008～2013年2 176家沪深A股上市公司作为研究样本，分析了在不同科技法律环境下股权激励与薪酬激励对公司研发投入与研发产出的影响。主要结论是，一是董监高薪酬对公司的研发投入有显著的促进作用，而董监高持股则对以专利申请量为测度的公司研发产出显著正相关。二是科技法律制度的完善会一定程度弱化董监高持股对研发产出的促进作用。三是随着科技法律制度的完善，薪酬激励也能有效促进有研发产出提高。

八、制度与产权理论

山东大学经济研究院的易行等利用120个地市马克思主义传播的独特数据，采用2SLS方法估算国家能力及制度差异对我国区域经济发展水平的影响。研究发现，马克思主义的传播有利于革命根据地的内部合作和有效治理，进而对我国改革开放后地方政府的能力产生了重要影响。而法律能力是国家能力的重要组成和体现，制度水平的差异对区域经济发展状况有着显著影响。制度状况每改善1%，经济发展水平提升1.339%，且制度对经济发展的影响大于人力资本的作用。同时，国家能力内部的不同维度之间，地区间制度差异通过作用于财政能力和集体能力影响区域经济发展。控制住地理、本土人力资本和外来人力资本等历史因素的影响，发现制度仍旧对区域经济发展有着显著的影响。进一步排除革命老区的政策影响渠道，同时采用更换被解释变量、剔除直辖市样本，以及控制经济政策和历史冲击等系列方法后，结果仍旧稳健。

东北财经大学的胡蓉等采用实验方法考察抵押与声誉两种机制是否能够抑制敲竹杠问题以及两种机制的作用效果如何。研究结果表明，这两种机制对于抑制敲竹杠问题，均发挥了作用，促进了投资水平的提高和社会总福利的提高。此外，抵押和声誉两种机制均是通过影响卖方的投资收益预期来影响卖方的投资行为。

山东大学经济研究院白彩全等基于四川土司制与郡县制长期并存这一独特的历史史实，利用其县（区）级历史数据估计了非正式制度的典型代表——儒家文化传播如何促进了地区的制度转型，进而矫正了失灵行为。研究发现，尽管土司制不利于当地地区的经济发展与福利建设，但儒家文化规范对于这一制度扭曲却发挥出重要的矫正作用，显著促进了当地改土归流的转型可能性。理解儒家文化这一影响逻辑的背后机制在于，一方面，官方文化在当地的传播促进了地区科举制的建设与完善，从而加强了该地区的政治精英选拔与地方治理；而另一方面，儒家文化下的国家意识蔓延对于加剧地方割据势力与中原王朝的统治利益矛盾具有促进作用，从而在双边冲突中武力征服对割据地区的制度选择与实行具有重要影响。

上海财经大学王丹基于第六次人口普查数据，根据各地级市行业和职业就业人口分布状况计算两地间人力资本关联度，利用中国 2005~2015 年的异地并购数据，从地区层面实证检验了两地之间劳动力市场结构的差异是否会影响企业的异地并购。结果表明，两地间人力资本关联度越高，异地并购发生的可能性和并购规模越大。进一步分析劳动力市场结构对并购的影响路径，发现当两地之间地理距离扩大或目标公司所在地制度环境和社会信任环境较差以及工资水平较高时，人力资本关联度所发挥的推动作用更加明显。

山东大学经济研究院的唐万宁尝试通过对科斯定理的解读，利用不同产权安排、不同的交易成本以及不同的资源配置效率之间关系为核心内容的科斯定理对时效占有制度从效率和公平两个基准进行讨论，并通过对英国出现的"占屋运动"真实判决案例的分析，认为时效占有制度仅在理论上符合效率标准，而实际应用中通过强制性交易达成产权分配由于忽略了公平反而会造成很大的效率损失。

暨南大学的潘哲文等基于中国家庭动态调查（CFPS）2010 年基线调查数据，首次对城市宗族对于个体创业活动的影响展开系统研究。实证结果显示，城市宗族提高了个体的创业概率达 6.2%，甚于农村宗族；对于创立私营企业的复杂创业行为而言，主要是城中村宗族产生作用，处于传统和现代两端的农村宗族和都市宗族均不显著。城市宗族所形成的社会网络具有低亲密度和高异质性特征，属于弱关系网络，进一步的机制分析发现：首先，与强关系属性的农村宗族相似，城市宗族也有助于激活人情往来等社交活动；其次，不同于农村宗族通过更具互惠义务的经济援助促进创业，城市宗族通过更具经济利益考量的借贷融资促进创业；最后，与农村宗族的"短信任半径"现象不同，商业社会中的城市宗族通过道德约束功能使得个体更倾向于对他人行为做出正面预期，通过弱关系功能拓展与陌生人的互动和合作，由此提高了所在社区的一般信任水平从而促进创业。

中央财经大学的戴静超分析了潜产权形成的原因，并通过博弈模型指出潜产权会被默许的条件。潜产权的存在不一定引起冲突，除非满足一定条件，此时便需要界定新权责并将潜产权带来的外部性内部化，从而确保产权主体权利的完整性。

九、环境经济学和国际经济学

中山大学李胜兰和林沛娜等以 2013 年启动的碳排放权交易试点政策为切入点，聚焦探讨环境权益交易市场在中国的减排有效性，运用双重差分方法对 2000~2017 年的省级面板数据进行分析。研究发现，试点地区的二氧化碳和工业废水、工业二氧化硫、工业固体废物等三种工业污染物的排放，总量和人均指标都显著低于非试点地区，碳排放权交易制度可以有效促进地区污染物的减排。碳排放权交易对二氧化碳和工业固体废物的减排效果是逐年增加的，对不同工业污染物影响的动态效应存在差异。进一步的机制分析表明，碳排放权交易制度可以降低企业交易成本，通过能源结构效应和技术创新效应两种渠道影响地区污染物的排放。

中央财经大学的刘金科等以中国环保一票否决制度为"准自然实验"，基于中国地级市官员与污染数据，运用双重差分法，考察环保考核是否持续激励地方官员减少了污染排放。进一步地，根据减排任务难度、官员年龄进行了一系列关于环保一票否决制度影响地方环境污染治理的异质性讨论和稳健性检验。研究发现，首先，相对于未实施环保一票否决制度的地区，环保考核有效降低了试点地区环境污染排放；但经济增长下降不显著。其次，在环保考核期间，试点地区污染排放呈现非线性趋势。特别是在考核年后第一年，工业企业数量显著增加，污染排放快速反弹至远超初始污染水平。再次，减排任务难度越高，反弹愈加明显。相对于晋升概率大的官员，58 岁以上晋升概率较小的官员政治性减排幅度较小。

中山大学的李胜兰等从理论和实证两方面探讨了"限字令"政策、城市公共交通发展对空气质量的影响。理论上，从结构效应和规模效应两方面入手分析"限字令"政策实施和公共交通发展对空气质量的影响；实证上，利用中国 36 个城市 2010~2016 年的公共交通运营数据，结合 Super - SBM 模型测度了城市公共交通各子系统的运行效率，并在此基础上实证检验了"限字令"政策实施和公共交通发展对空气质量的影响。研究发现：一是公交车系统的运行效率逐步下降，出租车系统运行效率稳中有降，轨道交通系统运行效率逐年上升；二是"限字令"政策实施和轨道交通系统发展可以改善空气质量，地上公共交通系统发展由于规模效应占主导会恶化空气质量；三是当人口密度越大、人均收入水平越低时，"限字令"政策和公共交通发展的结构效应会加强，即改善（恶化）空气质量的效果越明显（不明显）。

中山大学的刘京军等以全球 39 个主要国家或地区的上市公司为样本，考察了中国进口对这些公司投资水平的影响。结果表明，中国对各国家或地区的进口强度越高，相应当地企业的投资水平也越高。通过引入工具变量和基于中国加入世界贸易组织（WTO）的自然实验，上述结果仍然稳健，这意味着中国进口与相应出口国企业投资之间存在因果关系。通过一系列异质性检验，还发现：一是相对于北美和欧洲，亚洲地区的企业投资受到中国进口的影响最大；二是对企业投资的促进作用主要来自中间品和最终消费品进口，而不是资本品进口；三是中国进口对企业投资的促进作用还可以通过供应链产生溢出效应，即进口下游产品亦可提高上游企业的投资水平。影响机制方面，本文发现中国进口能缓解企业的融资约束以及经济不确定性对企业投资的负向影响。

中山大学的朱传奇和鲁晓东等从企业异质性模型与实物期权理论出发，首次将地缘政治风险引入到国际贸易模型中，推演并数值模拟出地缘政治风险影响贸易及其二元边际的三大命题。在此基础上结合 1995~2014 年的 18 个新兴市场国家的地缘政治风险指数和贸易数据，利用结构化引力方程对理论发现予以实证检验。结果表明：进口国地缘政治风险会显著减少贸易量及扩展边际，且随着地缘政治风险的上升，对贸易量及扩展边际的抑制作用越大。但进口国地缘政治风险对集约边际的影响不确定；由于发展中国家的成本议价能力弱于发达国家，进口国地缘政治风险对发展中国家对该进口国的出口量及扩展边际的抑制作用大于发达国家。

中山大学的段连杰等基于 2000~2006 年的中国工业企业数据和海关产品层面交易数据，首先对中国工业企业的出口进入时间进行了分布估计，研究发现企业出口进入时间平均为 4.7 年，中位值为 5 年，且存在明显的正时间依存性；采用 Cox 风险比例模型探讨了出口临界生产率对企业出口进入时间的影响作用，结果表明出口门槛的提高将显著延长企业的出口进入时间，且这一论断得到了多种稳健性检验的支持；出口门槛对企业出口进入的抑制效应存在显著的所有制差异、行业差异以及地区差异。

山东大学经济研究院的李增刚和姚金等基于2002~2017年中国对51个国家和地区的核心文化产品出口数据，量化分析了我国核心文化产品贸易的出口规模和结构。以政治制度、经济制度代表正式制度，以文化代表非正式制度，深入探讨制度距离对核心文化产品的影响。结果表明：对我国核心文化产品总体而言，经济制度距离和文化距离与我国总体核心文化产品出口有负相关性，而政治制度距离则呈正相关性；并且文化距离存在单门限值，当文化距离大于门限值时负相关性有所减弱。对具体各类核心文化产品而言，除文化遗产因数据原因未进行分析外，文化距离对于我国各类核心文化产品出口均有明显的负相关性，经济制度距离除对视觉艺术品出口具有负相关性外，对于其他三类核心文化产品出口的影响均不显著，而政治制度距离则对于视觉艺术品和视听媒介出口具有正向相关性，对于印刷品和音像制品的影响并不显著。

在论坛闭幕式上，论坛理事长黄少安教授进行了总结，高度评价了论坛学术报告的质量，对中山大学岭南学院承办团队和所有参会的师生表示感谢。之后，黄少安教授宣布，2020年度的中国制度经济学论坛将于2020年10月在北京大学国家发展研究院举行。

本届论坛共收到论文150多篇，最终选出近100篇论文参加论坛。学者们从多个角度、多个方面，通过理论与实践的互动，推动中国制度经济学研究向纵深发展。既推动制度经济学基本理论的发展，又将理论与中国实践相结合推动中国改革实践。

后　　记

《制度经济学研究》已经入选中国社会科学引文索引（CSSCI）来源集刊，加入中国学术期刊网全文数据库（www.cnki.net）、中国台湾·华艺数位股份有限公司中文电子期刊服务数据库（www.ceps.com.tw），成为中国人民大学书报资料中心、《中国社会科学文摘》等收录来源书刊。为进一步规范《制度经济学研究》的稿件格式，要求所有来稿必须符合以下体例：

1. 除海外学者外，稿件一律使用中文。应将打印稿一式三份寄至：山东省济南市山大南路 27 号山东大学经济研究院（中心）《制度经济学研究》编辑部，邮编：250100；或者通过电子邮件发送至：zdjjxyj@126.com 或者 cass-lzg@126.com。

2. 稿件第一页应包含以下信息：（1）文章标题；（2）作者姓名、单位以及通信地址、电话和电子邮箱；（3）感谢语（如果有的话）。

3. 稿件的第二页应提供以下信息：（1）文章标题；（2）200 字左右的文章摘要；（3）三个中文关键词；（4）中图分类号；（5）文献标识码；（6）文章的英文标题；（7）200 字左右的英文摘要；（8）三个 JEL（Journal of Economic Literature）分类号。（注："中图分类号""文献标识码""JEL 分类号"可以直接从 http://www.cer.sdu.edu.cn 中"制度经济学"栏目中查询）。

4. 稿件一律用 Microsoft Word 软件编辑。文章正文的标题、表格、图、等式必须分别连续编号；注释一律采用脚注，不得采用尾注，并请采用自动格式，按页编号；大标题居中，用中文数字一、二、三等编号，字体为四号、加粗、宋体；小标题左对齐，用中文数字（一）、（二）、（三）等编号，字体为五号、加粗、宋体；正文字体采用五号、宋体；其他编号一律使用阿拉伯数字；正文行距为单倍行距，页边距采用自动格式（上下各为 2.54 厘米；左右各为 3.17 厘米）。

5. 正文中的外国人名、地名翻译成中文。在文章中第一次出现时，在中文译名后用括号标出外文，以后再出现时直接采用中文，参考文献除外。

6. 文章的参考文献必须一律放在结尾处，按照先中文文献、后英文文献根据作者姓名的汉语拼音（或英文字母）顺序排列。以下为参考体例：

［1］黄少安:《关于制度变迁的三个假说及其验证》，载于《中国社会科学》2000 年第 4 期。

［2］张军:《"双轨制"经济学：中国的经济改革（1978－1992）》，上海三联书店、

上海人民出版社1997年版。

　　[3] Alchian, Armen A., 1950, Uncertainty, Evolution, and Economic Theory, *Journal of Political Economy*, Vol. 58, No. 3, June, pp. 211 – 221.

　　[4] Tullock, Gordon, 1998, *On Voting: A Public Choice Approach*, Northampton, MA: Edward Elgar Publishing, Inc.

　　7. 译文须注明原文出处，是否取得原文作者授权（投稿时同时提供作者或原出版单位的授权许可）；译文可以不提供中英文摘要，参考文献不必译成中文。

　　8.《制度经济学研究》不采用已经发表过的学术成果；稿件一经发表，未经允许不得转载或在其他地方再次发表。所有稿件自发出后三个月若无回音，请自行处理，恕不退稿；作者也可以在稿件发出两个月之后，通过E–mail或电话询问审稿信息，联系电话：0531–88364050。

山东大学经济研究院

2020 年 1 月